彩1 金色的喜悦

彩 2 丰收的希冀

彩 3 乐在麦海

彩 4 浓浓师生情

彩5 未来属于青年

彩6 石峡口的乡亲

彩 7　百岁华诞（1）

彩 8 团聚在北京

彩10 试验地里（2）

彩9 试验地里（1）

彩 12　母子深情

彩 11　"小麦是我的宝贝"

彩 13 田间地头

彩 14 访问农家

彩 15　南繁北育的战友

彩 16　康奈尔的同窗

彩 17　世纪之交

彩 18　山高水长

彩 19　迎着朝阳

彩 20　辛勤耕耘

彩 21　桃李满园

彩 22　60 年情缘

彩 23　百岁华诞（2）

彩 24　透视万象人间

主　编

吴阶平　杨福家　吴文俊　袁隆平
孙家栋　谢家麟　李家洋　陈清泉
刘国光　汝　信

中华当代著名科学家
传记书系

金善宝

中国现代小麦科学主要奠基人
农业教育家
中国科学院院士

金作怡　著

中国农业科学技术出版社

图书在版编目（CIP）数据

金善宝 / 金作怡著. —北京：中国农业科学技术出版社，2015.12

ISBN 978-7-5116-2401-7

Ⅰ. ①金… Ⅱ. ①金… Ⅲ. ①金善宝（1895～1997）—传记 Ⅳ. ① K826.3

中国版本图书馆 CIP 数据核字（2015）第 293132 号

责任编辑　朱　绯
责任校对　李向荣

出　　版	中国农业科学技术出版社
	北京市中关村南大街 12 号　　邮编：100081
电　　话	（010）82106626（编辑室）
	（010）82109702（发行部）　（010）82109709（读者服务部）
传　　真	（010）82106626
网　　址	http://www.castp.cn
经　　销	各地新华书店
印　　刷	北京科信印刷有限公司
开　　本	710 mm×1 000 mm　1/16
印　　张	26.5
彩　　插	16 面
字　　数	408 千字
版　　次	2015 年 12 月第 1 版　2015 年 12 月第 1 次印刷
定　　价	68.00 元

※※※ 版权所有·翻印必究 ※※※

中华当代著名科学家传记书系

永久编著出版委员会

主　编

吴阶平　杨福家　吴文俊　袁隆平　孙家栋　谢家麟
李家洋　陈清泉　刘国光　汝　信

执行主编

唐廷友　唐　洁　赵岩青　刘忠勤　骆建忠　张应禄

副主编

单天伦　张　维　马京生　马胜云　王　霞　王建蒙
王庭槐　彭洁清　邵世磊　牛敏杰　张孝安　闫庆健
徐　毅　李　雪　崔改泵

编　委（以姓氏笔画为序）

山　立　马　兰　马　进　马　越　马京生　马胜云
马新生　王　霞　王建蒙　王庭槐　王增藩　牛敏杰
卢毓明　刘国光　刘忠勤　闫庆健　汝　信　孙家栋
李　雪　李大耀　李忠效　李家洋　杨照德　杨福家
吴文俊　吴阶平　宋兆法　张　维　张孝安　张应禄
陈　弘　陈清泉　邵世磊　郑绍唐　单天伦　孟　佳
赵岩青　柳天明　骆　义　骆建忠　袁隆平　顾迈男
徐　毅　唐　洁　唐廷友　常甲辰　崔改泵　彭洁清
曾先才　曾庆瑞　谢长江　谢家麟　谭邦治　熊延岭

书系策划

唐廷友　唐　洁　赵岩青　刘忠勤　单天伦　张　维
马京生　马胜云　王　霞　王建蒙　王庭槐　彭洁清
骆建忠　张应禄　邵世磊

总 序

吴阶平　杨福家　吴文俊　袁隆平　孙家栋

谢家麟　李家洋　陈清泉　刘国光　汝　信

(二〇〇八年八月八日)

中华民族，为自身的发展与人类的进步，已经奋斗了数千年，不断地作出重要的贡献。

中华民族历来十分注重科技进步与创新，即使在内部祸乱和外来入侵的历史时期，也从未放弃与间断过科学技术的发展。古代有造纸术、指南针等诸多重大发明与创造，为中华和人类的进步发展发挥了重大而持续的推动作用。近现代以来，中华学人为探求中华科学技术的重新辉煌和推进人类的和平发展，进行了长时期前赴后继的艰难奋斗。

当代中华广大学人及从他们当中成长起来的著名科学家们，坚持创新、顽强拼搏、艰苦奋斗，为加速提升中华民族的自主创新能力和攀登世界科技新的高峰作出了新的重大的贡献。在他们身上集中体现了中华民族自强不息、勇于创新、安和友善的优良传统。他们的人生理想、优秀品格、科学思维、科学方法、科学成就，是民族精神与科学精神的生动体现，也是他们为中华民族与人类社会创造的宝贵的物质财富与精神财富，要将这些宝贵财富传承下去、发扬光大，使之不断地为中华兴旺发达与人类进步发展提供巨大的推动力量。

《中华当代著名科学家传记书系》(以下简称《书系》)，正是根据时代发展的需要编著出版的。本编委会于20世纪末即论证决定永久地编著出版这套书。科学与社会永久发展，著名科学家不断涌现，传记书系的编著出版必须永久地与时俱进。本《书系》将选录两岸四地和海外的诸多高层次的中华自然科学家、工程科学家和社会科学家。被选录的每一位科学家，都将由编委会和出版社为其编著出版一种既侧重于科学生涯，又全面记述人生经历的经典性传记图书。

《书系》是一套面向社会公众，能够被图书馆珍藏和向社会各界展现中华当代著名科学家们献身科技创新、力推经济社会发展、为中华文明与人类文明贡献毕生心血的高品位读物。本《书系》将生动记述科学家们赤诚中华、献身科学、勇于创新、严谨治学、大力协同、艰苦奋斗的精神与品格，展示他们的不懈追求、科学思维、科学成就、奋斗历程，以榜样的力量激励人们奋发进取，为中华与世界的科学腾飞、经济发展和社会进步不断地再创辉煌。

《书系》通过科学家生平展现了中华民族对世界科学与人类社会发展作出的重要贡献，尊重知识尊重人才、安和友善精诚团结的优良传统，以及努力攀登世界科技高峰、为人类进步发展争做更大贡献的决心与信心。《书系》是一套严肃规范、内容准确的经典性传记，具有成规模和系统地集锦科学成就、珍储科学史料的档案功能，并为长远的、多方面的用途提供诸多具有代表性与系列性的精要蓝本，具有很高的和久远的存用价值，定将存传永久。《书系》也将在传播科学精神和科技知识，培育全社会创新意识，激励科技创新，推进科技与经济社会发展方面，发挥重要与深远的影响。

先进的科学技术，是先进生产力的集中体现与主要标志。著名科学家群体，是先进科学技术的领军团队。具有灿烂文明和辉煌科技史的当代中华学人及其著名科学家们，定会站在时代前列，传承发扬民族精神，为中华文明的复兴长久与人类的永恒发展，作出更大的贡献。

我国『农业泰斗』金善宝
——一座科学和民主精神的丰碑

(本书代序) 吴阶平

金善宝教授是我国著名的农学家、教育家，是我国用现代科学方法培育小麦良种的开创者之一。新中国成立前，他从全世界3 000多份小麦材料中，选育出适合我国生长的优良品种，定名为"矮立多"和"南大2419"。新中国成立后，"南大2419"在长江流域13个省、市、地区大面积推广，获得了高产。他主持春小麦育种工作，先后育成了"京红"系列和"6082"等品种，为我国小麦育种事业打下了坚实的基础。他的著作《实用小麦论》1934年出版，成为我国农业史上第一部小麦专著。1960年、1964年，他主编的《中国小麦栽培学》、《中国小麦品种志》，成为我国两部农业科学研究的经典著作。1983年，他主编的《中国小麦品种及其系谱》，系统、全面的总结了全国小麦品种半个世纪以来的演变历史，以及利用国内外品种资源、选配亲本方面的基本经验，填补了我国在小麦品种系谱分析研究方面的空白。

古稀之年，金老还亲自登上黄山，寻找小麦播种地，到井冈山、庐山去播种小麦。八十高龄时，金老仍深入田间搞试验，指导科研活动。由于他在农业科学研究上开创性的杰出贡献，被人们尊称为"农业泰斗"、"东方神农"。

金老从事教育近三十年，桃李满天下，为我国培育了一代又一代农业科学家，不愧为一代宗师。

金老还是德高望重的社会活动家和民主战士。他少年时代就踏上了追求光明、追求民主的道路。抗战时期,他心系祖国和民族之安危,在中国共产党抗日民族统一战线影响下,旗帜鲜明,坚决反对内战,支持抗日,积极参加共产党领导的抗日进步活动,1945年8月底,金老和其他几位进步教授在重庆受到毛泽东主席的接见。抗战胜利后,他和进步学者一起,亲自参加了著名的"一二五"、"五二〇"学生运动。

金老参与了九三学社发起的全过程,是九三学社成立时的重要成员,他长期担任九三学社中央的领导工作,为九三学社做出了不可磨灭的贡献。他衷心拥护党的十一届三中全会以来的路线、方针和政策,身体力行、以身作则,团结广大社员和科技工作者,为振兴中华和祖国统一大业,奉献了自己的全部心血。

金老的一生,集中体现了一位进步知识分子,为了国家和人民的利益,随时代发展的潮流,不断超越自己,不断完善自己的过程。他的一生,始终对祖国挚着热爱,以平凡而高尚的工作,真正实践了全心全意为人民服务的宗旨。

金老卓越的学术成就和高尚的人格魅力,永远为人民所铭记,永远给后人以启迪。金老的光辉业绩和道德风范,是一座激励我们永不停步、不断前进的精神丰碑。

(吴阶平:原全国人大副委员长、原九三学社中央名誉主席)

(原载1997年7月29日光明日报,本书有删减)

"小麦是我的宝贝。"

"在实现四个现代化的长征路上,我要把82岁当做28岁来过,把自己的余年献给我国的小麦育种事业"。

"科教兴国是我青年时代的理想,也是我毕生的追求"

——金善宝

金善宝木刻像(作者:过哉善)

金善宝简介

金善宝,1895年7月2日(农历闰五月初十)生于浙江诸暨,1920年毕业于南京高等师范农业专修科,1926年毕业于东南大学农艺系,1932年春美国康奈尔大学研究生院毕业后,转赴明尼苏达大学农学院专攻小麦育种,1933年1月回国。先后任浙江大学副教授、中央大学、江南大学教授兼农艺系主任。新中国成立后,历任南京大学农学院、南京农学院院长、华东农林部副部长、南京市副市长、中国农业科学院副院长、院长、名誉院长等。1955年被聘为中国科学院生物学部委员(院士),1957年被授予全苏列宁农业科学院通讯院士,1986年被授予美国农业服务基金永久荣誉会员。曾是中国科协副主席、荣誉委员、农业部科学技术委员会主任委员、中国农学会副理事长、名誉会长、中国作物学会理事长、国务院学位委员会委员。

他是中国小麦科学研究的先驱,1928年发表了中国第一本小麦分类文献,1934年出版了中国第一部小麦专著。20世纪20到40年代,选育出一大批优质、高产、抗病的小麦良种,其中南大2419推广面积最高年份达7 000万亩,种植年限长达40余年,衍生品种110多个,对发展我国小麦生产起了巨大作用。

50年代,他主持中国小麦的种类及其分布的研究,鉴定了从全国征集到的小麦良种5 544份,结合小麦生态研究,判定中国小麦分属于5个种1个普通小麦亚种——云南小麦,101个变种,其中25个变种,包括云南小麦亚种的6个变种是他发现并命名的,为中国小麦分类研究奠定了理论基础。20世纪60到70年代,他倡导小麦育种利用纬度和高度不同的条件,南繁北育、异地加代,大大缩短了小麦育种进程,育成了京红7、8、9号和中7606、中791等优质高产品种。他从事农业教育近30年,辛勤耕耘,桃李满天下,其中不少学生成为国内外知名的专家学者。1978年获全国科学大会先进科学工作者奖、两项重大科技成果奖。著有:《实用小麦论》、《中国小麦的种类及其分布》,主编《中国小麦栽培学》、《中国小麦品种及其系谱》、《中国小麦品种志》、《中国小麦学》等。

1956年加入中国共产党,第一至第六届全国人大代表,九三学社第六、七届中央副主席,第八、九届中央名誉主席。

1997年6月26日在北京逝世,享年102岁。

目录

第一章 立志务农 — 001
　一、古老、美丽的山村 — 003
　二、一个山娃子 — 007
　三、风雨中成长 — 011
　四、攻读"南高"农科 — 014
　五、献身小麦 — 019
　六、初育良种 — 020
　七、喜逢知音 — 022
　八、第一部小麦分类文献 — 024
　九、广泛的农业科学实践 — 026

第二章 辛勤耕耘 — 029
　一、创办山村小学 — 031
　二、执教浙大劳农学院 — 033
　三、出版第一本小麦专著 — 036
　四、赴美深造 — 037
　五、应聘南京中央大学 — 044
　六、战乱中的中大精神 — 048

第三章　风雨历程 　　059

一、火烧病麦立志自主创新　　061
二、历尽艰辛育成中大 2419　　061
三、惊魂八千里山城团聚　　064
四、大轰炸下完成研究论著　　067
五、贫病交困中发现"云南小麦"　　071

第四章　雾都灯塔　　077

一、初识周恩来　　079
二、组成自然科学座谈会　　082
三、成立民主科学座谈会　　085
四、毛主席接见促进了九三学社成立　　086
五、依依惜别重庆山城　　090
六、"九三"南京分社的斗争　　095

第五章　梅园花开　　099

一、太湖之滨的江南大学　　101
二、五张任命书　　106
三、心系灾区广大农民　　109
四、三次出国访问　　111
五、新的旅程　　114
六、南大 2419 大面积推广　　116
七、中国小麦的种类及其分布的研究　　118

第六章　献身南农 … 123
一、满腔热忱探寻农业院校的办学之路 … 125
二、一片挚诚平息了一场"宗派"风波 … 129
三、开创了农业科技推广工作的新形式 … 131
四、教育和科学研究相结合 … 135
五、创办中国第一个农业遗产研究室 … 136
六、狠抓学校基础建设 … 138
七、为南农的发展开辟了广阔空间 … 140

第七章　寒冬腊月 … 145
一、坐了两年冷板凳 … 147
二、刚直不阿反浮夸 … 152
三、"乱云飞渡仍从容" … 156
四、义正词严批极左 … 164
五、横眉冷对"四人帮" … 166

第八章　创新之路 … 173
一、在冬麦区选育春小麦 … 175
二、倡导小麦育种南繁北育、异地加代 … 177
三、一年繁殖三代小麦 … 179
四、育成京红1～9号小麦良种 … 184
五、育成"中字麦"系列优质小麦新品种 … 192

第九章　大地回春　　197
　一、科学的春天来到了！　　199
　二、多方奔走恢复农业科学院　　202
　三、"把82岁当做28岁来过"　　203
　四、迅速发展农业科学技术的六项建议　　206
　五、为"六五"到"九五"攻关改善科研条件而奔波　　207
　六、华国锋同志来到中国农业科学院　　212
　七、"小麦是我的宝贝"　　215
　八、踏遍了山山水水　　216
　九、不断献计献策　　220
　十、主编小麦理论著作　　227
　十一、主持"小麦生态研究"重大课题　　229
　十二、为现代农学家立传　　231

第十章　情系母校　　233
　一、剪不断的情缘　　235
　二、母校的厄运牵动着赤子之心　　236
　三、喜见桃李满园　　240
　四、欢度80周年校庆　　245
　五、最大的心愿　　257

第十一章　山高水长　　263
　一、"长江后浪推前浪"　　265
　二、跨越世纪的友情　　269

三、情牵海峡两岸 276
　　四、九十三岁贺"九三" 281
　　五、为"人民的儿子"默哀送行 287
　　六、一身正气，两袖清风 292

第十二章　百年沧桑 297
　　一、一个"乡下人"的感情 299
　　二、60年情缘 303
　　三、难忘故乡一草一木 307
　　四、喜迎百岁华诞 315
　　五、"科教兴国是我毕生的追求" 321
　　六、来自于人民、回归于人民 323
　　七、子女的思念 329
　　八、人民的追怀 339

附　录 347
　附录1　追思与怀念 349
　　　颂金老 349
　　　我国现代农业科学和教育的先驱 351
　　　我国现代小麦科学研究的开拓者和奠基人 353
　　　回忆金师 355
　　　金师对农业教育、小麦科学事业的无私奉献 357
　　　金师教书育人的爱国情怀 360
　　　我敬仰的金老 362

	铭记金老平易近人、坚持真理的高尚品德	365
	深情的缅怀	367
	回忆晚年的金老	369
	父亲是我终身学习的榜样	372
	爷爷一直活在我的心中	375
附录2	金善宝获奖项目	377
附录3	金善宝生平活动年表	378
附录4	金善宝文选目录	388
	1.著作、报告	388
	2.报（书）刊文章	394
附录5	主要参考文献	397
附录6	更正声明	398

后　记　　　　　　　　　　　　　　　403

第一章

——

立志务农

一、古老、美丽的山村

浙江省杭嘉湖平原南端,一座苍翠秀丽的山峰拔地而起,耸立于绍兴、诸暨边界,巍然一座天然屏障,这就是历史上有名的会稽山。自会稽山山麓蜿蜒西下,分出无数座犬牙交错的大小山岭,群山环抱之中一条支脉,风景秀丽,松柏成林,桑树、柿子树、茶树丛生其间,据《论语》中"智者乐水,仁者乐山"之句,得名乐山。乐山山中一条狭长的峡谷,长约两公里,峡谷两边布满巨大的岩石,潺潺泉水汇聚成一条小溪,穿流于峡谷之间,溪水清澈见底,常年不断。峡谷的东西两端,坐落着两个村庄,东端位于峡谷之内的村庄,名为石峡里,西端位于峡谷之口的村庄,名为石峡口。两村相距1.5公里,平均海拔600米以上,山区约占总面积90%,耕地只占5%,常年日照偏短,春秋两季雨量充沛,夏季气温凉爽,适宜竹林生长。光绪二十一年闰五月十日(1895年7月2日),我国著名的农业科学家、教育家金善宝就诞生在石峡口一个普通农户家里。

石峡口距诸暨县城26.5公里,距绍兴市约40公里,全村300多户人家,聚族而居,全部姓金。追溯村史,石峡口祖先本姓刘,系出汉中山靖王刘胜之后。梁开平年间(907—911年),刘国宾公自江西弋阳徙居浙江天台孟岸,为避吴越王钱镠讳,改刘姓为金,为东浙始迁之祖。元符末年(1098—1100年),因遭特大洪水,加上战乱,子孙星散,分为十三居。其中,五居先祖畅公之后,迁至诸暨枫桥扬坞门口(茉莉桥)居住。至大明成化年间,有海三、海四公兄弟来游石峡,见石峡,处于崇山峻岭之口,有狮子白象守门之相。青山环抱,绿水环绕,林茂竹秀,鸟语花香,因厌城市之繁华,慕山林之浑朴,避战乱之困扰,择石峡口而居,遂为石峡口之祖,今子孙繁衍,已有600余年。海三公支主要分布在村东边,其他为海四公支,金善宝为海四公之后裔。村内建有"孝友堂""刘金宗祠""梓山公社"(家庙)。村中流传着许多祖先以孝、友、和、睦、勤、奋治家的故事，这些故事教育了石峡口的子孙们以孝友、勤奋治家，邻里和睦相处，代代相传。时至今日，当久居闹市的人们，走进这座峰回路转的山村，处处都能感受到一种清新、淳朴、友好、和睦的氛围，面对青山奇峰，潺潺流水，真有恍然如入仙境之感！

宋代诗人陆游有诗为赞：

……

苍崖无罅竹鞭逸，崩石欲坠松根络；

凭高开豁快送目，历险崎岖危著脚；

川云忽起两蛟舞，瀑水高吹万珠落；

大岩空腹谁所刳，绝壁峭立端疑削；

……

金善宝故里——诸暨石峡口（原载《绍兴籍院士》23 页）

村里人靠山吃山，一部分人以种桑、养蚕、种植茶树、生产土茶叶维持生计；大多数人以山上毛竹为原料，制造土纸。石峡口的祖先就是依靠本村丰富的毛竹资源，以做手工纸为生。手工纸的原料是嫩竹中的二黄篾。一到春笋长成嫩竹，当地农民就大量劈篾，将剩下的二黄，经过截断、浸水、入灰浆、蒸煮、清水洗涤、温火焖蒸、碾浆、烘纸等 10 多道工序，前后历时 3 个多月，才能制成。传说"造纸人的祖先，由于劳动强度大，又得不到温饱，常常在石臼旁和烘室内昏死过去，每当这个时候,高山上的梅花鹿总是鸣鸣长鸣,来唤醒因劳累过度而昏迷过去的造纸人"。因此,人们把这种纸叫做"鹿鸣纸"。"鹿鸣纸",呈米黄色,质地薄而轻,松软、细腻。它是制作褶扇的原材料,习字学画的理想用纸,又是东南亚各国做锡箔、抄写佛经的必需用纸。因此,"鹿鸣纸"在东南亚很是畅销。全村纸业兴盛时有80余家作坊。这些纸运到绍兴,转卖到沿海地区及东南亚,是当时村民们主要的经济来源。

清道光末年,金善宝的曾祖父金朝品,以经营造纸所得,修建了一座余庆堂,供子孙们居住。他育有5子,长子启明公是金善宝的祖父,分得余庆堂正房两间。为此,当金善宝出生时,居住在余庆堂的叔伯兄弟们约有五六家之多。启明公仅生一子,即金善宝之父安浦公(字平波)。安浦公是清末一名秀才,在石峡口一所私塾里教书,他为人正直,办事公道,深得村里人的敬重、爱戴。附近几个村庄,每遇邻里纠纷,兄弟分家等事宜,都常请金善宝的父亲安浦公去帮忙裁决,主持公道。全家生活主要依靠父亲在私塾里微薄的收入维持,母亲何金莲以养蚕为副业,贴补家用。

金善宝故居余庆堂(金作美摄)

金善宝出生时,父亲已经40多岁,只有一个哥哥善同,已经11岁,老来又得幼子，这对山村的农民来说是十分宝贝的，故而父亲给这个小儿子起的乳名叫九斤，学名按"善"字排，后面加上一个"宝"字，这个名字，深深渗透了金善宝父母对他的珍爱之情。由于安浦公在家族里的辈分比较大，因而往往比金善宝大好多岁的成年人见了他，都会亲切地称呼他为"九斤叔叔"。金善宝小时候，常常和村里的孩子们一起去峡谷里的小溪边玩耍，小溪的对岸是一片青翠的山林，小溪中有许多平坦的巨石，每一块巨石上都有几个被溪水冲击成的椭圆形窝，仿佛人的脚印一般，传说这是仙人来石峡游玩留下的脚印，溪间的巨石又好像一只只鸭子，卵石恰似一个个鸭蛋，卵石遍布整条小溪。因而，村民们习惯地把石峡口称为"石鸭口"。

美丽的山景吸引了不少文人、逸士来此旅游观赏，赋诗凿石峡，留下了许多歌咏石峡的诗篇，如：

石峡飞云
（杨戎西畴）

驱石填江事不常，万峰飞舞向钱塘。
犹存拆地崩天迹，始信神输鬼运忙。
雨过涧泉开跋扈，风来草木拜冠裳。
至今削壁危难视，千载惊传吴越王。

石峡垂钓
（金又楚）

溪窄窄，水涓涓，泉清鱼尽现，山静鸟偏缠。
负薪樵子归来急，下饵渔翁放下筌。

古人歌咏石峡的诗句，气势磅礴，不同凡响。童年的金善宝，常常和小朋友一起去"溪窄窄，水涓涓，泉清鱼尽现"的小溪里摸泥鳅、捉螃蟹，然后踏着"仙人"的脚印走过小溪，攀登上对岸"驱石填江事不常，万峰飞舞向钱塘"的山岭里，掘竹笋、挖番薯，采柿子、摘桑葚，留下了许多美好的记忆。

二、一个山娃子

金善宝从7岁开始在父亲的私塾里读书。父亲对学生管教十分严格，对这个小儿子也不例外，金善宝常常因为淘气，遭受父亲的戒尺之苦。有时，幼小的金善宝耐不住死记硬背的枯燥学习，偷偷和邻里几个孩子，相伴去山上玩耍，一旦被父亲发现，免不了一顿痛打，两只小手，常常被父亲的戒尺打得又红又肿，这时，他的母亲就会心疼地抱着小儿子，哭着说："读书尬苦格？这个书我这里弗读哉！"（读书么苦呀？这个书我们不读了！）在父亲的严厉管教下，金善宝在私塾就读了7年，第一年只是识识字，读读《百家姓》《千字文》；第二年开始读《诗经》，《诗经》多是4字一句，容易上口，读得顺，记得牢；读完《诗经》又读《左传》、唐诗、四书。四书中，他对孟子的印象最深，孟子曰："鱼，我所欲也；熊掌，亦我所欲也；二者不可得兼，舍鱼而取熊掌者也。生，亦我所欲也；义，亦我所欲也；二者不可得兼，舍生而取义者也。"这些句子，他到晚年还能背诵。

光绪三十三年（1907年），绍兴一带农业歉收。正月，绍兴、诸暨县城发生饥民抢米风潮。7月，秋瑾女士被清朝政府杀害，有的石峡口村民在绍兴轩亭口亲眼目睹这一壮烈情景，回村后绘声绘色地向村民们讲述，轰动了整个山村。几千年来，忠君顺民的思想禁锢着山村人民，男尊女卑，被视为天经地义，现在突然有个女子敢于出来反对朝廷，提倡革命、民主，提倡男女平等，真是闻所未闻的奇事。更奇的是，她被绑赴法场之际，竟然没有丝毫惧怕，在广大民众面前高呼口号，从容就义。这一切，对闭塞落后的山村农民来说，是不可思议的，但是，它却深深震撼了一个年轻稚嫩的心灵，赋予他重要的人生启迪。这一年，金善宝已经12岁了，秋瑾女士英勇节烈的精神，给他上了人生的第一课。当时，虽然他并不理解秋瑾女士的革命思想，可是，他从内心深处敬佩她的英勇无畏，敬佩她为正义、为真理献身的精神，他开始认识到，在石峡口之外，还有一个广阔的世界，那里的人们在想着什么？干着什么？我们的国家发生了什么大事？都是这个山娃子迫切想知道的！所有这些，在私塾的四书五经里都找不到答案，而身任私塾教师的父亲，也不可能作出任何解释。为此，他暗暗企盼着有朝一日能够走出山村，去了解社会、去学习四书五经之外的科学文化知识，长大后，为山村人民做一些有益的事情。

不幸的是，光绪三十四年（1908年）夏天，金善宝刚满13岁的时候，父亲背上长了一个疔疮（俗称瘩背疮），在农村缺医少药的情况下，没有得到及时治疗，年仅55岁就离开了人世。父亲临终前对这个小儿子说："我没有给你留下什么家私，只给你留下两句话，做人最重要的，一是要有气节，二是要有本事。"这两句话深深刻印在金善宝幼小的心灵里，伴随着他一起成长，在祖国多灾多难的岁月里，使他进一步理解了父亲这两句遗言的哲理，从而奉之为自己终身恪守的座右铭。

父亲去世后，原本不富裕的家庭就更加拮据了。今后的生活怎么办？特别是金善宝的升学问题，成为亲友们议论的焦点："我这里个只家好读书格？"（像我们这样的家庭经济情况，能读得起书的吗？）他们说得对，对于一个偏僻山村的孩子，能够读完私塾已经很幸运了，他的哥哥金善同不是也在父亲的私塾里读了几年书，就参加农业生产了吗？！就在这个决定金善宝命运的关键时刻，是他的母亲毅然决定，扩大她的家庭养蚕业，全力支持儿子继续升学！

金善宝母亲的养蚕技术在家乡是有名的。早在他母亲出嫁前，在娘家做姑娘时，就是方圆几十里有名的养蚕能手。她培育蚕种有一套独到的方法，每到冬天，天天晚上把蚕种拿到屋外去冷冻，清晨取回来，用白纸或棉花包好，放在自己的胸怀内，用体温孵化，连续一个多月。这样经过低温锻炼后培育的蚕种，抗病性能好，孵化出来的春蚕，个个生长健壮，蚕种的成活率和成蚕率都很高，周围的蚕农都喜欢买她的蚕种。

他母亲养蚕就像护理婴儿一样，十分精细。小蚕孵化前，要用石灰水喷洒蚕室，用烧酒喷洒蚕具（大竹篾、竹架）消毒，预防病害；养蚕季节，为避免蚕病感染，家里闭门谢客，生人绝不准进入蚕室，也不能高声说话；蚕室内要保持清洁卫生、空气流通，消灭蚊蝇，蚕宝宝4眠之后；他母亲天天晚上要起来好几遍，替蚕宝宝换桑叶，清理蚕具，有时甚至彻夜不眠……

　　在朴实山村里生长的金善宝，从小就养成了勤劳的生活习惯，他深谙母亲的辛劳，总想为母亲分担一份生活的重担，母亲养蚕，他帮母亲采桑叶，洗桑叶，清理蚕具；蚕宝宝大了，要结蚕了，他帮母亲捆扎结蚕的稻草架子；缫蚕丝是一个技术活，从没有干过的他，也要笨手笨脚地来帮忙，母亲不让他干，他却背着母亲偷偷上了缫丝车，一不小心，左手被开水烫伤了，造成他的左手食指终身弯曲，不能伸直，留下了一个永久的纪念！

石峡口村全貌（金永辉供稿）

　　除了帮助母亲养蚕之外，每次放假回家，上山打柴割草成了金善宝的"必修之课"。南方的天气雨季较多，必须趁着天晴的时候，把打下的柴禾晒干，以备一年的柴禾之用。因为上山砍柴是一个重体力劳动，要爬很高的山，山路坑坑洼洼，崎岖不平，杂草丛生，很不好走，对于缠着小脚的母亲来说，是不可能胜任的，他认为自己是个男子汉，理应承担这个家务重担。为此，他每次回家，一有空隙，就戴着草帽，腰间系根绳子，光着一双脚丫，上山打柴去。

　　母亲担心山上的杂草荆棘会割破儿子的脚，叫他穿双布鞋上山，金善宝坚持不肯穿鞋。为什么不肯穿呢？因为他知道上山砍柴很费鞋，刚做好的一双新鞋，上了一两次山就会被磨破，而母亲做一双新鞋，一针一线，要花很长时间，常常做到半夜三更，甚至几个通宵，每一双布鞋上，凝结着母亲多少辛劳、多少汗水啊？他怎么忍心穿着这样贵重的鞋上山呢？为此，他总是光着一双脚丫上山，一开始，他的两只脚常常被山路上的杂草、荆棘刺割得东一道、西一道，血淋淋的，母亲心疼地为他擦洗，劝说他下次上山一定要穿鞋，金善宝嘴里答应着，可是，第二天一大早，他又背着母亲光着脚丫上山了。久而久之，他的一双书生脚，练成了一双又黑又硬的铁脚板，任何的杂草荆棘都对它无可奈何了！

在山上砍柴的时候，金善宝发现，邻家的山坡上，毛竹、树木，一片繁茂，只有自家的山坡上因缺少劳力，杂草丛生，严重的草荒使树苗长不起来的状况，让他产生了一种深深的愧疚和自责……从此，每次上山，他又多了一项任务，除了上山打柴割草，为母亲贮备一年的烧饭柴禾之外，他还逐棵、逐棵地为每棵树苗除草、松土。经过他几个假期的不懈努力，杂草丛生的山坡地，终于变成了一片郁郁葱葱的树林带。

少年金善宝上山打柴之路（金永辉摄）

金善宝不知道的是，几十年后，当年他精心培育的树苗，长成了又粗又壮的大树，成为附近几个山村独一无二、难得一见的大树林。据说，

20世纪60年代三年灾害期间，附近山上的树木、竹林都被砍伐得一干二净，光秃秃的，唯有金善宝育林的这座山峰上，仍然是郁郁葱葱。直至80年代，石峡口有人写信到北京，征得金善宝同意，才将这座山上的大树木砍伐下来，为村里的小学校，做了一批桌椅板凳，而"金善宝打柴、育林"，也成为石峡口村民流传的一段佳话。

1909年夏天，金善宝进入枫桥镇"大东乡学堂"学习。

大东乡学堂原名大东乡小学，是学校董事会以建造新校舍、造福子孙后代为号召，受到社会各方的拥护与支持，枫桥各姓宗祠、士绅富户及商贾、包括寺庙和尚等，纷纷自愿认捐，还募得学田2 000余亩（15亩=1公顷。全书同）。1907年，占地面积5 800平方米，建筑面积2 915平方米的新校舍落成。校舍有楼屋三进，均为九楹两弄，中隔天井，旁有侧厢，各进间复道相通。中厅为礼堂，正屋与侧厢楼上为师生宿舍，楼下为教室和办公用房，颇具气势。

大东乡学堂旧址

是年，更名"大东乡学堂"，何蒙孙先生出任校长。任教者有：周恕堂、朱逸人、楼亚亭、袁达夫、杨鉴吾等人，都是饱学之士。

三、风雨中成长

宣统三年（1911年6月），诸暨、绍兴一带连日狂风暴雨，江河水势猛涨，田禾淹没，塘、堤溃决，房屋、人、畜，漂失，而官绅、富商却乘机囤积居奇，哄抬粮价，以致米价由往年20文，飞涨到80多文，各县灾民，聚众抢粮，抗捐、抗税斗争风起云涌，全国已呈"山雨欲来风满楼"之势。10月9日，武昌革命党举义成功的消息传到了枫桥小镇。11月6日，又传来了绍兴光复的消息。11月10日，革命党人王金发率部数百人，从杭州到达绍兴，成立绍兴军政分府，王自任都督。

在这股革命洪流影响下，一心向往革命的金善宝，在枫桥小镇再也待不下去了，他私下里邀了周学棠等两位同学，剪去了头上的辫子，瞒着家人和学校，悄悄去了革命形势蓬勃发展的绍兴城。他们原来是想去投考浙江省立第五师范学校的，因为那里不收学费、膳费，但是到了绍兴，师范学校的考期已过，他们3人就一起考进了由革命同盟会创办的陆军中学。

在陆军中学学习期间，金善宝生平第一次接触到孙中山先生民主共和的思想，孙中山颁布实施的一些有利于民主政治的法律和政令，使他振奋不已。如临时约法规定，国内人民一律平等，无种族、阶级之区别，人民有人身、居住、言论、出版、集会等自由，有选举、被选举的权利。以及禁止贩卖人口、废除奴婢卖身契、禁止鸦片、赌博、缠足、改革吏治、提倡普及教育、兴办实业、振兴农垦业，主张耕者有其田，等等。这一切，对几千年来受封建帝王统治的百姓来说，是一件翻天覆地的大事，对金善宝这样一个世世代代居住在闭塞山村里的山娃子，更像是拨开云雾见了天日一般。为此，他满怀激情地期待着、憧憬着一个民主美好的新中国，准备为之付出自己的一切。

在陆军中学紧张的军事训练中，金善宝学会了射击和骑马。因为他的视力较好，又能勤学苦练，所以他的射击成绩都能达到优良水平。而他学骑马就不是这样顺利了！他学骑马时，曾从马背上摔下来好几次，当时，仗着年轻气盛，并不害怕，摔下来之后，又迅速爬起来跨上马背，如此三番两次，终于把马驯服了。有一次，他骑的马突然受了惊，脱了缰似的一直往前狂奔，教练在旁边对他连连喊道："抓住缰绳，不要松手！"他按着教练的嘱咐紧紧抓住缰绳，受惊的马，跑了好长一段路，才慢慢缓和下来。当他跨下马背时，发现自己出了一身冷汗，全身的衣服都湿透了。

紧张炽热的陆军中学生活很快就结束了。1912年4月，孙中山先生为形势所迫，宣布辞去临时大总统的职务，把政权交给了袁世凯，一场轰轰烈烈的民主革命失败了。这一切，使金善宝这个刚刚举步跨入纷乱社会的少年，感到无限怅惘、痛苦。因此，陆军中学宣布停办后，虽然学校通知书说，所有学生可以保送入杭州讲武堂肄业，可是对金善宝来说，希望破灭了！杭州路远，缺少旅费，不得已，他只好和同学周学棠一起又回到了石峡口山村。

1913年夏，金善宝考入了浙江省立第五中学（现绍兴市一中），在那里读了4年。这所学校是1897年3月（光绪二十三年春）由山阴徐仲凡先生捐资创办的，著名教育家蔡元培、民主主义革命家徐锡麟和伟大的文学家鲁迅，都曾在这所学校里当过校长或任过教，所以，这所学校比较民主，学习气氛也非常浓厚。

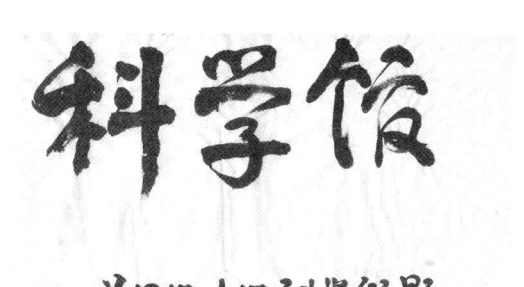

金善宝手迹

当时，学校校址在绍兴仓桥，教师以秀才、举人为主，少数为日本留学生，校长是海宁人朱宗昌（字谓侠）。学习课程有国文、经学、史地、理化、英语、数学、博物、生理卫生、习字、图画、体育等。对实验课程，如人体、动植物标本和理化实验，均由教师示范表演，学生

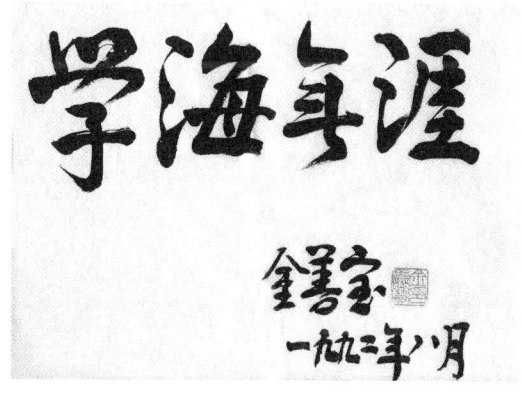

金善宝手迹

虽然不能亲自动手,所得知识也不少。同班同学有赵伯基、俞士城等人,而著名卫生学家金宝善、园艺学家吴耕民,都是金善宝的学长。

学校十分重视体育运动。1916年,曾与省第一师范同获浙江省第一届中等学校运动会之冠。那时,金善宝最喜欢的是田径、象棋、还有足球,天天早晨起来都要沿着学校大操场跑上几圈,课余时间与同学对弈是他一大嗜好,他还曾经荣获浙江省象棋比赛第二名。在足球场上,他是一个优秀的前锋,也是年级的足球队队长。有一次,在年级足球比赛时,对方队员为了拦截金善宝的进攻,奋起一脚,不偏不倚地踢到他的小腹部,他痛得大叫一声当场昏厥过去,学校教练闻讯赶来,为他进行小腹部按摩治疗,过了十几分钟,他才慢慢苏醒过来,之后又吃了几副中药,伤势才渐渐好转。

1916年,时任教育总长的蔡元培先生来校演讲,题为"中学生之责任",蔡先生早年曾任该校总理(校长),对中学生思想了解颇深,此次演讲结合中学生之思想实际和国家时事,深入浅出、语重心长地讲明道理,同时也对中学生寄予厚望,深受同学们欢迎。事后,学校采纳了蔡先生意见,进一步加强了对学生的培训和管理,学生勤奋攻读,学业赫然提高。升学后,成绩也大都列各大学之前茅。

蔡元培先生的报告,对金善宝影响很深。这个山村少年从小目睹了农村贫穷落后、民不聊生,颠沛流离的悲惨景象,蔡先生语重心长的教诲,使他进一步领悟到自己肩负的责任。4年科学文化的学习和民主思想的熏陶,使他萌发了科学救国、教育救国朴实的爱国主义思想。

四、攻读"南高"农科

1917年夏,在浙江省立第五中学毕业前夕,同学们都在考虑继续升学的问题。金善宝自然也十分向往升入大学,可是他心里明白,按照家里的经济条件,能够读到中学毕业就已经很不容易了,大学的校门是那么的可望而不可即。正当他十分苦恼的时候,有一天,他忽然从报上看见南京高等师范农业专修科的招生简章,录取新生免收学费、膳费,这真是一个天大的喜讯。他从小生长在农村,亲身感受到中国农村的贫困落后,广大农民世世代代遭受的苦难,使他刻骨铭心,振兴中国农业、改变农村落后面貌是他最大的心愿,南京高等师范农业专修科,完全符合他的志愿和家庭经济条件。因此,他向亲戚借了旅费,毫不犹豫地去南京投考,终于以优秀的成绩被录取了。

但是,金善宝的母亲并不理解儿子的决定,她一心盼望儿子中学毕业后,

1916年,金善宝与母亲何金莲

能继承父业,在家乡的学堂内做一名教书先生就心满意足了。经金善宝再三解释,说明自己的志向,母亲终于改变了初衷,又一次支持儿子继续求学深造。快要开学时,学校来了一个通知说,学生的棉被、床单、蚊帐等一律由学校代购,所需费用由学生自己负担。为此,母亲卖掉了两年来辛辛苦苦积攒下来的蚕丝,为儿子筹足了费用,并为儿子添置了一些衣服和生活用品,但是去南京的路费还是没有着落,不得已,金善宝只好到离石峡口30里外的三姑婆家去借钱。三姑婆已经70多岁了,年轻守寡,无儿无女,一生辛苦,攒了一点钱,是准备给自己养老送终的,当她知道金善宝考上了南京的大学,缺少路费去上学时,毅然从木箱里拿出30块银元送到他的手里,犹豫片刻之后,又用她那颤抖的手,取回了一块银元。金善宝懂得这29块银元在三姑婆心中的分量,每一块银元都浸透了她一生的血汗和辛酸,她给予自己的不仅仅是29块银元,而是一个山村孤老婆子对一个青年的信任和期望。就这样,金善宝带着

母亲和三姑婆两位农村老妇人的心愿，走出了生他养他的山村，走进了南京高等师范农业专修科，成为石峡口祖祖辈辈第一个跨进高等学府的大学生。

南京高等师范是由1902年的三江师范学堂、1906年的两江师范学堂演变而来。1915年，在两江师范的基础上，设立南京高等师范学校，1917年增设农业专修科。南京高等师范校址在四牌楼2号（现东南大学内），原为明朝国子监所在地，校舍中有一字房（南高院原址）、口字房（1923年因走电失火被烧毁）、教习房（1988年为留学生宿舍原址）等，当时农科主要设在口字房内。进入大门后，向北直走500余米，有一排横在前面的东西向长廊，长廊北首有许多行列的平房，就是学生宿舍。宿舍建筑类似军队的营房，砖木结构，青瓦白墙，排列整齐，每列自成院落，每院分隔

20世纪20年代南京高师和东南大学校门（四牌楼）
（原载《南京农业大学》）

10室，每室住10人。室内设备简单，每人一张床，一座椅，一书桌（上附书架）、一电灯，衣箱杂物均放置床下。

南高自三江师范、两江师范以来，历史悠久，老校长江谦提倡"以诚为训，以诚修身，以诚修业"的诚朴、勤奋、求实的学风，并以"嚼得菜根做得大事"8个大字匾，悬挂正门，崇尚简朴，勉励学生，言传身教，师生效行，一脉相承，形成了历史传统。郭秉文校长认为，钟山之崇高，玄武的恬静、长江的雄伟，是南高校训的象征，明确提出要发扬民族精神，强调教师要有两种修养，既能精研教材教法，又能给学生器识抱负之培养，以造就学生完善的人格、宽大的胸怀、有先天下之忧而忧、后天下之乐而乐的气概。学生生活清苦，布衣素食，学习勤奋、早起晨操健身，夜晚斗室攻读不倦，每日8点号声一响，各奔教室上课，

课后又纷纷进入科学馆、实验室做各种实验……

农业专修科第一届学生24人，同班同学中，有金善宝在浙江省立第五中学的同学，诸暨同乡赵伯基，还有吴福桢、黄曝寰、邹钟琳、寿振簧、王希成等人。刚从美国留学回来的邹秉文先生担任农科主任。1917年入学的第一年，只有邹秉文、原颂周两位教授，邹先生除负责全科行政工作外，还担任植物方面的课程，并负责指导学生实习工作，另设两名职员分管科内各项事务。第二年，当冯泽芳、周拾禄等同学入校时，又增加了两名教授、一名职员；到了1920年，教授已增加到8名。

当时，邹秉文先生虽然还很年轻，但已经是一位有名的教授了。他不仅学识渊博，而且办事很有魄力，看问题目光敏锐，很有见地。譬如在筹备南京高等师范农科时，一开始，22岁的邹秉文就同老校长在办学指导思想和办学方针上有不同意见。校长认为，既然是师范大学农科，目的是培养中等农业学校的师资，只要增加一些教育学方面的课程，业务方面的课程比甲种农校稍高一些就可以了。而邹秉文却以为，既然是农科大学，就要有农科大学的规模和水平，农业科学的面很广，要分成若干系科，除教学外，还要进行科学研究与推广，为东南各省发展农业服务，再推及全国。1919年老校长因病离职，他的主张得到了新校长郭秉文的支持。

首先他抓住了聘请优秀教师这个重要环节。先后聘请了一批国外的名教授和在国外学成归来的午轻教师，如农学家过探先，钱崇澍、秉志，畜牧专家汪德章，美国加州农科大学昆虫专家吴伟士等，分别担任新成立的各科、系主任，教授。

其次，拟定了一套教学、研究、推广三结合的教学方针。大胆改变了当时教育部门要求教师每周必须讲课24学时的硬性规定，要求农科教授每天早晨至迟8点以前到校，下午5

邹秉文教授（原载《邹秉文纪念集》）

点才能离校，每位教授只讲授专业课程，每周讲课时数，视需要加以安排，不做硬性规定，为的是教授在讲课之外，有时间对其专业做深入的研究与试验，取得成果要负责向有关单位联系，向农民推广。除此之外，要领导学生两个暑假做田间实习，第一个暑假做一般农作物实习，第二个暑假做专业实习，使学生从书本上学习理论知识进一步得到实践的验证。

为了贯彻这一教学方针，邹先生为创办校内农场、林场、畜牧场投入了大量精力。1917年刚建校时，只有成贤街农场1处，面积40余亩，1922年骤增到4 000亩，为学校师生提供了教学、科研、推广的用武之地。

邹先生这种理论与实际，科研与教学相结合的方针，对金善宝影响很深，并深受其益，因而成为金善宝一生从事农业教育、科学研究的指导准则。

正当金善宝满怀信心进入南京高等师范农科学习的时候，他的家乡石峡口却闹起了分家。原来自金善宝进入大学之后，虽然免除了学费、膳费，却仍然需要一些生活费用，哥哥已有家小，认为家里只能勉强糊口，没有钱再供弟弟上学。当时，金善宝心里很矛盾，没想到母亲却慨然应允，她认为这样很好，可以省去许多麻烦。于是，这一年寒假回家，他们兄弟俩人就正式分家了。金善宝分得一块山地和两间祖屋，母亲和金善宝同住。从此，金善宝的母亲，一个目不识丁的山村妇女，默默地承担起支持儿子上学的全部重担，依靠自己的勤劳和独特的养蚕技术，使春蚕年年获得丰收，每年缫的蚕丝约有10多两，光是制的蚕种就能卖20多元，以这些微薄的收入，来贴补家用，支持儿子继续上学。

在南京高等师范农业专修科学习的3年，是刻苦读书的3年，两个暑假都是在杭州和安庆郊区度过的。1919年五四运动时，南京学生通电响应，当时，南京学生运动的会长是金善宝的同班同学黄曝寰，他们一起参加了罢课游行，参加了南京下关区学生宣传队的活动，时达半月之久。

五、献身小麦

经过 3 年刻苦学习,金善宝在南京高等师范农业专修科快要毕业了。同班同学都在考虑毕业后的就业问题,尽管同学们激情满怀,准备为报效祖国贡献自己的一技之长,可是现实生活却是那样的冷酷,毕业就是失业,没有知名人士的推荐,或是强硬的靠山,想找到一个理想的工作是很不容易的。金善宝心里清楚,自己来自浙江农村,在金陵举目无亲,失业将意味着什么?正当他为未来的前途深深困扰的时候,农科主任邹秉文先生找他谈话,准备介绍他去一个附属学校当农业教员。对邹先生的关心,他十分感激,可是心里又放不下从事农业科学研究的强烈愿望,拒绝邹先生吧,显然不合人情,辜负了邹先生一番好意,思之再三,最后他还是向邹先生坦诚地说出了自己的心愿。

时隔不久,上海面粉大王荣宗敬委托南京高等师范农科改良小麦品种,由面粉公会资助 4 万元,在南京明故宫遗址辟地 106 亩,筹建皇城小麦试验场。邹先生又立即举荐金善宝去小麦试验场任技术员。听说可

1920 年南京大胜关小麦试验场(原载《劝种小麦浅说》)

以从事小麦科学研究，他满心欢喜地答应了。

皇城小麦试验场由农科教授原颂周任主任，与金善宝先后同事的有同班同学黄曝寰、赵伯基。黄曝寰是广东人，学生时代做过南京市学生会会长，一年后调离试验场；赵伯基是金善宝的诸暨同乡，后来赴美学习农业机械。小麦试验场经费由荣宗敬每月资助500元，条件十分简陋，除了一台美国制造的五型条播机外，场内绝大多数农活都靠人力加畜力来完成。在这里，一切工作从零开始，小麦从播种到收获，从短工的安排到试验场经费预算，样样都要金善宝亲自动手，一天忙到晚，可是他的心里却充满了喜悦。从此，金善宝就把自己的整个生命和小麦科学研究联系在一起，虽历经坎坷，仍矢志不移。

六、初育良种

1921年，南京高等师范改名东南大学，农业专修科改为大学本科。学校在江东门外30里处的大胜关，向华侨所办的福群公司租地1 800亩（今南京市雨花区双闸乡），租期16年，成立东南大学农事试验总场，以水稻育种、小麦栽培试验为主，玉米、大豆育种为辅。农场由原颂周先生主持，金善宝、周拾禄和赵伯基3人任技术员，皇城小麦试验场随后也搬到大胜关。周拾禄从事水稻试验研究，后留学日本，回国后，在中央农业实验所从事水稻研究；赵伯基负责农场工人管理、兼管小麦试验；另有两位农业专科学校毕业生协助试验。金善宝在试验场工作了6年，在这6年中，主要从事小麦、玉米和大豆的研究。

在小麦育种中，他在前人研究的基础上，将1919年由成贤农场观察区，穗选而得之南京赤壳，和同年自征得之武进麦种，穗选而得之武进无芒，在大胜关农场经过多年培育，作比较试验结果，南京赤壳比农家品种每亩增收2斗多，武进无芒每亩比农家品种多收3斗多。1924年两个品种相继问世，1926年两个品种同时推广，取得了显著的增产效果，其中南京赤壳适于江、淮流域，武进无芒在沪宁一带种植较多。此外，他还将1923年原大胜关农场主任原颂周在南京江东门农田选得之江东门，

金善宝早年的小麦选种试验

经过数年精心种植、去劣选优,培育成为一个纯良早熟品种,与当地小麦品种相比,增产显著,又比较抗赤霉病,籽粒角质,出粉率高,成熟期在长江流域与大麦相仿,是当时推广的一个早熟、丰产、抗病、优质的良种。由于其早熟性配合力好,育成的后代也比较早熟,是长江流域的好早熟种质资源,也是东北及北部春麦区可利用的间接早熟种质资源,

改良南京赤壳(原载《实用小麦论》)

改良武进无芒(原载《实用小麦论》)

由其衍生的优良小麦品种达 50 多个，在生产上发挥了很好的作用。

面对辛勤培育的成果，金善宝没有停步！他知道前面的路还很长，必须付出更加艰巨的努力，才有可能达到成功的彼岸。为此，他不敢有半点懈怠，做好了各种准备……

七、喜逢知音

原来，从小生长在山村的金善宝，早在 1913 年刚满 18 岁时，就奉母亲之命和邻村楼氏姑娘成了婚。婚后，他依旧出外求学，楼氏在家照顾母亲，婆媳关系融洽，为他解除了后顾之忧。楼氏是个典型的旧式女子，尊敬丈夫、孝敬婆婆、勤持家务，深得邻里好评。金善宝每次回家，不管她多忙，都要放下手里的活计，站起来迎接丈夫。金善宝也抽空教她读书认字，夫妻相处和睦。没有想到的是，1918 年秋，金善宝在南京接到朋友来信说，楼氏因难产去世了，他很难过，但因当时学习任务紧，加上经济困难，没能回去见她最后一面，这件事一直令他很内疚。

1924 年，金善宝与姚璧辉女士结婚照

1924年，金善宝有幸认识了杭州弘道女子师范学校毕业的姚璧辉女士，金善宝觉得她知书达理、性格开朗、生活简朴，正是自己理想的生活伴侣。而璧辉女士呢，也看中金善宝是个读书人，农家子弟、为人忠厚、性情和顺，决心和他走到一起。璧辉女士告诉金善宝，弘道女子师范是个教会学校，她受学校教育影响，从小信奉基督，要求他不要干涉自己的信仰，并希望婚礼能在教堂举行。金善宝也对她敞开了心扉，希望她婚后能去家乡的小学任教，为农村孩子贡献

婚礼集体照：1排左1姚钟鑫（岳父），2排左起：齐梅贞、王雪珍、姚璧瑛、金善同（兄）、赵伯基，3排左起：金璧贞、赵敏珍、姚璧辉、金善宝，右1寿振簧

一份力量，同时照顾一下年迈的老母亲。可喜的是，两人对双方提出的意见都没有异议，这也许就是通常所说的缘分吧！

这一年夏天，金善宝和姚璧辉女士在杭州教堂按基督的仪式举行了婚礼，主婚人女方家长是姚璧辉的父亲姚钟鑫，男方家长由金善宝的哥哥金善同代表，姚璧辉的两个妹妹姚璧瑛、姚璧如、表妹王雪珍做了小傧相。出席婚礼的还有新郎、新娘双方的同窗好友，新郎的同学有赵伯基、寿振簧、王希成等人，新娘的同学有赵敏珍、齐梅贞、金碧贞等。值得一提的是，这次婚礼无意中还成就了两对佳偶，一对是，寿振簧和赵敏珍，另一对是王希成和齐梅贞，他们在参加金、姚的婚礼中相识、相知，发展到相爱，成为百年好合的恩爱夫妻。几十年过去了，寿振簧

成为全国知名的动物学家,任中国科学院动物研究所所长;王希成也是全国闻名的生物学家,南京大学生物系教授。

八、第一部小麦分类文献

按照常理和当时的条件,已近而立之年的金善宝,完全可以把妻子接来,在南京建立一个温暖的家。可是,金善宝却违反了这个常理!他把新婚的妻子姚璧辉,送到了偏僻的石峡口老家,做了一名梓山小学的义务教师,以实现他教育救国、回报故乡人民的心愿,同时,也让妻子照顾好年迈的老母亲,了却了他的后顾之忧,以便于自己将全部身心投入小麦科学的研究之中。

新婚后的金善宝,一个人回到了大胜关农场。在农场,他有一间10平米左右的小屋,里面有一张单人木板床,一张两个抽屉的书桌,墙壁上挂满了各种麦穗,这就是金善宝的家!在这个家里,他抛弃了一切杂念,一门心思、孜孜不倦地投入小麦科学的研究,并在开展研究工作的同时,1925年,又回东南大学补读了一年学分,1926年完成大学本科全部学业。

1926年,金善宝毕业于南京东南大学农艺系

在小麦育种研究中,金善宝深深体会到,保存在农户手里的小麦地方品种,是国家宝贵的生物财富,是育种工作者进行育种研究的物质基础。我国有几千年的小麦种植历史,3 000多年前的殷代甲骨文中,就有"麦"字,公元前6世纪的《诗经》上,就有"丘中有麦""毋食我麦"的诗句,据樊绰《蛮书》记载,公元9世纪云南就种植小麦了。这些地方品种,长期以来生长在不同的地理环境、土壤、气候和栽培条件下,形成了丰富

多彩的品种特性，如抗病、抗虫、抗风、耐涝、耐旱、丰产、早熟，等等。他认为，广泛搜集这些地方品种进行分类、整理，研究它们的特性，是育种工作者不可缺少的基础工作。为此，他的小麦分类研究和小麦育种研究，二者是相得益彰同时进行的。

1925年，他从全国790个县，搜集到900多个小麦品种，就其形态上作多年之精密观察，采用前人的经典方法，研究确定这些品种分属于普通小麦（*T. vulgare*）、密穗小麦（*T. compactum*）、硬粒小麦（*T. durum*）和圆锥小麦（*T. turgidum*）。其中普通小麦品种占87%，其余占13%。普通小麦之分布遍及全国，经归纳为10种；而可能区分为独立种系者，约有170余。密穗小麦之分布，几个省都有，惟种植较少，经归纳为6种；硬粒小麦只新疆、云南、湖北有些许出产，经归纳为2种；圆锥小麦则四川、新疆、甘肃均有出产，经归纳为4种，较之前人更准确地揭示了当时我国栽培小麦的类别。1928年5月发表了《中国小麦分类之初步》，是我国第一部关于小麦分类的科学论文。

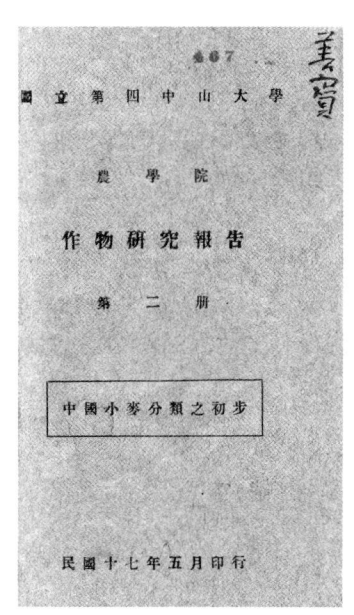

中国第一部小麦分类文献

对于小麦分类之重要，金善宝在《中国小麦分类之初步》的绪言中这样写道：

吾国幅员辽阔，兼南北温带与半热带之气候，土质肥美，雨量充足，故小麦之栽培，遍及全国，特以山谷崇深，地势阻绝之故，小麦之性状随地而异，品种之多，不可胜计，据余所知现在全国栽培之小麦，可以分别成为独立之品种者，至少当在200以上，就中有仅能栽培于某区域者，亦有能适应较广之环境者；此种性状，关系麦产之丰歉，为品类之重要因子，搜集全国麦种，依其性状之异同，分类而整理之，俾成为有系统之记载，实为至重要之事，吾国小麦既乏统系之分类，农业学校关于麦作学之教授，殊多困难，然则此篇之作，虽曰草创，或亦有俾育种家、农艺家、暨有志麦作研究者之参考乎。

九、广泛的农业科学实践

金善宝在农业试验场工作的6年，除深入研究小麦育种之外，对玉米、大豆、马铃薯等作物研究也产生了浓厚兴趣，广泛的农业科学实践，为以后的研究奠定了丰厚的农业科学理论基础。在玉米研究上，他主要从事自交系的选育，初步得到了8代稳步的玉米自交系材料，1934年发表了《近代玉米育种法》，是我国第一部全面、系统介绍自交系间杂交种选育的科技专著；在大豆研究上，做了大豆、玉米间作试验，取得了初步试验结果。（后因抗战爆发，试验场的玉米、大豆材料由丁振麟负责转移，寄存在安徽省某地，时间长久后，具体地址遗忘了，致使全部试验材料丢失殆尽）。他1935年发表的《用统计方法研究籼、粳、糯米之胀性》《大豆几种性状与油分蛋白质之关系》、1939年的《精米胀性试验方法之研究》，还有1940年的《大豆天然杂交》、1950年的《马铃薯栽培法》等一系列有关论文、专著，以及在谷类、烟草、麻等方面的许多文章，都是当时先进的研究成果和试验方法。据中国农科院的玉米专家评论："金老1934年发表的《近代玉米育种法》，文章从玉米传粉的特点到自交系的选育，从杂交种的鉴评到聚合改良，都有翔实的介绍，时至今日，仍不失为玉米育种工作者学习的重要文献。现在常被引用的美国玉米专家的经典论文，金老早在20世纪30年代初期，就已经通读并做到熟练运用了。说明金老虽然是位小麦专家，但他的知识绝不仅仅限于小麦，作为一代农业科学家，其学识面之广、之深，令人敬佩"。

不久前，金善宝的家人在他的书柜里，发现了一大包二三十年代有关小麦、玉米、大豆等各种作物研究的试验数据和绘制精致的图表，面对着这一大堆纸张发黄、字迹模糊，历经战乱、多次逃难、搬迁、珍藏了80多年的数据、图表，可以窥见一代农业科学家金善宝研究科学之精神！

献身小麦

第一章 立志务农

第二章

———

辛勤耕耘

一、创办山村小学

金善宝从南京高等师范农科毕业之后,把自己的青春和汗水全部献给了小麦试验场。除此之外,他做的第一件事情,就是在故乡石峡口,办一所山村小学,以实现他多年来日思夜想的愿望!

这是因为,金善宝的故乡诸暨,虽然号称鱼米之乡,但因地少人多,老百姓生活十分困苦。石峡口全村300户人家,大多数是文盲,正常年景只能做到"糠菜半年粮",遇到苛政暴敛、天灾人祸,往往逃荒要饭,妻离子散,凄惨不可言状。贫穷落后,再加愚昧无知,使妇女的命运更加悲惨,她们可以被丈夫随意变卖、出租或典当,女婴被溺死、放生(丢弃),时有发生。令他永远不能忘怀的是,自己的一个亲侄女出嫁之后,在婆家遭到非人待遇,回到娘家也受继母歧视,为了不让她的亲生女儿长大后,像自己一样受苦,竟将她的初生女婴放在河水里活活溺死。山村人民的苦难,深深烙在金善宝的心头,1917年,他虽然走出了山村,可是他的心一刻也没有离开过这块生他、养他、哺育他成长的土地!

他认为,要改变家乡贫穷落后的面貌,首先要提高家乡人民的文化、教育水平,把科学文化带到山村,"十年树木,百年树人",如果中国的每一个大学生都能在家乡办一所小学,那么,几十年后,我们的国家何愁不会强盛起来呢?!为此,1920年金善宝参加工作后不久,就回石峡口积极筹办成立一所小学校。

当时,石峡口有一所私塾,校址设在老庙内,由于经费缺,每到年终,由校董出面向学童父兄洽谈出资1～2元,作教师薪金,教师一日三餐由学生家长轮流供给,学校既无教具,又无课椅桌凳,学生入学都需自带大小不等的破旧桌凳。

金善宝回乡后,找到村里有威望的长者,说明自己的想法,争取他们的支持,并拿出自己积攒的钱,作为办学的经费。学校仍设在老庙内,学校取什么名字呢？他想到石峡口的山上种有许多桑树、梓树，《诗经》上又有"维桑与梓，必恭敬止"之句，意思是说，家乡的桑树、梓树是父母种的，对他要表示敬意，后人用来喻作故乡。金善宝为了回报故乡养育的恩情，就给学校取名梓山小学。学校初步建立起来了，但村里人并没有认识到教育的重要性，大多数乡民为生活所迫，忙于生计，不愿意送孩子去学校读书，他又挨家挨户到适龄儿童家里去劝说，并亲自登台授课，讲解学习的意义。以后，金善宝每年暑假回家，除了探望老母亲之外，就是到乡亲们家里去动员他们的孩子上学，并把自己一年来的积蓄支援学校。1924年与姚璧辉女士结婚后，又动员新婚的妻子从杭州城里到石峡口梓山小学来义务任教。金善宝的真诚和热情，终于感动了乡亲们，使他们逐步认识到学习文化知识的重要性，大家纷纷把孩子送到学校来，梓山小学越办越好，一天天兴旺起来。

据石峡口的乡亲们回忆：

梓山小学由乡贤金善宝创办，历任校董为锡舟、潮水、长茂等。当时老庙上殿中间三间仍为菩萨，靠右侧一间为会堂，上挂孙中山像和青天白日旗，两侧摆放一些由金善宝带来的动植物标本，靠左侧的一间为图书室，其余5间为学生教室。梓山小学有自己的校徽和校服，校徽为三角形蓝底白字，校服为学校统一制作，遇有重大活动发给学生使用，活动结束后由学生家长洗净，交回学校保管。梓山小学在当时的诸暨农村已经是不多见的了！

石口家庙——梓山小学旧址（金永辉供稿）

梓山小学校徽（金永辉供稿）

半个多世纪以来，金善宝曾多次去浙江等地考察、开会，每次都要抽空去石峡口；每次去，也总忘不了去看看村里的小学校。经过几十年的沧桑，梓山小学早已改名为石鸭口小学，1961 年改名为乐山公社中心学校，1969 年改名为石口"五七"学校，设有小学 5 个班，初中 5 个班……金善宝认为，学校改名并不重要，重要的是，学校越办越大，由原来的初级小学，发展成为包括初小的高级小学和初级中学，它培育出来的子弟，分别升入了全国有名的中学、大学，成为各行各业的专家、学者，把科学文化带回了山村，山村人民一天天富裕起来，他感到由衷的高兴。

二、执教浙大劳农学院

1927 年大革命，国民革命军到达南京，东南大学改组为第四中山大学。这一年，农学院某些新来的领导无理刁难、扣发农业试验场短工工资，工人们十分气愤，金善宝代表工人向有关方面交涉，遭到拒绝后，愤而辞职。

1927 年 8 月，经农科同学赵才标介绍到浙江第四中学（在宁波）讲授农业课。1928 年 3 月，又到浙江大学劳农学院任教。

浙江大学劳农学院，位于沪杭线笕桥车站的东北侧，距杭州市约 20 公里，面对皋亭山，环境幽静，也是浙江农业教育改进的发源地。1913 年在此创设甲种农业学校和农业试验场，1924 年又创立农业专门学校，1927 年，浙江省成立第三中山大学，由农专改制为劳农学院。1928 年 4 月，

笕桥时期浙江大学劳农学院校门（原载《浙江农业大学校史》1910—1984）

改称浙江大学劳农学院。

浙江大学劳农学院的首任院长,是早年追随孙中山先生参加革命同盟会的谭熙鸿,也是孙中山派出国的第一批留学生,曾任北京大学生物系教授、系主任等职。他聘请了国内许多有名望的学者和农业专家来校执教,如梁希、蔡邦华、卢守耕、孙逢吉、吴耕民、许叔玑、赵才标、赵伯基、王希成等。在办学上采取了"兼容并蓄的方针,对一些学有所长的前辈如梁希、许叔玑都十分尊重,对青年教师也极为爱护、关怀,因而吸引了一大批教师到校任教,金善宝也是其中之一。到校不久,金善宝看到学校环境优美,人才济济。唯一不足的是,从杭州去笕桥,只能循铁路前往,在笕桥车站下车后还要步行2公里,或乘坐农民的独轮车才能到达学校。没有想到的是,身为一院之长的谭熙鸿,竟然亲自率领全院师生,利用每日下午实习时间修路2公里,连接沪杭公路,使汽车可以从杭州市直接到达学院。谭院长这种敬业精神,和他朴实无华的作风,深得全院师生的敬重,也让金善宝从一个全新的角度认识了这位辛亥名将、学坛先驱。

这段时间,他有幸结识了森林系主任梁希教授。梁希教授为人正直,学识渊博,15岁中试清末秀才,早年留学日本、德国,在林产制造、森林利用、森林化学等方面颇有建树,当时已是我国林业界一位很有名望的林业学家,他治学严谨、淡泊名利的高尚品德,在浙大师生中广为传颂。金善宝敬佩他的学识,欣赏他的人品,很快成为至交。

金善宝在农艺系讲授"实用麦作学",深受学生的欢迎。同时,还在笕桥农场种植了意大利引进的Ardito小麦,进行观察比较;并征集了全国28个省、650个市县,小麦样品1 300余种进行分类研究……

在杭州的这段日子,金善宝和岳父一家建立了深厚的感情。岳父姚钟鑫,原籍诸暨姚公埠人,13岁来杭州学徒,成为杭州城里一位名厨。璧辉女士是长女,下面有两个弟弟和两个妹妹,两个妹妹10来岁,最小的弟弟才5岁。作为长姐,璧辉女士对弟妹们的成长十分关心,岳父岳母对这位长女也十分尊重。在这种情况下,金善宝这位长婿,到了丈人家,自然就成了"娇客",弟弟妹妹都亲热地叫他"大哥哥"(这个称呼

金善宝夫妇（前排左1、左2）与同事摄于浙大农学院笕桥棉场

一直沿袭到老，没有改变），岳父亲自下厨，为他做好吃的，如西湖醋鱼、叫化鸡、稀卤海参等，使他这个从山村僻壤出来的学子，初次尝到了浙江的美味佳肴。岳母对他照顾得更是无微不至，他两次生病，都是在岳母的精心照顾下痊愈的。特别是他的痔疮，犯起病来疼痛难忍，十分难受，当时医生也没有什么好办法，岳母不知从哪里弄来一个偏方，说吃甲鱼能够治痔疮，就连续炖了好几个甲鱼给他吃，奇怪的是，他的痔疮果然就不治而愈了，从此再也没有犯过。也许是因为他们夫妇这种和睦的生活吧，老同学见了他们，总要开玩笑地叫一句"金元宝，摇进来"！原来姚璧辉女士原名姚金兰，是弘道女子师范的一位老师为她改名姚璧辉的，可是她的同窗好友们仍然亲切地称呼她为金兰，因而老同学就把他们夫妇的名字金善宝、姚金兰，按其谐音念成"金元宝，摇进来"。几十年来，每当谈起此事，金善宝总是诙谐地笑笑说："我们家从来没有什么金元宝，我一生给予金兰的，只有实实在在的感情，平平淡淡的生活"；而金兰也以此为满足，她常说："青菜、豆腐吃了保平安，粗茶淡饭饱，布衣暖，足矣！"他们就是这样相互理解、相互支持，相伴着经受了无数风雨，度过了一生一世，整整60年。

1929年，金善宝的母亲去世，他十分悲痛。半个多世纪之后，年过茕茕的金善宝在回忆录中写道：在我的人生道路上，我的母亲起了至关重要的作用。每当我升学遇到困难、徘徊在人生的十字路口时，是我的母亲，一个目不识丁的山村妇女，用她那看似柔弱，实际却十分坚强的臂膀，为我排除了种种荆棘和障碍、为我的学习铺平了道路。今天，我能够学有所成，为祖国的农业作出一点贡献，首先应该感谢我的母亲，母亲对我养育的恩情，永远铭记在心。

三、出版第一本小麦专著

1929年1月，国立浙江大学劳农学院改名国立浙江大学农学院。在此期间，金善宝将小麦试验场研究小麦的心得、体会，理论结合实际，编成讲义。蔡元培先生曾为他的讲稿作序，评价颇高，序中写道：

……金善宝先生专研农学，多有心得，近主浙江大学农学院讲座，其《实用麦作学》讲稿，专论小麦，言简意赅，精审渊美；兼注意于小麦在吾国之地位，如栽培之面积，产额之数量，消费之多寡，以及各种小麦之种类，气候之实录，及其与世界麦区气候之比较，盖别有调查搜罗之功，故能适合于国内教授之用，使学者灼知国内种麦情形，得用新知识以改良旧种植；与专读外国教本者不同，此其优点之彰明者。吾国食麦，起源甚早，如周颂之来牟，月令之麦秋，屡见记载，足知当时流通已广，消费已繁。以数千年惯用为食物之种植品，不无相当经验，再佐以最新学理，切实试行，其丰收发达，可以预卜。改良农业，即所以维持国本，充实民生，善宝先生此书，关系固甚大也。

此后，金善宝又根据多年来对小麦的研究心得、经验，对讲稿作了修改补充，撰写成《实用小麦论》，全书约20余万字，从理论和实践上对小麦种植和研究进行了

1934年发表中国第一本小麦专著《实用小麦论》

较系统的论述,是我国第一本小麦科学专著。1930年付印,1934年商务印书馆正式出版,被列为大学丛书之一。出版后,很快被全国各大、专院校农学院用作教材或学生的重点参考书。时至今日,仍具有重要的参考价值。

1930年金善宝夫妇与长子之生、长女之英摄于杭州

四、赴美深造

1930年,浙江省教育厅在全省范围内招考留美学生,条件是,"在浙江服务满3年,服务成绩好,由服务机关推荐,英文考试及格"。金善宝正好符合条件,积极报名应试,被顺利录取。这次录取的共有7人,其中学农的3人,除金善宝之外,还有赵才标和卢守耕,赵才标攻读农业经济,新中国成立前夕去了台湾,后至香港;卢守耕攻读水稻专业,曾任浙江大学农学院院长,后来也去了台湾;另外4人为赵廷炳(学化学)、王国松(学工)、何之泰(学水利)、王儆(学石油),都进入康奈尔大学研究院学习。

这一年夏天,璧辉女士携长子之生送丈夫到上海,乘船远渡重洋,赴美留学。在喧闹的上海码头，5岁的儿子吃了一个肉包子，就嚷嚷肚子疼，当时他们夫妇并没有在意。没想到璧辉女士送别丈夫后，母子俩回到杭州，误听邻里之言，吃了一颗止泻药，没过两天，一个活泼泼的孩子就夭折了。璧辉女士为此大病一场，而远在异国他乡的金善宝，得知这个噩耗后，自然也悲痛欲绝。此后多少年，家里再也不敢提起长子之生这个名字，为了避免伤痛，金善宝把两个女儿名字的"之"字，均改为作物学的"作"字，即之英、之美，改为作英、作美。此是后话。

1930年摄于美国康奈尔大学康奈尔先生铜像前

在上海码头，金善宝告别妻儿之后，轮船驶出了吴淞口，进入了浩瀚的东海，船过日本横滨，在太平洋上整整行驶了一个多月，才到达美国的西海岸旧金山。从旧金山乘火车直达美国首都华盛顿，再坐汽车就到了康奈尔大学。

康奈尔大学位于美国东部纽约州的伊萨卡。伊萨卡是一座美丽恬静的小城市，街上整洁而繁华，全市人口1万余人，主要是康奈尔大学的学生、教职员工以及为大学而设立的各种商业、服务设施的人员，实际上是一座大学城。金善宝居住在中国学生聚居的地方，一人一个房间，设备齐全，供应充足，但收费也颇为可观，每月约18美元，所幸他是公费，食宿费用一般情况下是可以保证的。

康奈尔大学有7所学院，其中农业与生物学院在全国同类大学中是数一数二的，并以其独有的创新精神影响了整个美国高等教育，也为世界各国培养了不少有影响的学者。我国的著名学者除金善宝外，还有胡

1931年5月,美国康奈尔大学作物育种研究会会员
前排:金善宝(右2)、冯泽芳(左2)

适、邹秉文、茅以升、杨杏佛、曾成、谈镐生等人,都曾在康奈尔大学就读。

金善宝在康奈尔大学主修的课程主要有作物学、育种学、遗传学、土壤学、植物生理及细胞学、生物统计学等。研究生除上课外,还要参加各课的讨论会,讨论会由各系组织,每周开一次,各系的教授、研究生一齐参加。开会前,由教授选好最近完成之论文,令各研究生阅读;开会时,由主讲研究生对该论文进行评价,再由教授和其他研究生发表意见,开展辩论,借以培养提高研究生的分析能力及学术见解。康奈尔大学除重视课堂教学外,也十分注重田间操作,金善宝经常随教授、助教们一起参加田间

1931年6月,送李沛文兄赴加省大学(后排左起:金善宝、陈一百、冯泽芳、李沛文、周明祥。前排左起:程世抚、马保之、管家骥)

操作，做小麦、玉米、大豆等实地育种工作，并随同教授出外调查，实地考查品种改良的情况。

和金善宝一起在康奈尔大学研究院学习的有卢守耕、赵才标、赵廷炳、王国松。不久，金善宝在东南大学的老同学冯泽芳也来到了康大，异国他乡遇故知，欣喜之情可以想见。他们两人都是来自浙江农村的贫苦家庭，都是东南大学农科的毕业生，现在又先后来到康奈尔大学研究院深造，这些共同点，使他们拥有共同的理想，也形成了他们彼此相近的性格和生活习惯。在美国3年，面对花花绿绿的世界，他们两人始终保持着中国农民子弟的本色，只知道专心致志地学习，勤勤恳恳地工作。在那民族歧视的重重阴影下，互相支持、互相帮助，共同去面对遇到的种种困难和挫折，在逆境中加深了彼此的友谊。

金善宝在康奈尔大学研究生院学习了两年，毕业后又到明尼苏达大学农学院专攻小麦育种研究。当时在明尼苏达大学，中国留学生学习农业的不多，有学昆虫的邹钟琳（南京农学院）、学地质的朱熙人（中大毕业）、学化学的刘瑚（清华大学毕业）、还有一人叫刘行骅，是上海约翰大学毕业的。

1931年在美国康奈尔大学。左起：金善宝、赵延柄、冯泽芳、赵才标、卢守耕

在美国 3 年，金善宝学习、研究了世界上先进的农业科学技术，时间虽短，留给金善宝的印象却很深。后来他在浙江大学农学院农艺学会常会上，介绍"美国人研究科学之精神"的演讲中，讲了 3 点体会：

一是，美国人研究科学之精神令人钦佩。

美国人研究科学之精神非常勤恳，研究者每日早晨 8 点进办公室至下午 5 点才回家，甚至还有晚上去实验室研究的。他们平时都是衣冠整齐，但一到田间，穿上工作服就像农夫一样不息地工作；竟有连中餐也带往田间的。他们不但能耐劳而且有恒心，凡研究一个问题，短则几年，长则十几年，虽然遇到种种困难，不肯放弃，必至解决而后已。如康奈尔大学作物育种系主任兼研究院院长埃默森博士，为美国研究玉蜀黍之泰斗，孜孜于研究玉黍蜀植科色性遗传达 12 年之久，终于发现了 ABPI 的遗传因子定律，对遗传学方面作出了重大贡献。

二是，美国人科学研究中的合作精神尤令人叹服。

1932 年 2 月，康乃尔大学植物科学门前，中华作物改良学会发起人合影
（左起：马保之、程世抚、金善宝、冯泽芳、卢守耕、管家骥）

如明尼苏达大学作物育种系、植物病理系，彼此都是互相研究，一旦研究有得，就彼此双方合作发表，因此育成了不少的抗病力极强的大小麦品种；再如，研究小麦制粉之品质，则与生物化学系合作，研究小麦之抗寒性，则与植物生理系合作，结果获得品质优良、产额丰富之品种。这些不过是一个学校的内部的合作，至于他们单位与单位之间也很有合作精神。美国是一个由48个州组成的国家，每个州都有一个农科大学或农学院，研究当地之农业。同时农部方面，则注意全国各地之农业问题，但农部对各州之农业，并不另设试验场，乃由各州之农科大学中聘定一人或数人，由农部拨给相当的经费，彼此互相合作，做种种详细的研究和调查。因此，经济、人才两得其便，可收事半功倍之效。

三是，推广于人民的方法值得我们参考和学习。

美国人研究得到的成果，必能推广应用于农家，因他们各系都设有推广部，一经研究得到结果，耕作方法或优良品种，就在农家田中试验，农民见了自然能采用或接受他们的方法或种子。况美国农家耕地在百亩

1932年6月，金善宝（左）摄于美国美尼阿拍里斯

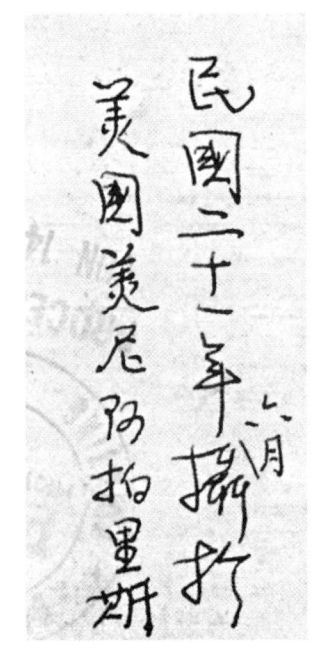

照片反面金善宝手迹

以上很多，因此种子的优劣，影响于收获极大，故一般农民很需要研究机关给予优良的种子。其他如畜养乳牛者，一旦乳中发生毒汁，或其变故，他们都自愿向学校教授予以相当的解决方法，有时还到学校去练习。所以他们的研究和实用都是有密切联系的。

以上3点体会，贯穿于金善宝一生从事农业教育和科学研究的生涯之中。康奈尔大学作物育种系主任兼研究院院长埃默森博士的事迹，使他体会到在科学的道路上，没有平坦的大道，只有不畏艰险，不怕失败、勇于探索、有恒心、有毅力的人才能达到光辉的顶点，因而成为他在科研工作中，要求自己、勉励年轻一代的榜样。美国人科研工作中的合作精神和科研成果推广及时等作法，也是他一生从事农业教育和科学研究的准则。

然而，祖国的贫穷落后，使出国留学的海外游子处处受到歧视，房东对中国留学生是冷若冰霜，他们在大街上唯恐与中国学生接触，有失他们的"身份"，报上经常登着各种歧视华人的报道，华人们敢怒而不敢言；学术上，中国学生以同等实力却总要低人一头；特别是"九一八"事变之后，丢掉东三省的耻辱，使中国留学生抬不起头来……一次，在学校的聚餐会上，一个美国学生竟然当着众人的面，对金善宝大声叫喊道："密斯特金，把这些剩饭拿去给中国人吃吧，中国人正在饿着肚子呢！"金善宝听后感到莫大的污辱，一种民族的、祖国的尊严，使他当即爆发出愤怒的抗议，面对洋洋得意的挑衅者，他毫不客气地回敬道："很遗憾，中国离这里太远了，请先生还是拿到芝加哥的公园去吧，那里不是有许多无家可归的流浪汉吗？他们正在等着这些面包填肚子呢！"那个挑衅者自觉没趣，只好灰溜溜地溜走了。

这件事，使金善宝再一次深刻地体会到，美国虽好，却不是自己的久留之地。中国有句古话，"在外金窝银窝，不如家里草窝"，作为一个炎黄子孙，决不能在屈辱中生活，作为一个学农的中国留学生，来美国的目的只有一个，那就是学成归国，报效祖国，振兴祖国农业，改变祖国贫穷落后的面貌。1933年1月，金善宝毅然地踏上了归途，回到了祖国怀抱。

1932年9月，金善宝（后排左2）摄于 turtlelake

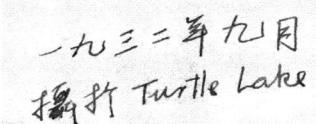

照片反面金善宝手迹

五、应聘南京中央大学

金善宝回国后，仍回浙江大学农学院任教。

后来发生了这样一件事，国民政府陈果夫无理干涉浙大内政，说什么金华火腿闻名世界，产地在浙江，浙江大学农学院应该设立一个火腿系。梁希教授与当时的农学院院长许璇都认为这是无稽之谈，没有理睬。陈果夫竟然通过浙江大学校长郭任远向许璇院长施加压力，给许院长加上许多莫须有的罪名，许院长愤而辞职，只身去了北平。农学院许多教授都为之不平，纷纷辞职，以示抗议。1933年8月，金善宝和梁希等人接到南京中央大学农学院院长邹树文的聘书，也先后离开了浙大。

南京中央大学农学院，它的前身就是金善宝曾在此学习、工作过的母校——南京高等师范农业专修科和1926年毕业的东南大学。1927年2

月，东南大学改名国立第四中山大学，1928年2月改称江苏大学，5月，又改名为国立中央大学。不同的是，中央大学农学院的院址已于1927年从四牌楼（现东南大学所在地）迁到三牌楼小门口（现察哈尔路南师附中校址）。当时，中大农学院院长邹树文，是南京高等师范

南京中央大学四牌楼校门（原载《南雍骊珠——中央大学名师传略》）

农科创始人邹秉文先生的堂兄，而中大农学院的教授如邹钟琳、冯泽芳等人，又都是金善宝在南高和美国康奈尔大学的同学，阔别6年，重返母校，昔日同窗重逢，同在母校执教，其愉悦之情难以言表，金善宝全家住在南京三牌楼中大农学院的宿舍内。至此，为了小麦科学研究、农业教育而长期奔波的金善宝，总算有了一个安稳的家。他牢记着，母校

1934年5月摄于南京

1935年金善宝夫妇摄于南京

是赋予他农业科学知识的摇篮,是引导自己走向农业科学教育事业的起点,为了回报母校、回报祖国的恩情,他决心从这个起点线上,一步一步踏踏实实地走下去,将自己的一生奉献给祖国的农业科学教育事业。为此,他一边教学,一边坚持小麦科学研究,教学更加认真,治学更加严谨。

据1937年中央大学农艺系毕业、福建省农科院原植保所主任黄至溥教授回忆:

金师教书有几个特点:

1. 每次上课总是手拿卡片10数张,讲他认为最重要、最新颖的基础理论和操作技术,以及国内外该作物的新发展、新成就。这些内容都是他平时查阅文献、博览最新研究论文、报刊后写在卡片上的心得,在指定的教科书上是没有的。

2. 要求课后一定要看指定的参考书。每次讲完课后,就将应看哪本书、哪一页告知大家。

3. 重视实验室和田间的实习,贯彻手、脑并重,学、做结合。每次都印发实习提纲,各人一项一项去做,下次交实习报告,他亲自审阅,评定成绩,不及格者还须重做。实习时间都是结合各作物的生长季节进行的。

1935年摄于南京燕子矶左起:金善宝、邹树文、姚璧辉、姚璧瑛、邹师母

4. 启发学生广开思路，钻研科学，讲究实效，并鼓励学生应用所学去解决各种作物的具体问题，积极培养学生认真严肃和创造精神。他常说："宏观问题要从微观入门，大处着想，小处着手。要善于发现新苗头，精于观察其差异"。他边教书，边作研究，常常叫我们去看，言传身教，引导我们为农业科研献身……

5. 对青年灌输爱国主义和热爱科学、热爱人民的思想。他每讲一种作物，就将国内外产销情况作对比，指出我国受封建束缚、外强侵略导致农村破产、民不聊生，以及农民遭受压迫剥削，虽然全家老幼日夜操劳、精耕细作，还是天灾人祸频繁，生产无法增长，激发了我们爱祖国、爱人民、爱科学的热情。

1935年中央大学农艺系毕业、原福建农学院副院长周可涌回忆说：

小麦只在白天开花，夜里不开花，这是从前普遍的说法。真的小麦在夜里绝对不开花吗？金善宝师提着马灯到麦田里，通夜观察，终于看到了小麦在夜里也有开花的，不过数量很少。这件事，使当时还是学生

1935年3月在中华作物改良学会第二届年会上。前排左起：冯泽芳、马保之、卢守耕，中排左起：郝庆铭、金善宝、孙逢吉、王绶、沈宗翰夫人，后排左起：周承钥、管家骥、沈宗翰

的我，内心里就敬佩不已。金老师这种扎扎实实的钻研精神，敦厚正直、朴实无华的品质，以及他对教学、科研、生产一起做，还兼管农场，不怕艰苦的工作方法和作风，都给了我很深刻的教育。

六、战乱中的中大精神

但是，世事沧桑，好景不长。20世纪30年代，日本侵略者的气焰十分嚣张，1931年侵占了我国东三省之后，1937年发动了"七七"卢沟桥事变，"八一三"又突然向我国上海疯狂进攻，使战火迅速蔓延，中华民族面临生死存亡的关头。我守卫在淞沪一带的19路军战士，奋起抗战，英勇杀敌，大大鼓舞了全国人民的抗战士气。

1937年8月，在"国府"一片逃难声中，中央大学校长罗家伦向全校教职工宣布，学校准备迁到重庆，教职工愿去的，不能带家属。财政部孔祥熙宣布，个人银行的存款，每月只许提取5%。

面对祖国的危难，金善宝没有别的选择，他义无反顾地和爱国的广大师生站在一起。为了妥善安置家眷，他想到自己的故乡石峡口，那里群山环抱，宛如天然屏障，自古以来，传说这种天然屏障，护卫了石峡口人免受干戈之苦，他决定将家眷送回到石峡口，返回南京后，就和梁希、毛宗良教授各自花了120元购买了民生公司的长江轮船票，沿长江上溯到了重庆。此时，中央大学已商得在沙坪坝的重庆大学同意，借松林坡的一个小山丘建校，突击修建了一批简易房屋。

在中央大学内迁问题上，时任中央大学校长的罗家伦，贵有先见之明，他洞观时势发展，预料到抗战必将来临，而且是长期抗战。为此，他早就做了迁校的种种准备，做了许多大木箱，并包以铝皮，以供长途跋涉之用，七七事变的两周之内，就从总务处拿出550只大木箱，先将图书、仪器装箱待运，并请教授分头去重庆、成都、湖南、湖北等地寻找迁校地址，经过评估，毅然决定直接迁往重庆。在全校师生员工全力动员下，几千个人，几千大箱东西，在两个月内全部抵达重庆。而在重庆方面，负责的老师，不分昼夜，分了18个包工，集合了1 700多位工人，在 42 天之内就在重庆郊区沙坪坝，建起了能容纳千余人的校舍，并于 11 月初开始全面上课。整个过程，计划之周密，执行之迅速，可说是空前绝后，国内其他大学都无法与之相比（很多学校一迁、再迁，损失惨重）。迁校过程中，有许多感人的故事，其中最感人的是，在迁校之初，罗家伦考虑，学校的仪器、图书都可放在大木箱内运走，唯有农学院牧场的种牛、种猪等活牲畜不好办，在战乱的情况下无法运送，只好忍痛割舍。他给牧场工人发了一笔遣散费，让他们各寻出路，种牛、种猪等牲畜任其处理。没有想到，一位管牧场的技师王酉亭和几位工人，怀着民族大义，竟然将那些种鸡、种鸭、种兔装进笼子，驮在荷兰牛、澳州羊、美国猪的背

抗战时期罗家伦校长在沙坪坝中大校园（原载《中大校友通讯》18 期，台湾版）

上，犹如沙漠中的骆驼队一样，踏上了千里征途，一路上逢山过山，逢水过水，风餐露宿，忍饥挨饿，冒着敌机轰炸的危险，躲过了枪林弹雨的威胁，跨越了苏、皖、豫、鄂、川 5 省，经过一年多迢迢万里的跋涉，硬是用他们的两只脚板走到了重庆。在重庆化龙桥附近与罗校长的坐车相遇，连天烽火，几番生死，老友异地重逢，罗校长跳下汽车，热泪盈眶，和那些种牛、种猪拥抱亲吻。四川的老乡们见此情景，无不为中大人的爱国情神所感动，连中大的牲畜也有中大之风，朴实而有光辉，默默地走过长江黄河，秦岭蜀山，来参加抗战行列。罗校长为此赋诗一首：

嘉陵江上开新局，劫火频摧气益遒，
更喜牛羊明顺逆，也甘游牧到渝州。

学生中也流传着许多抗日的爱国诗篇，如：

长期抗战帜高悬,众志成城久更坚。

国子监随枢府转,松林坡上火薪传。

浴血奋搏惊天地,盼复河山遂壮愿。

这就是在抗日战争的烽火中,在祖国危亡的关键时刻,树立的中大精神!一个中国人的精神!

这种精神,体现在中大教学生活的方方面面!体现在点点滴滴的师生情谊之中!

校长罗家伦首先提出了立意高远、气度恢宏的"中央大学之使命"。他说:一个民族要能自立图存,必须具备自己的民族文化,这种文化,乃是民族精神之结晶,民族团结图存的基础,而要创造我国有机体的民族文化,国立中央大学责无旁贷,义不容辞!

他激昂慷慨寄语中大师生:要负得起这个使命,必定先要养成"诚、朴、雄、伟"的学风。诚,是对学问、对我们的使命要有诚意,不以它为升官发财的途径,坚定地朝着认定的目标走去;朴,是质朴和朴实,埋头用功、不计功利;雄,就是大雄无畏,荡涤一切柔软萎靡之气;伟,就是要把民族的危亡,存在心中,成为一种推动力,以必胜信念,成就

松林坡中央大学校舍(1944年原载《南雍丽珠—中央大学名师传略》

一番伟业。

当时，日机三天两头来轰炸，地处沙坪坝的中央大学，是日机空袭的重点目标，有一个月，竟高达28次之多，甚至有一天曾逼得师生5次钻入防空洞内；可是，这样的疲劳轰炸，并不能影响肩负祖国兴亡大任的师生们，他们坚持敌机来了，躲入洞内，敌机一走，立刻恢复学习和工作。校长办公室房顶的瓦全被炸飞了，三面墙被炸倒，在夏天的烈日下，校长等人在里面继续办公，教室被炸了，师生们在废墟上照常上课。

短短42天里平地而起的中大，其教室、宿舍、办公、试验用房都是竹编、泥墙的临时房屋，低矮而潮湿，纸糊的窗户，冬天不避寒风，夏日难挡炎热，学生住的是几百人的大宿舍，上下两层，犹如轮船的大统舱。金善宝作为教授，受到特别优待，两人一间、不足9平米的宿舍，没有电灯，没有图书馆，甚至连纸张、墨水都很难买到。在这样困难的条件下，作为中大人的金善宝和他学生们，是怎样进行教和学的呢？

金善宝教学认真，严于律己的教学态度，对学生们印象很深！

中国农学会蒋仲良教授回忆这段经历时说：

金师虽然还不到50岁，已经是鬓发皆白，身体瘦弱，有时还挂着拐杖走路，但是，金师在课堂上总是一丝不苟地讲解。当时没有教科书、讲义之类，学生上课必须记好笔记，为了保证同学们记好笔记，金师晚上在灯草芯油灯下备课，写好讲稿；白天在课堂上一边讲，一边在黑板上写，尽量写得细致清晰，写了擦，擦了写，弄得讲台前后粉笔灰尘飞扬，金老师常常呛得咳嗽不止⋯⋯

而金善宝也清楚地记得学生们艰苦学习的状况：

那时，学生听课全靠自己记笔记，很多学生家境贫寒，没有生活来源，买不起自来水钢笔，只好用蘸水笔尖；买不起墨水，只好用蓝色染料泡成水代替；买不起笔记本，就用又粗又黄的劣质纸订成本子；到了晚上，还要在煤油灯下自习到深夜⋯⋯

艰苦的教与学，将教和学的两颗心，紧紧地连在一起了！

对学生进行爱国主义教育，是金善宝教书育人的首要职责！

他经常将报上报道的抗日前方消息，讲给同学们听，启发学生关心民族危亡，激起广大青年抗日救国的热情。东北农业大学教授余友泰回忆说：

> 金师在讲话中，从不用稿子，也不用鼓动性的词藻，而是用极其朴素的语言讲出自己的感受和对学生们的要求，他不讲什么大道理，而是用实际生活中的具体事例来教育学生，他的讲话很激动人心，引起大多数师生的共鸣。他讲话时，那种发自内心的真诚和富有感染力的音容笑貌，至今还历历在目……

"行万里路，胜读万卷书"，是金善宝经常用来勉励自己，教育学生的两句话。

这两句话的意思是，一个人光有书本知识是远远不够的，每个人都必须到生产中去学习，在工作中向一切有经验的人学习，启发学生广开思路，钻研科学，讲究实效。他常以自己亲身经历的两件事来告诫大家。一件是他迈进大学的头一年暑假，全班同学在浙江省农事试验场生产实习，场里一位从日本留学回来的技术员，由于他平时总是待在办公室，很少到田间去调查，结果在给学生讲课时，连简单的"波尔多液"也配制不出来，弄得当场下不了台，最后还是在场的一位技术工人救了他的驾；另一件是，他自己刚从学校毕业在皇城小麦试验场工作，小麦秋播时，一位工人问他：一亩地要用多少播种量？由于当时农学院的课本大多是从国外教科书上抄来的，学生对国内农业生产情况知道很少，因此，金善宝一时被问得张口结舌，答不出来。他用自己亲身经历的这两件事情告诉学生，除了学习书本知识之外，还必须在生产实践中学习，将理论与实践结合起来。

怎样将理论和实践结合起来呢？金善宝在《抗战时期在重庆》一文中回忆：

> 当时，外国香烟充斥市场，为了发展本国的烟草事业，有个烟草公司捐了几万元经费，委托中大农艺系改良本国烟草品种。我们向四川省各县搜集了不少农家烟草品种进行试验，并选出了一些生长比较好的品种。但是，农艺系的老师对烤烟技术都没有实践经验，就从河南请到一位有实际操作经验的老农民帮助烤烟，并派一名高年级学生刘式乔跟他

学习。刘式乔在烤烟房内搭了一张床，食宿不离，随时观察烟房的温度、湿度和烟叶颜色的变化，他把这些观察所得都详细地记录下来，然后分别画出曲线。从这些曲线可以很清楚地看出以上三方面的相应关系。后来，刘式乔写成了一篇很好的毕业论文。因为农艺系进行了多年的烟草试验，学习和积累了很多实际知识和工作经验，后来有四五名学生如朱尊权、王承瀚、洪承钺等人，毕业后一直从事烟草研究，现在都成了我国烟草界的权威。

"身教胜于言教"，是金善宝教书育人的又一个特点！

除了课堂讲学外，农场实习，教学实验和生产实习，这些本来是助教的事，而他却时常亲自到现场指导。南京农业大学博士生导师吴兆苏，对老师当年手把手教他掌握锄头和镰刀的情景至今念念不忘。著名昆虫学家曹诚一教授回忆说：

1939年，我从武汉大学农艺系转学到中央大学读三年级，金先生给我们上小麦栽培学，蔡旭先生带实习，在学校农场里，金先生亲自把着手教我小麦杂交技术，教我们认识小麦的不同品种和它们的特性。这是我学习生物科学以来，第一次接触生产实际，真正了解学农的意义和目的。

关心青年成长，尽其所能解决学生的困难，是金善宝最大的快乐！

学校里有很多爱国的有志青年，怀着科学救国的理想，从沦陷区穿过重重封锁，颠沛流离，来到重庆这个大后方求学，希望学到一技之长，报效祖国。金善宝对他们十分关心，见他们生活清贫，没有经济来源，就想方设法为他们提供半工半读的机会；对一些思想进步，积极参加民主革命的学生，总是给予满腔热情的支持和保护。原安徽农学院院长李洪模说：

当时农艺系常有学生偷偷地离校到解放区去，金师知道后，总是不露声色地点头默许，不让校方和别人知道。特务们经常出其不意地闯进学校抓人，我们在紧急情况下，常到金师等有名望的进步老师家中躲避，金老师总是热情接待，关怀备至。

当学生们面临毕业就是失业的困境时，金善宝总是千方百计为他们安排合适的工作!

1939年6月,农艺系四年级的学生眼看就要毕业了,有一个成绩优秀、奋发有为的学生工作还没有着落,正当他十分苦恼的时候,金善宝从川北调查回来了,一见面就对他说:"你同蔡旭一道去成都吧,那边,小麦缺人,蔡旭去当麦作股长,我已同李先闻说好了。"原来,金善宝对这位学生的工作问题早就挂在心上,他认为,这个学生是个可用之材,如果失业或改行了,对农业科学事业,对学生本人都是非常可惜的。为此他早就四处奔走,这次川北调查,他觉得四川省农业改进所的工作十分合适,所以就和食粮组主任李先闻联系好了。这位学生就是后来的中科院院士、著名小麦细胞遗传学家,荣获1978年全国科学大会奖的八倍体小黑麦创造者鲍文奎。每当谈到金师,鲍文奎总是深情地说:

是金先生引导我走上了小麦育种研究的道路,而在后来的重要阶段,又是在金先生领导下进行稻、麦多倍体的研究工作,如果说我在育种研究工作中有什么成就,那都是同金老的指导分不开的。

浓浓的师生情谊,随处可见!

1942年夏天,金善宝给农艺系学生讲授麦作学时,突然昏倒在讲台上了!这件事对同学们震动很大。他们知道金师生活清贫,认为这次昏倒不单纯是胃病发作,主要是由于营养太差,劳累过度,身体虚弱所致。为此,同学们在一起凑了一些钱,买了两只鸡和两个月的牛奶票,送到金师家中。当时,金师母正卧病在床,看见同学们对老师这样真挚的感情,激动得掉下了眼泪,而同学们看见金师家的生活这般清苦,离开金师家时也感到阵阵心酸。

此后不久,农艺系毕业班的学生就要离开学校了,大家十分留恋尊敬的金师,在这离别的时候,大家十分希望能再一次聆听金师的教导,可是金师卧病在家,同学们忧心忡忡,经过商量,大家决定派马世均(新中国成立后任辽宁省农科院院长)同学去探望。在金善宝的病床前,马世均代表全班同学向金师表达了亲切的问候,当金善宝知道毕业班的同学即将离开学校时,也很想去看看同学们。于是,他在两位同学的搀扶下,拖着虚弱的身体,冒着暑热,一步步登上通往农艺系所在地松林

（注：金善宝因病缺席）

坡的台阶。金师的到来，给同学们增添了生气，大家聆听金老师的讲话，金善宝从我国光辉灿烂的古代农业，一直讲到当前农业衰败的原因。他说，没有灿烂的古代农业，就没有灿烂的中华民族，他希望大家要热爱中华，热爱自己的专业，珍惜自己的青春，努力为祖国的农业增添光辉。他谆谆嘱咐大家，毕业后，不管生活道路如何崎岖坎坷，千万不要放弃和荒疏自己所学的专业知识，不要改行。他越讲越激动，眼里充满了泪花。这一字字，一句句发自肺腑的话语，深深打动了同学们的心，在场的同学都感动得流下了热泪，有的甚至失声哭了起来。这一届毕业生没有辜负老师的殷切期望，在艰难困苦的条件下，顽强拼搏，有力地支援了抗战，并相继成为新中国农业科技战线上的带头人，为祖国农业科学和农业生产作出了巨大贡献。

时隔 40 多年之后，金善宝在"抗战期间在重庆"一文中，回忆这段经历时写道：

我昏倒在教室后，同学们认为我是营养不良所致，他们在一起凑了一些钱，买了许多营养品来慰问我，使我深受感动。当时，很多学生是

1946年金善宝（右1）和中央大学农艺系毕业班同学合影于重庆沙坪坝（旅台学者黄嘉〈木柱右〉供稿）

靠救济或亲友帮助勉强就学的。在这样艰苦的条件下，用勒紧裤腰带省下的钱，买来这些慰问品，其中，凝聚了多少深厚的师生情谊啊。"

而学生们对金师的高尚品德也同样念念不忘。原东北农学院院长、国务院学位委员会学科评议组召集人余友泰教授回忆说：

金师那种刚正不阿、治学严谨、孜孜不倦、培养后辈的精神，是我一生中最敬爱、最受教益的老师之一，而且我们师生间的情谊与日俱增，老而弥笃。每逢友人提到他，我想到他，见到他，总是有一种崇敬的心情油然而生。他在政治上的爱憎分明，治学上的勤奋严谨，作风上的艰苦朴素，为党，为人民工作的忘我精神，以及对后辈的关怀、爱护，都是我们学习的好榜样。

辛勤耕耘

第二章　辛勤耕耘

第三章

———

风雨历程

一、火烧病麦立志自主创新

在小麦育种工作中，金善宝有过一个深刻教训，使他终身难忘。

1934年，国民政府为救助长江水灾灾民，向美国政府借了一部分棉、麦贷款。金善宝从进口的小麦中，挑选了一部分籽粒整齐、饱满的小麦用作试验材料，精心地种在试验地里，希望从中选育出一些适应我国栽培的小麦品种。在小麦生长过程中，他和他的助手们几乎天天下地观察记载，谁知几个月的辛劳，盼来的却是一场祸害。当小麦临近收割时，试验地里百余亩小麦全部感染了严重的黑穗病，散发出刺鼻鱼腥味的黑粉，充斥了小麦籽粒。原来，美国有关方面为了防止中国人利用这批麦子作麦种，在运出之前，人为地拌上了腥黑穗病菌，只能当年食用，如果作麦种，病菌就会侵染麦苗，危害小麦籽粒。面对严重的病麦，金善宝怒火中烧，当即点起一把熊熊烈火，把百余亩染病的麦种烧得干干净净。这一事件，使他痛切地感到：依靠外援贷款不能解决中国的贫穷落后，中华民族要崛起，要靠亿万有志的中华儿女，要振兴祖国农业，发展我国的小麦育种事业，必须靠我们自己动手，培育我国自己的小麦新品种。

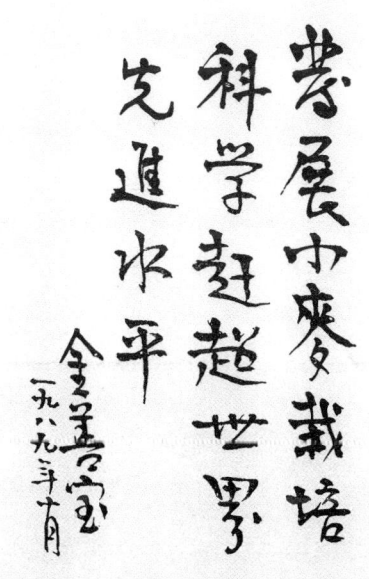

发展小麦栽培科学题字

二、历尽艰辛育成中大2419

为此，在金善宝的一生中，无论世事沧桑，风云变幻，条件多么艰难困苦，他的小麦育种研究始终坚持不断！

1934年，金善宝在南京劝业农场种植了国内各地搜集的小麦品种2 100余种，国外小麦品种及世界小麦品种千余种，从这一大批原始材料中择优进行了混合选择，最后从英国潘希维尔（John Percival）世界小麦品种中，选出原始亲本"Mentana"。根据记载，它是意大利中部和北部闻名的早熟品种之一。1934年秋季加入10行试验，当时的编号为Ⅲ-23-2419（"Ⅲ"表示引进的材料，"23"表示民国23年开始选种）表现早熟、丰产，抗倒，适于长江流域种植，命名为中大2419。

同时，他还将1929年从一位意大利回国留学生处得到的Ardito小麦，在杭州笕桥浙江大学农场种植数年后，1934年也加入南京劝业农场试验，其原始编号为Ⅲ-23-2509。选育成抗病力强、成熟期较早、产量高的小麦良种。按Ardito译音，并因其植株矮、穗粒多，音、意兼顾，命名为矮立多。

抗日战争爆发后，在重庆，这个抗战的大后方，敌机经常来轰炸，金善宝见到的是，战火迷漫，满目苍凉，广大麦区被敌人侵占，人民在饥饿死亡线上挣扎！祖国在灾难中呻吟！他的心流血了！战争的现实告诉他，人民需要粮食！抗战需要粮食支援！人民在召唤他，尽快培育出更多更好的小麦良种！

那时，金善宝除了担任繁重的教学任务外，每年都利用暑假到川北、川西调查农业生产情况，搜集小麦良种，共计跑过五六十个县。1939年夏天，他和助教蔡旭一起，各自坐了一个滑竿，沿嘉陵江、涪江北上，去四川北部松潘一带农业考察。当他们俩人到达平武县时，县长去重庆开会了，由秘书接待了他们。几天后，他们离开了平武，向松潘方向前进，天快黑了，他们打算在一个镇上住宿，谁知刚下了滑竿，突然从路旁窜出来五六个人，拿着手枪对准金善宝、蔡旭两人，恶狠狠地喝令金善宝："打开行李！接受检查！"但是，这帮人翻来翻去，也没有翻出什么结果。金善宝愤怒地抗议："你们无故检查，是何道理？"这帮人拿出一张平武县政府的通知，上写着：中央大学教授金善宝、助教蔡旭，在县政府留住期间，翻地图、查县志，有汉奸嫌疑。原来抗战期间，重庆

1939年金善宝（左2）蔡旭去松潘考察与蒋次升合影

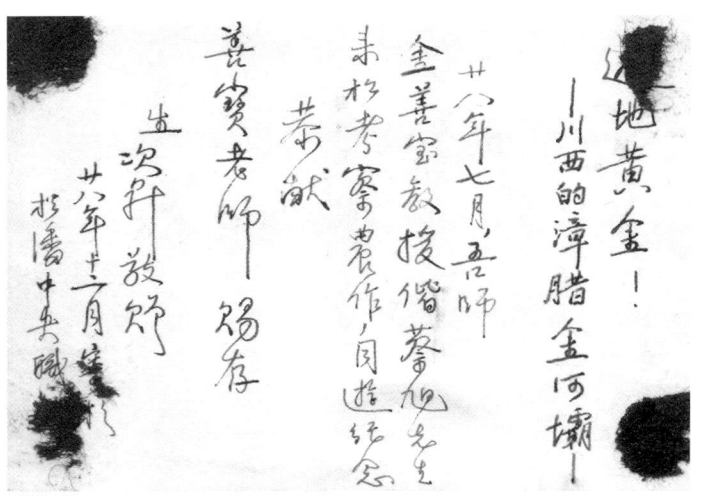

照片反面

有关方面非常害怕大学里的教授到农村去，据说有人一听大学教授要到农村去，与农民共甘苦，就暴跳如雷地叫嚷：到农村去，安的什么心？想煽动农民起来造反吗？而金善宝是中央大学有名的进步教授，他的行动经常受到监视，这一次川北之行，被怀疑是共产党的密探，才遭到非法扣留。但是，任何破坏、干扰不能阻挡金善宝听从人民的召唤！任何威胁、恐吓，不能动摇金善宝培育小麦良种的决心！这一年，他对四川全省的小麦品种进行了系统搜集和整理，对中大2419进行一系列的比较试验，从南京到重庆，历时6年，表现甚佳。并与四川农业改进所合作，把中大 2419 分发到该所各试验场进行区域适应性试验,成绩优异。据 1939—1940 年 2 年在内江、合川、泸县、岳池、武胜、渠县等 6 处 12 个试验点进行广泛试验结果,中大 2419 的产量列居首位,比当地品种增产 7.2～94.1 斤(1 斤 =500 克。全书同),折合 3.1%～37.6%。矮立多亦于 1939 年加入四川省农业改进所各地之试验,均表现抗病、高产。1942 年秋,中大 2419 和矮立多两个小麦良种同时在四川省推广。

中大 2419 小麦(原载《实用大麦论》)

三、惊魂八千里山城团聚

大约是抗战的第三年,金善宝想回家把家眷接到重庆来,到了贵阳,才知道浙赣铁路已经不通了,只好中途返回重庆。第二年,金师母带着 4 个孩子,辗转 8 000 里(1 里 =500 米。全书同)到重庆来找丈夫。从浙江到四川重庆,在今天和平的环境下,利用现代交通工具,乘飞机只需三四个小时,坐火车也只需一天左右。可是在那战火纷飞的年代,没有飞机,铁路、水路都被割断了,他们只能坐长途汽车,一段又一段地避过鬼子的封锁线绕道行走,穿过一座座高山、峡谷,遇到敌机轰炸,还要中途下车,去田野或峡谷里躲避。这样,走走停停,停停走走,大约走了一个多月,当他们途经贵州省的吊死岩时,在崎岖不平的山路上,金师母抱着孩子昏昏沉沉地坐在汽车里,突然感到一阵天翻地覆失去了知觉,待她清醒过来之后,才知道是汽车掉进了山崖!只听见司机第一个站起来问:有人受伤吗?孩子们怎么样?这时,呻吟声四起,有人摔断了腿,有人摔断了胳膊……金师母的第一反应,就是紧张地寻找自己的孩子,她依次叫着 4 个孩子的名字,3 个孩子很快都站起来了,只有大女儿没有找到，她发狂地喊着大女儿的名字，最后，终于从众多伤员的身体下面把她拽了出来，只见大女儿满身是血，一件白衬衫全部被血染红了。金师母吓得双手抱住女儿哭喊着："之英！你那里受伤了？"可是，大女儿什么也不回答，只是一边哭一边说："但愿上帝保佑姆妈、小弟弟平安无事！"金师母检查了她全身，发现她也没有受伤，衣服上的血，全是其他伤员的血染的。4个孩子都只擦破了一点皮肤，感谢上帝保佑，全家安然无恙。

这时，司机去叫救护车了，有人提议，没受伤的乘客赶快上山，去马路边等着，年轻的帮忙把伤员抬上去，把妇女、孩子们搀扶上山去。雨在蒙蒙地下着，山路又滑、又陡，金师母和孩子在难友们的帮助下，好不容易才爬上了山。上山后才发现一只手提箱没有拿上来，这只手提箱里装了他们旅途上的全部旅费和家当，可以想见，丢了这只手提箱将意味着什么？天已经快黑了，山是这样陡峭，布满了荆棘；路又是这样滑，谁能下山去找到这只手提箱呢？这时，未满10岁的二女儿不声不响、光着脚丫子下山去了。在山坳里，她从那个摔破的汽车身底下，找到了手提箱，在大人们的帮助下，把它使劲地拽了出来。当她第二次爬上山来，把这个关系到她们全家命运的手提箱交给母亲时，母亲看着女儿沾满泥土和被荆棘刺得血迹斑斑的双脚，心痛得掉下了眼泪。

雨还在不停地下着，天也渐渐黑了下来，大人、孩子们都在马路旁边坐着，伤员们躺着，全身都被雨淋湿透了，救护车却迟迟未来，一直等到半夜，才来了一辆又破又旧的汽车，先把伤员抬上去、安顿好，大家依次上车后，车内一片血腥味、呻吟声。车到贵阳，把伤员送到医院，难友们才一一告别。

在贵阳，金师母母子5人在诸暨同乡何老先生的家里休息、暂住，商量下一步路程怎么办？从诸暨到贵阳，她们已经辗转地走了7 000余里，从贵阳到重庆，虽然只剩下几百里路了，可是中途还要翻越一座高山，山上要绕72个大弯，地势十分险要。刚刚经历了翻车惊险的金师母，再也没有勇气带着孩子们往前走了！她在贵阳给丈夫发了一个电报。金善宝接到电报后，匆匆赶到贵阳。在何老先生家的小院里，金善宝见到了久别的妻子和孩子们,妻子经历了长途跋涉的艰辛,一脸疲惫。孩子们都长大了!长高了!可是孩子们见了父亲却十分陌生,尽管他们的母亲一再告诉他们:"这是你们的阿爸,叫阿爸呀!"可是他们一个个畏缩在角落里,眨闪着一双双大眼睛,偷偷盯着这个头发花白、两眼炯炯有神,面貌消瘦的陌生人,一声不吭。金师母埋怨地说:"你看,小丫儿都不认识你这个阿爸了!"金善宝笑着对大女儿说:"之英是认识阿爸的,对吧,之英!"大女儿这才略带羞涩地叫了一声"阿爸"!感谢大女儿这一声呼唤,很快拉近了她的弟妹们和这个陌生阿爸之间的距离。

在何老先生家避难的这段日子,受到何老先生一家亲切的照顾,这段患难中的恩情,让金善宝一直铭记在心。时隔27年之后,1967年他在给月珍夫妇的信中充分表达了这份感激之情。

金善宝手迹(给浙江同乡锦文、月珍同志的信)

当时,从贵阳到重庆,为了安全起见,金善宝选了一家较好的汽车公司和一个晴朗的日子,司机是常跑这条山路的,对路况熟悉,技术也很好。汽车里很敞亮,孩子们一人一个座位,很舒服,比以前的车强多了。一路上,孩子们望着窗外的风景,有说有笑,十分高兴。可是,每当汽车转弯时,只要车身一倾斜,他们就十分紧张,两手紧紧抓住前面椅子的扶手一声不吭。金善宝问他们怎么了?他们说,汽车又要翻了,抓住扶手,好把要翻的车扳回来呀!很多年之后,他们都已长大成人,这种恐惧心理才慢慢消除。可是,一旦提起这段往事,仍然感到惊心动魄,可见童年时代的经历,对人印象之深。

四、大轰炸下完成研究论著

到重庆后,金善宝花了150元在嘉陵江边中渡口买了一间简陋的平房,一家6口总算暂时安顿下来。

金善宝姚璧辉(前排左3)夫妇携子女与中大农学院职工、家属摄于沙坪坝。后排左2起:金善宝、周承钥、朱健人、黄其林、邹钟琳、邹树文

嘉陵江的水绿茵茵的,波浪起伏,像一条又宽又长的绿色缎带,十分诱人。金善宝推开窗户,就可看见碧绿的江面上,漂浮着形似豌豆角的扁舟和各式帆船,一群群纤夫拉着纤艰难地挪动着脚步;江的对岸,盘溪山上郁郁葱葱,青翠欲滴,一缕瀑布从悬崖陡坡上倾泻而下,纤夫的号子声、山歌声,此起彼落,哗哗的流水声,不绝于耳。这是一幅多么巨大的山水画卷,一首多么气势磅礴的交响合奏曲啊!常使金善宝为祖国美丽的山河心醉神驰,为劳动人民的勤劳勇敢激动不已。

美丽的嘉陵江孕育了世世代代儿女、子孙,可是在那灾难深重的年代,也吞噬了不少受苦受难的生命。金善宝也常看到,当狂风骤起,平静的江面翻起了巨浪，那些扁舟、帆船在风浪中颠簸、挣扎，有的小舟突然被风浪打翻，落水的人伸出双手，大声呼救，周围的船拼命划过去救人，有的人被救起来了，而有的人却永远沉入了江底……于是，嘉陵江边又会出现一些披麻戴孝的少妇，跪在地上，哭天号地地祭奠她们的亡夫。此情此景，又是一幅多么凄惨的画面！即使铁石心肠也无不为之揪心、落泪。

金师母一向信奉上帝，她们来重庆那一段汽车失事的惊险遭遇，她认为是上帝保佑的结果。她常对丈夫说："汽车翻了三个大斛斗，幸亏上帝保佑，遇到了一块大石头，才挡住了。否则山下是一条急湍的河流，掉进河里，全车的人就都没命了。翻车后，车上很多人摔断了腿、摔断了胳臂，鲜血淋淋的，又是上帝保佑，我们一家才安然无恙。"金善宝虽然不信上帝，但是听了妻子的话，也不得不承认，和祖国成千上万的难民相比，和灾难深重的劳苦大众相比，自己的全家确实是幸运多了。

那时，日本飞机经常来重庆轰炸，空袭警报一响，学校马上停课，机关、商店立刻关门，大家扶老携幼地去防空洞躲避。由于防空洞里又潮又黑（在山里凿的一条隧道），空气不好，躲空袭时，大家都在防空洞口，只有来紧急警报时，才进入防空洞内。但常常是，空袭警报响了两三个小时之后，敌机并没有来，空袭就解除了。这样，躲空袭就要占去很多时间，金善宝觉得躲空袭太浪费时间了。他想到自己的家就在防空洞山下，可以利用这段时间在家里做点事，等紧急警报来了之后再去防空洞不迟。这样试过一两次，觉得效果很好，以后每次空袭时，他就让妻子带着孩子们先走，自己留在家里工作，久而久之，形成了一种习惯。1941年8月22日，空袭警报又来了，金师母在防空洞口听说今天要来轰炸中央大学的消息，急忙派大女儿下山去叫他，过了半小时左右，金师母见他们没有来，又派二女儿下山去催，左等右等，还是不见父女3人的踪影！这时候，紧急警报的声浪已经一阵紧似一阵地鸣叫起来！金善宝刚刚放下手里的工作，准备动身时，敌机已经在他家的屋顶上盘旋了！并在中央大学丢了几个炸弹，炸弹爆炸的风浪掀起了他家屋顶的瓦片，炸弹爆炸的碎片，落在了他家的小院里，他急忙把两个女儿藏在桌

金善宝（左1）和农学院职工摄于重庆沙坝中大农学院

子底下，躲避弹片的袭击……警报解除后，金师母回到家里，一再诉说她在防空洞里的焦急心情，叫丈夫，丈夫不来，连两个女儿也不回来了，埋怨丈夫不该如此麻痹大意。金善宝却满不在乎地笑着打趣她说："你放心，我们有'上帝保佑！'不会有事的！"事后得悉，这次敌机轰炸，中央大学校园内中弹30枚，教室、宿舍被炸毁多处……有人问：空袭警报时，金善宝在忙些什么呢？后来才知道，他的"作物学"讲稿，他的两篇重要论文，1943年发表的《中国小麦区域》和《中国近三十年来小麦改进史》，都是在重庆大轰炸的威胁下写成的。

《中国小麦区域》，是金善宝根据两次搜集我国各县之小麦样品，分类研究后写出的论文。第一次是1929年，他在浙江大学农学院工作时，征集了28个省、650个市县，小麦样品1 300余种；第二次是1937年，征集了24个省、723个市县，小麦样品1 534种，两次共计2 834份小麦品种，作为研究品种分布区域的材料。他缜密地分析了每个品种的冬、春生长习性，籽粒皮色的红、白，和籽粒质地的软、硬等三类重要分类

1939年摄于重庆中大农学院左3，左4：邹钟琳、邹树文。左6，左7：周承钥、金善宝，右3：卢浩然

性状，依据品种原产地的自然地理位置，作图标出全部品种的自然分布。将我国小麦品种划分为3个分布区域：

（1）硬粒红皮春小麦区——该区位居中国之东北、北、及西部，包括东北3省、内蒙古、原西康省及青海，而以冬麦之北界为其南界。

（2）硬粒冬春麦混合区——该区介乎冬麦北界与春麦南界之间，地跨鲁、豫之北，冀之中，晋之中北部，察、热、宁3省极南之一小部，甘之东南及川西北角之一部。新疆因地势差异悬殊，似宜另划一冬春麦混合区。

（3）软粒、红皮冬小麦区——该区以春麦南界为北界，小麦主区南界为南界，位居吾国中部，如

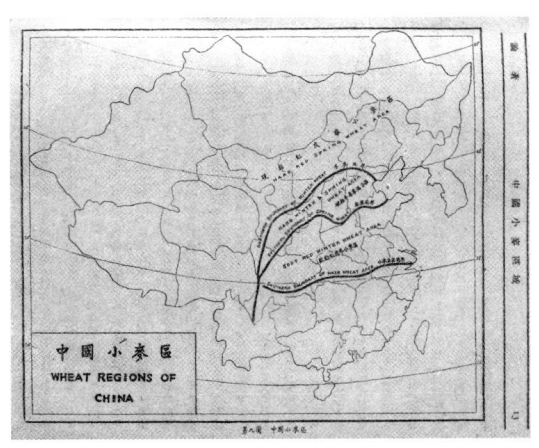

中国小麦分区图（原载《中国小麦区域》）

江苏、浙北、鲁南、皖之中、北，豫则几及全省，晋之西南，陕之中、南，鄂北与川东及川中等地属之。

金善宝认为，小麦品种的冬、春生长习性，籽粒质地的软、硬和种皮色的红、白，是与气候条件密切相关的。冬、春麦的分布决定于各地纬度和地势导致的温度变化；高纬度、高海拔的地区多为春麦，反之，多为冬麦。所以春麦分布的南界为1月份平均温度-2℃等温线，其以南栽培的春麦，他认为并非真正的春麦品种。硬粒与软粒小麦品种的分布与雨量湿度有关，以年均雨量600毫米的等雨线为界，其北为硬粒小麦，其南为软粒小麦，这是因为，小麦生长期间的雨量和湿度与籽粒淀粉结构的发育有密切关系。中国小麦地方品种多为红皮，全国各地均有栽培，而白皮小麦分布的南界与年均雨量900～1100毫米等雨线相符，再往南白皮小麦几乎绝迹了，可见其分布也与雨量多少有关。

这是金善宝教授继1928年发表的《中国小麦分类之初步》之后，又一部关于小麦分布研究的重要文献。

《中国近三十年来小麦改进史》是我国第一篇小麦改进史料，它较系统地总结了1913—1943年我国小麦改进工作之演进及其成效，包括改进机关、试验研究、小麦之种类及分布、适应区域、育种试验、遗传研究、病害与育种、栽培试验、生理研究、小麦品质与面粉工业、改良小麦之推广等。文中指出，"民国纪元以来，小麦与面粉之入超，为国麦生产之不足之表征"，"抗战发生后，主要麦区相继沦陷，军粮民食之供应浩繁，增进麦产乃更属迫切要图"，"战时主要工作目标，为扩充粮食种植面积及提高单位面积收量"。文章结论认为，"我国麦产改进之首要目标为谋国麦之自给自足，杜绝洋麦之输入……"全文写的是小麦改进史，字里行间处处渗透出金善宝一颗忧国忧民的赤子之心，时至今日，仍然是中国小麦改进史上一篇十分珍贵的文献。

五、贫病交困中发现"云南小麦"

1942年，抗日战争进入最艰苦的时期。金师母终因劳累过度病倒

1938年1月摄于重庆

了,经常咯血,为了保证她的休息,金善宝设法把房后的一条阴沟铺上石板,用竹篱笆涂上泥土,接出半间屋,让妻子一人居住;两张上下铺紧挨着一张单人床的房间,是金善宝和4个孩子的卧室;房前也接出了半间屋,放了一张方桌,是一家6口吃饭、看书的地方;全家唯一的一扇窗户,是用棉纸糊的,棉纸上涂了桐油;屋内阴暗而又潮湿,有点类似20世纪70年代北京一般家庭盖的抗震棚。这间住房,地势低洼,面对嘉陵江,背靠一座大山坡,金善宝去中央大学授课,孩子们去学校上学,都要攀登几百个又高又陡的台阶,才能到达沙坪坝。遇到雨天,泥泞路滑,更是难行。有一次,适逢雨后天晴,金善宝的两个女学生来看他,她们下山时,因为山路泥泞太滑不敢迈步,只好在山坡上大喊"金先生",一连喊了十几声,金善宝听见后,才上去把她们搀扶下来。年轻的大学生尚且如此,何况五六岁的小学生呢?难怪金师母总是说:"望着两个小丫儿去上学,在尬尬高、尬尬陡(这么高、这么陡)的台阶上摇摇晃晃的,心里直发怵!"在这间土坯房里,金善宝一家人住了整整5年,直到抗战胜利前不久才搬到沙坪坝去。

由于国库空虚,物价飞涨,早已民不聊生,大学教授的生活与抗战前相比,也一落千丈。金善宝一个人的工资,要维持一家6口的生计很不容易,没钱买菜时,只好倒点酱油淘饭吃;至于穿的,自然更不能讲究了。当时,社会上曾流传这样几个故事:

故事之一,一位教授走过一家面馆,摸摸口袋里的钱,刚够吃一碗面的,就进去买了一碗面,但等他吃完这碗面结账时,他口袋里的钱已经不够了，原来这碗面的价格又涨了！

故事之二，一个叫花子跟着一个人身后要钱，这个人回过头来对叫花子说："我是教授"！叫花子一听是教授，知道教授很穷，赶紧走开了……

故事之三，金善宝一次因公外出，突然感到肚疼难忍，到处找不到厕所，只好见人就问，谁知来人并不答理他的问话，却用一种极其蔑视的目光，上上下下打量着金善宝，冷冷地、声色俱厉地反问道："你是什么人？从哪里来的？到这里来干什么？"金善宝又急又气，这时候他才想到，自己穿了一件破长袍，因而被人看不起，竟然连上厕所都要受到审查了！

这3个故事形象地说明了当时物价上涨的速度和大学教授生活之清苦，"教授、教授，越教越瘦"已成为全社会的共识！

由于金师母常年躺在床上，4个孩子无人照料，经常弄得蓬头垢面，邋遢不堪。当时，疟疾流行，几个孩子三天两头"打摆子"，发起热来达到39～40℃以上；发冷时，盖上3床棉被仍然抖个不停。工作的劳累，生活的煎熬，使金善宝的身体越来越差了，一天早起，他在马桶里拉了半桶血，勉强去学校授课，刚刚讲了15分钟，就觉得一阵头昏眼花，实在坚持不下去了，只好通知学生提前下课，但刚刚走到教室门口就昏倒了……

父母双双病倒，锻炼了子女们生活自立的能力，他们从7岁开始自己洗衣服，10岁上灶做饭，小小年纪还要常常独自面对敌机轰炸的危险。有一次，金善宝带病去农村调查，长期卧病在床的金师母为了躲避轰炸，被安排到离中央大学很远的偏僻农村去住了，家里只剩老三、老四两个孩子，当警报声响起，他们习惯地拿着小板凳去防空洞躲避，没想到这一天敌机又来轰炸中央大学，并在防空洞附近扔下两个炸弹，阵阵巨大的风浪袭进了防空洞，昏暗的洞内，慌乱的人群，相互拥挤着，纷纷摔倒，惊险万分，两个六七岁的小学生，吓得泪流满面，哭着、喊着"妈妈、爸爸"求助，可是，妈妈、爸爸在哪儿呢？！姐弟二人只好互相扶持着，躲在防空洞的角落里，度过了这惊心动魄的一幕！艰苦的环境给子女们的身体也造成了隐患，50年代末期，二女儿作美去苏联留学，身体瘦弱，经常晕倒，医生检查是营养不良所致。问她："你从小生长在农村吧？是不是常常吃不饱饭？"当作美告诉医生父亲是个大学教授时，这位苏联医生不相信地摇摇头说："你从小营养不良，不像是教授的女儿！"

那时，金善宝是年年有病，走路拐杖不离手，多年不见的老朋友，一旦见到他，会很惊讶地说："金善宝，你还不差嘛！"言外之意是，以为他早已去见上帝了。当时，中大农学院有五老，即梁希、邹树文、李演恭、汪德章和金善宝。金善宝年纪不到50岁，满头白发，也被列为五老之一。

但是，贫困与病魔并没有使金善宝屈服，他一心牵挂的仍然是他的小麦科学研究。

当1937年抗日烽火初起之时，金善宝从云南征集的小麦品种中，发现有一类小麦品种性状特殊，穗形细长而稀疏，无芒，白壳或红壳，穗轴坚硬而易折断，小穗紧靠穗轴，角度很小，小穗从穗节下部折断，籽粒和颖壳难于分离，脊上有锯齿和侧脉，种子横切面呈三角形等。从植物学分类上看，它与一般普通小麦的穗轴坚韧不易折断有较大差异，也不同于斯卑尔托小麦（*T. spelta* L.），而其染色体数目为 $2n=42$，与一般普通小麦杂交没有问题，与硬粒小麦杂交也能获得成功，当地农民叫这种小麦"粉光头"、亦称"糯光头"（口感带有软糯的意思），有的叫箐小麦、铁壳小麦、花谷麦。金善宝从其他各省搜集的小麦品种中，从没有发现过这种类型，他查阅了世界小麦分类学文献，也不能确定其适当的植

普通小麦的亚种"云南小麦"的穗形
（原载《实用小麦论》）

物学分类地位。这种小麦究竟属哪一种分类呢？这个问题一直在他的心里悬挂着。1942年，他带着病弱之身，去云南实地考察，走遍了澜沧江流域，登上海拔1 700米的高原，发现该品种的主要产区分布在云南省西部澜沧江西南，包括镇康、双江、云县、缅宁及腾冲等县，海拔均在1 000～1 700米。通过考察，他一共搜集到这种小麦15个品种，后经多方研究，他将其命名为"云南小麦"，确定其为普通小麦的云南小麦亚种（*T. aestivumsub* sp. *yunnanense* King.）。

金善宝这段教学、科研生涯中的风雨历程，在重庆中央大学是很有代表性的！据"中央大学迁渝纪略"记述：

师长多为一代隽秀，率皆学卒中西之长，才通古今之变者。

万里流离，会于蜀山，居陋室、食粝粟、且时有敌机之扰。

于是，

敌忾同仇、夙兴夜寐，益发愤于授业传道。

书山有径，木铎长鸣，解惑每至忘倦，传薪常待中兴。

又复潜心学术，考察边陲，专著撰述勤苦，科技成果累累。

至是，

昔日荒烟草泽之处，遂成教育文化重地。

这段描述，对8年抗战期间中央大学教授的教学、科研生活状况可见一斑。

金善宝

洞察风云变幻

第四章

——

雾都灯塔

一、初识周恩来

1937年8月，金善宝只身到达重庆时，是和梁希教授同住在一间宿舍里，房间不足9平米，每人一张床，当中放了一张两屉书桌，每人用一个抽屉。从1937年到1940年，在这个房间里共同生活了3年，两人经常在一起交流对抗战时局的看法，积极支持中央大学的爱国学生运动，共同参加共产党领导下的各种进步活动，在患难中结下了深厚的友谊。

"雾都"重庆，闻名世界。抗日战争时期的重庆，"雾"更浓了！国难当头，中国的前途如何？中国去向何处？困扰着"雾都"的人民，也困扰着金善宝等众多爱国的知识分子。当时，大学里暗暗流传着《西行漫记》这本小册子，它描述了许多延安革命领导人的英雄气概和对抗日战争必胜的信念，内容生动活泼。金善宝读了这本小册子，心里豁然开朗，不禁对延安产生了一种深切的向往，重庆这座山城虽然死气沉沉，祖国的山河虽然支离破碎，但他庆幸，在西北的一角有着这么一支强大的革命队伍，大大增强了他对抗战胜利的信心。

金善宝和许多爱国的知识分子一样，十分关心抗日前方的消息，祖国的命运牵动着赤子之心。1938年10月，中国共产党在国统区公开出版的机关报——《新华日报》，从武汉迁到了重庆。他和梁希一见到这张报纸，就如获至宝，大有拨开云雾见青天之感。后来，新华日报馆放映了平型关大捷的电影，金善宝在电影中看到，八路军的士兵不但没有机关枪，甚至连步枪也不是人手一支的，使他开始懂得，决定战争胜负的是人，不是武器，同样一种武器，掌握在不同的军队手里，就会产生完全不同的效果，因而使他进一步把抗日救国的希望寄托在共产党身上。据中大农学院1940年毕业生、著名昆虫专家曹诚一回忆："1939年，中大地下党通过学生救亡组织义卖新华日报，在中央大学，第一个用高价购买《新华日报》的，就是我们的金先生"。新华日报越来越受到广大爱国师生的欢迎，很多师生争相订阅新华日报，金善宝和梁希更是视新华日报为精神食粮,几乎到了饭可以一天不吃,《新华日报》不可一天不读的地步。可是,在国统区的严格控制下,《新华日报》常常被迫"开天窗",几度被查封;分送《新华日报》的报童,常常无故失踪;并严格限制群众订阅。后来,中大各院系教职工和学生们订阅的《新华日报》纷纷被取消了,只有金善宝(时任农艺系系主任)所在农艺系的这张《新华日报》,却通过种种秘密方式保留下来,成为当时中大校园内最后的、唯一的一张《新华日报》。因此,学校很多新华日报的热心读者,都悄悄到农艺系来看这份报纸,《新华日报》成了"雾都"灯塔。

1937年12月,日本侵略军继续疯狂地向我内地进攻,国军节节败退,全国人心惶惶,甚至有人喊出了一种悲哀的口号,"中国若亡,是无天理,中国不亡,是无人理"!"亡国论""速胜论"等种种论调,也开始在山城蔓延。就在这个关键时刻,周恩来同志要来中央大学作报告的消息传开了,全校师生欣喜若狂,奔走相告,饭厅里听报告的人,人山人海,甚至窗户上、桌子上都挤满了听众,金善宝好不容易才挤到后面一张桌子上站着。周恩来同志做了"关于目前国际形势和中国抗战前途"的演讲,他精辟地分析了德、意、日法西斯外强中干的嚣张气焰和中国抗战必胜的种种有利因素。指出,我们既不能忽视国际上有利于中国抗战的每一变化,又不能对任何国家外援抱有幻想,争取抗战胜利,主要依靠自力更生,艰苦奋斗,只要全国人民团结一致,抗战到底,胜利一定属于中国人民。演讲指出了抗日战争的持久性、艰巨性,批判了"亡国论""速胜论",大

金善宝(右)和梁希1937年于重庆温泉

大开阔了人们观察国内外形势的视野,激励了广大青年的爱国热忱,增强了人民群众抗战必胜的信心。演讲长达3个小时,全场听众全神贯注、鸦雀无声,时时爆发出阵阵热烈的掌声。

这是金善宝生平第一次听到如此激动人心的演讲,周恩来同志的演讲,使他的眼睛亮了,心宽了。会后,大家聚在一起畅谈各自的感想,金善宝说:"共产党里真有能人呀!中国有希望了!"后来,周恩来同志曾多次利用喝茶等方式,约请梁希、潘菽、金善宝等人去他的住所开座谈会,听关于抗战形势的报告,对他们进行各种鼓励和帮助。

周恩来同志到中央大学演讲后不久,中大校园内又贴出一张布告,特邀汪精卫部下一位重要人物来校作报告。金善宝看完布告后,十分气愤,他认为眼下全国各派力量正团结起来一致抗日,为什么要将臭名昭著的大汉奸引来学校,这不是故意与抗日运动唱对台戏,破坏抗日运动吗?他愈想愈气愤,径直走到校长办公室,提出抗议:"为什么要将大汉奸弄到学校来作报告,用意何在?"校方虽经百般解释,仍然不能自圆其说。第二天,他一进教室,就对学生说:"校方要请汉奸来作报告,我坚决反对!"金善宝这种旗帜鲜明的爱国立场,得到了广大师生员工的大力支持,致使汉奸来校演讲的丑剧未能得逞。

从此,延安这块革命圣地,就牢牢扎根在金善宝这位爱国知识分子的心中,他向往她,敬佩她,愿意为她付出自己的一切。

1938年7月7日,中央大学为了纪念抗战一周年,在学校广场上设了一个献金台,献金慰劳前方战士。当场有些教师就献了10元、8元的不等,校长带头献了30元。金善宝知道献金是件好事,是爱国的举动,但是,他担心自己献的钱不能送到前方抗日战士的手里,说不定还会拿去打内战、自相残杀,因此犹豫不决。此后不久,八路军在曾家岩成立了办事处,金善宝认识了一位姓周的同志,说话诚恳、态度和蔼,给他留下了深刻印象,他当即献金100元给八路军前方战士。他对这位姓周的同志说:"我相信共产党,我的心在八路军战士身上。"到了秋天,学校又组织给前方捐献寒衣,金善宝和梁希商量,又把寒衣款送到八路军办事处。第二天,《新华日报》登出一则消息:"梁、金献金200元"(当时，新华日报社从社长到勤务员每人每月津贴费8元）。

需要说明的是，这一年金善宝两次向前方捐款合计200元，两年后（1940年）他的妻儿来到重庆，在物价飞涨的情况下，却只花了150元购买了一间土坯房，全家住了整整5年。仅此一点，金善宝舍己为国的赤子之心可见一斑。

1939年，金善宝两次去八路军办事处找林伯渠同志，要求前往延安参加革命工作。林伯渠同志为他作了周密安排，办妥了去延安的一切手续。正当金善宝和他的助手李崇诚，积极准备奔赴延安的时候，一件意外的不幸发生了，李崇诚因患破伤风，突然病逝。这次意外事故，打乱了他去延安的计划，以致他在很长一段时间内，心神不定，闷闷不乐。林伯渠同志知道后，专门找他谈心，要他保重身体，并鼓励他说：一个革命者，无论在哪里，都可以为革命工作，不一定非要到延安去。虽然金善宝的延安之行未能实现，但他的心一直向往着延安，延安开展的每一项运动，取得的每一个胜利，都有力地鼓舞着他。当他知道延安开展大生产运动时，立即将自己多年来选育的小麦优良品种，分别用纸袋一袋袋装好，附上详细的品种说明书，亲自送到八路军办事处，托人转送到延安。半个多月后，在新华日报举办的一次茶话会上，邓颖超同志对金善宝说："延安已经收到你的小麦种子了，同志们都很感谢你"。听到这个消息，他感到十分欣慰。

1939年11月5日摄于重庆

二、组成自然科学座谈会

在那乌云密布的日子里，金善宝和梁希结识了潘菽、涂长望、干铎等人，他们经常在松林坡聚会，交换抗战局势的消息，并通过潘菽长兄潘梓年是新华日报社长的关系，与新华日报取得了联系，他们经常到新华日报社去听有关抗战时势的报告，学习、讨论共产党的政治主张。在周恩来同志和新华日报的启发鼓舞下，金善宝、梁希、潘菽等这些政治观点相近，抱着一颗抗日救国之心的朋友，便自动组织起来，因为都是搞自然科学的，所以起名为"自然科学座谈会"。他们在党的领导下，积极支持共产党的抗日民族统一战线，支持爱国学生的革命运动，做了许多有益的工作。

参加自然科学座谈会的成员前后大约 20 余人，始终坚持参加组织活动的有金善宝、梁希、潘菽、涂长望、谢立惠、李士豪、干铎等 10 余人，他们都是中央大学和重庆大学的教授，曾用重庆自然科学座谈会的名义，在新华日报上发表文章，但组织成员是不公开的。

自然科学座谈会始终坚持集体学习，每一周或二周开一次座谈会。金善宝是座谈会的积极参加者。座谈的内容主要有 3 个方面。

1. 学习马克思列宁主义文献。主要是学习"自然辩证法"和"唯物辩证法"，以逐步树立正确的科学思想方法，用以分析、认识国内外形势，以及研究、分析自然科学中存在的问题。

2. 用辩证唯物主义观点相互介绍各自领域内的科学知识。金善宝就介绍过有关作物育种和遗传方面的科学知识。

3. 学习讨论《新华日报》上发表的重要的社论，或《新华日报》社发给的文件、小册子，了解国内外形势、延安抗日根据地的情况和中国共产党的方针政策，据此座谈抗战形势，寻求救国之途。

1940 年春，在周恩来、潘梓年的领导下，金善宝和梁希、潘菽、谢立惠等部分自然科学座谈会成员担负起了负责编辑《新华日报》的《自然科学》副刊的任务。自然科学副刊的主要内容之一，是普及科学知识；内容之二，是宣传辩证唯物主义，号召自然科学工作者树立正确的人生观，为抗日战争的胜利贡献力量；内容之三，是号召自然科学工作者，在争取抗战胜利的旗帜下，广泛地团结起来，组织起来。

自然科学座谈会的成员，和重庆化龙桥虎头岩的新华日报馆建立了紧密联系，虎头岩周围布满了国民党特务机关的明岗暗哨。当时，金善宝身体不好，但是只要一听说去新华日报馆，立刻精神百倍，拿起拐杖，冒着被特务跟踪的危险，步行四五里山坡小路，迅速前往。潘梓年、石西民等同志经常为他们介绍国内外形势，并送他们延安的刊物和书籍。

新华日报馆还经常邀请自然科学座谈会的成员参加各种纪念会和联欢会。1940年是《新华日报》创刊两周年，报馆举行了大规模的纪念活动，有联欢会、座谈会，中午还邀请了金善宝、梁希、潘菽、涂长望等部分自然科学座谈会的成员参加聚餐。周恩来同志也曾几次设宴招待他们，边吃边谈时事，十分亲切。

1943年12月28日，周恩来同志约自然科学座谈会的梁希、金善宝、潘菽等7人到新华日报馆午餐。大家以为周恩来同志有什么重要问题要向大家传达，当他们到达后，看见屋里摆了两桌酒席，盘子里装着寿桃，原来是周恩来、董必武、邓颖超为梁希教授60寿辰祝寿，到会的还有潘梓年、熊瑾汀、章汉夫、石西民、于刚等同志。作为梁希的挚友，金善宝、潘菽等人应邀作陪。周恩来在致贺词中说："中国需要科学，新中国

1938年4月，金善宝（前排中）、与梁希（前排左2）、邹树文（前排右1）参加中大森林学会歌乐山郊游

更需要科学，不管道路如何曲折，新中国总要到来，眼前困难是暂时的，到那时，科学家就大有用武之地了。"梁希无限感慨地说："我无家无室，有了这样一个大家庭，真使我温暖忘年。"

这件事令金善宝等人非常感动，大家知道梁希是自然科学座谈会中最年长的同志，却不知道他已经60岁了，更不知道哪一天是他的生日，而周恩来同志日理万机，日夜为国事奔忙，却记得梁希的生日，还专门为梁希祝寿。虽然是为梁希祝寿，却使金善宝深切地体会到，党对知识分子的关怀和爱护，特别是周恩来的讲话，使他看到了祖国的前途和希望，决心在共产党领导下，更加努力地为抗日救国贡献力量，迎接新中国的到来。

三、成立民主科学座谈会

到了抗战中期，自然科学座谈会为了有利于发展、壮大我国的民主运动，和抗战胜利后的恢复建设工作，便和共产党推动下成立的学术研究会的自然科学组联合发起，组成了中国科学工作者协会，并设法与世界科学工作者协会挂上了钩。

1945年1月，周恩来同志到达了重庆，向社会各界介绍了斗争形势和要求，郭沫若提出了"文化界向时局进言"。金善宝和梁希、潘菽等人参加了沈雁冰、柳亚子、马寅初、茅盾、徐悲鸿等312人，包括自然科学界、社会科学界和文化艺术界各方面的代表人物在"进言"书上签名，反对投降、反对内战、反对独裁、要求民主，成立包括中共在内的联合政府。这份"进言"在新华日报发表后，引起了社会各界的极大震动，中央大学学生多次上街游行示威，高呼"打倒日本帝国主义，全国人民团结起来，打倒卖国贼"等口号，整个山城沸腾了，抗日斗争的形势达到了新高潮。

1944年11月，当日本帝国主义向我内地发动进攻，桂林失陷、川黔吃紧、民族存亡面临严重关头的时候，为了挽救国家危局，中共代表在三届三次国民参政会上，正式提出立即结束国民党一党专政，成立民

1946年1月，金善宝（右6）摄于四川自贡火车站

主联合政府的主张，得到了社会各阶层人民的热烈响应。许德珩、劳君展、黄国璋和潘菽等人经常相聚交谈，主张继承发扬"五四"反帝反封建、民主科学的精神，倡导团结、民主、抗战到底，反对独裁。在周恩来等中共领导人的关怀帮助下，自然科学座谈会的多数成员，也就是中国科学工作者协会的主要发起者，金善宝、梁希、涂长望、谢立惠、干铎、李士豪等先后参加进来，并正式命名为民主科学座谈会，这样就把社会科学方面的人也包括进来，以便于团结更广泛的中上层知识分子。

四、毛主席接见促进了九三学社成立

1945年4月，苏联红军攻克柏林，希特勒自杀，德国投降，扭转了第二次世界大战在欧洲的局势；接着又以迅雷不及掩耳的凌厉攻势，从各个方向突入中国的东北边界，一举摧毁了日本的精锐部队关东军，摧毁了日本帝国主义14年的伪满统治；在中国华北、西北、华东广大战场上，国民政府领导的各路中央军、地方军和共产党领导的八路军、新四军与全国人民一起奋勇作战，长期牵制了日本帝国的兵力，消灭了它的有生力量，迫使日本陆军只能长期龟缩在碉堡或据点中。昔日的帝国已经没有能力保持军事上的优势了。8月6日,美国盟军在广岛投下了第一颗原子弹,8月9日又在长崎投下了第二颗……捷报频频传来,人人欢欣鼓舞,抗日战争胜利在望了,人们都在等待着最后的好消息。8月15日上午,金善宝正在家里备课,忽然听见"号外!号外!"的喊声,他急忙跑出来,只见报童挥舞着报纸,大声喊着:"日本鬼子无条件投降了!"人们从四面八方拥来,把报童团团围住,争先恐后地抢购"号外",金善宝也挤进去抢购了一张,只见"号外"上用斗大的红字,写着:"日本天皇裕仁发表投降诏书,八年抗战胜利,日本无条件投降……"没等他看完,这张"号外"就被别人抢走了,人们互相传诵着,跳跃着,大声欢呼:"日本鬼子无条件投降了!"兴奋、激动的泪水从人们脸上刷刷地流下来。

当天下午,中央大学、重庆大学的学生,举行了盛大的游行,金善宝等爱国教授踊跃地加入了游行行列,热烈庆祝抗战胜利。9月3日,日本代表正式在投降书上签字,第二次世界大战宣告结束,一个新的时代降临了!几天来,耍狮子的、舞龙灯的、踩高跷的,热闹非凡,鞭炮声、锣鼓声震天价响,人们用各种方式尽情地表达内心的欢乐!抗战胜利了,苦日子熬出头了,人们开始憧憬着未来的美好生活。回到家里,孩子们不断向父亲提出各种问题:"抗战胜利了,不再打仗了,是吗?""我们可以安心上学,不用躲警报了,是吗?"是的!是的!金善宝笑着回答。"那将来还会有报纸吗?"天真的小女儿突然提出这个问题,让她的爸爸妈妈觉得很好笑,他们回答说:"报纸怎么会没有呢?当然还是有的。"小女儿又问:"那报上登什么消息呢?不打仗了,还有什么消息可以登呢?"这个问题使金善宝突然醒悟到,这些孩子在炮火中出生,在烽烟下成长,习惯了敌机的轰炸,听惯了警报的鸣叫,他们会唱的第一支歌是:"打倒日本、打倒日本,捉汉奸、捉汉奸,全国人民团结起来,救中国、救中国!"他们最喜欢的游戏是:"手心手背、狼心狗肺、日本倒霉、中国万岁!"他们从认字的第一天起,看见报上登载的全是打仗的消息,除了战争之外,他们对和平生活一无所知,这就难怪他们会提出这个问题了。于是,金善宝耐心地告诉孩子们,除了战争之外，报上可登的消息多着呢！让他们明白和平生活有多么美好！

抗战胜利后，中国面临两个前途、两种命运的决战！蒋介石邀请毛主席到重庆来和平谈判。这个消息一传出，好心的人们都满心欢喜，以为国共合作，和平建国，中国有希望了。可是，金善宝等参加自然科学座谈会的人并不乐观。他们认为，蒋介石对和平谈判是没有诚意的，因而都为毛主席来重庆的安全深深担忧。

1945年8月28日傍晚，金善宝和梁希、潘菽等几个人在中央大学松林坡的草地上乘凉闲谈，忽然听到毛主席在美国大使赫尔利的陪同下，乘飞机到达重庆的消息，他们又高兴又担心。过了两天，潘菽接到新华日报馆传来的一个口头通知，要座谈会的人于某日某时去某处见毛主席。当梁希、潘菽、金善宝、涂长望、谢立惠、李士豪、干铎等8名教授来到嘉陵江江边、张治中的公寓时，王炳南同志在门口迎接。毛主席问他们对战后局势有什么意见。梁希首先说："我们感到很苦闷"。毛主席听了若有所思地点点头说："噢，苦闷，苦闷，苦闷……"一连说了3遍。之后，大家对抗战胜利后中国的时局、国共谈判、中国的前途等提出一些问题，毛主席一一作了答复，解释中国共产党在抗战胜利后的路线、方针和政策。潘菽问："为什么把已经解放的地方让给国民党？"毛主席站起来，在椅子旁边退了两步说："让一步是可以的，让两步也可以，再让就不行了，"并做了一个还击的手势，大家都会意地笑了。

后来，毛主席看到坐在后面的金善宝，就亲切地问道："坐在后边那位白发老先生有什么意见吗？"金善宝站起来将自己的名片递给毛主席。当毛主席知道他刚刚50岁时，就伸出两个指头说："我比你大两岁。"金善宝十分激动地说："今天见到毛先生，我们都很高兴，但是，毛先生是吃惯小米的人，到重庆来吃大米是不习惯的，重庆是虎狼之地，不可久留，还是早点回延安好。"言下之意劝毛主席为了安全，应早日离开重庆。毛主席朝他频频点头，表示会意。毛主席的接见，使金善宝看到了新中国的曙光，更加坚信一个崭新的中国，一定会在中国共产党领导下建立起来。

与此同时，许德珩也收到了毛主席的请帖，约他们夫妇9月中旬的一天去八路军办事处吃午饭。席间，许德珩向毛主席汇报了民主科学座谈会的情况，毛主席勉励他们说：既然有许多人参加，就把座谈会搞成一个永久性的组织。许德珩表示，担心成立组织人数太少。毛主席说：人数不少，即使少也不要紧，你们都是科学、文教界有影响的代表人物，经常在报上发表点意见和看法，不是也会起到很大的宣传作用吗？经毛主席的这一番指点，许德珩受到很大的启发和鼓舞，决心把"民主科学座谈会"改组成一个永久性的组织。

1945年10月10日，国共双方签订了《双十协定》。金善宝应云南大学农学院张海秋院长之约，到昆明附近设在自贡的农学院讲学，他每周六下午到昆明来，住在清华大学周家炽教授宿舍里，因而有机会参加了昆明革命师生反饥饿、反内战、反迫害的大游行，又在"反对独裁、要求民主"的宣言书签了字，这个宣言书在《新华日报》全文发表后，轰动了昆明、重庆，波及全国。

1946年1月，金善宝（后排左5）在云南大学讲学

1946年1月，金善宝结束了昆明的讲学回到重庆。时值民主科学座谈会30余人集会。会议决定，为了纪念1945年9月3日国际反法西斯

战争胜利这个伟大日子,决定将民主科学座谈会建成为一个永久性的组织—九三学社。同时成立了以许德珩、张西曼为首的九三学社筹委会。金善宝积极参加了九三学社成立的筹备工作。

1月25日,中央大学、重庆大学的学生举行了反饥饿、反内战、争民主、争自由的游行,这是结束8年抗战后第一次规模巨大的学生运动,吴有训校长带着中大学生走在队伍前列,金善宝和农学院的邹钟琳等教授也一起参加了这次游行,从沙坪坝步行30余里来到重庆上清寺国民政府门前,国民党代表孙科、邵力子、共产党代表周恩来、民主同盟代表张君劢等接见了游行队伍。周恩来说,制止内战,是全国人民的要求,也是全国人民的责任……他在讲话中充分肯定了学生们的爱国行动,对大家鼓舞很大。

40多年之后,金善宝当年的学生、中国农学会蒋仲良教授回忆这段经历时说:"一二五"反内战游行时,金老以病弱之身,始终和学生队伍一起行进,呼喊口号时,声音铿锵有力。我没有想到,平时细声慢语,对学生谆谆教导的金善宝教授,在进步的学生运动中却判若两人,竟然像年轻人一样精神抖擞,经过几个小时的示威游行而毫无倦容,这是金老的政治信念和赤诚为国的精神给予他老人家的力量啊!

在这种革命形势下,5月4日,民主科学座谈会全体成员集会,将民主科学座谈会正式改名为九三学社。

五、依依惜别重庆山城

1946年4月,中央大学提前结束学年,5月至10月,分批陆续回迁南京。

抗战8年,刚到重庆时,重庆的小孩看见这些从长江下游来的师生们,都会好奇地跟在他们后面,嘴里喊着:"下江人!下江人!"现在,他们在重庆已经住了整整9年,特别是他们的孩子在重庆长大,不仅会说一口流利的重庆话,而且还熟悉四川的各种方言,他们的生活已经和四川人完全融为一体了。对于四川、重庆,金善宝和所有的"下江人"

1995年10月,在重庆沙坪坝松林坡上建成的中央大学迁渝纪念亭(原载《中央大学迁渝纪念亭》)

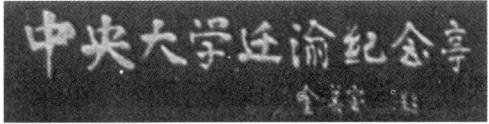

纪念亭的题字(原载《中央大学迁渝纪念亭》)

一样,有着一种特殊的感情,虽然抗战时期条件艰苦,但是,四川人民勤劳朴实的精神教育了他们,"天府之国"的一方沃土养育了他们,四川的子弟兵纷纷奔赴抗日第一线,有力地阻击了日本鬼子的进攻。四川人民对抗日战争的贡献是巨大的。在四川的9年,是难忘的。直到今天,金善宝一家都为曾经是一个四川人而感到骄傲。

这种对"日寇大举南犯,中大远道西迁。择地傍于重大,复校位于陪都。续弦歌于沙坪,稔风情于巴渝。风雨栖迟,虽简室而广厦,度粝食以安康。国仇家难,历经辗转流亡;世乱时艰,汲求自强奋发……"那段日子难忘的真情,绝非金善宝一家,所有的中大人无不例外!以致长达半个世纪之后的1995年,在众多中大校友的倡议下,终于在当年中央大学松林坡的旧址上,建成了一座中央大学迁渝纪念亭。百岁科学家金善宝受重庆中大校友会的委托,为纪念亭题字,1996年6月,重庆中央大学校友会,向敬爱的金老师寄来了感谢信。

众多校友为纪念亭落成赋诗志庆:

坦坦沙坪坝,郁郁松林坡。
抗日长八载,英才辈辈多。
三更灯火夜,报国志道合。

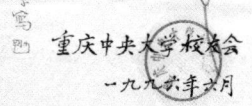

中央大学校友会信札

深远碑亭意，齐声吟战歌。

巴山水碧蜀山青，故侣归来建此亭，
民族重光留见证，千秋万代荡精灵。

校友的诗句，道出了全体中大校友的心声。从此，这个纪念亭将作为重庆市的市级文物永远屹立于松林坡上，此是后话。

依依惜别重庆山城，金善宝带着全家登上了返归南京的航船"永康号"。"永康号"是中央大学包乘的轮船，船上旅客全部是中央大学的教职工和家属。人们上船后才知道，原来"永康号"是一条年久失修、有故障的轮船，这次是专程送到上海船厂去大修的。中大有关方面为了贪图便宜，就包了这条船，顺便把中大的教职工和家属捎回南京。至于这条破旧的船，能否经得起长江风浪？能否顺利地通过险要的长江三峡？谁也说不清楚，据说连"永康号"的船长也为此十分担忧。消息传来，船上的人开始紧张起来，议论纷纷。快到长江三峡时，隔壁船舱的张德粹教授一家开始吹起救生圈来，全家一人一个。他们用救生圈本来无可非议，却使其他未带救生圈的人更加紧张了，金师母悄悄问丈夫："我们没带救生圈，怎么办？"金善宝安慰她说："不要紧，6年前你们来重庆时，上有敌机轰炸，后有日寇追赶，汽车翻到大山底下，全家大小都平安无事，现在太太平平的，更不会有事了。"他嘴里这么说，其实心里也有点七上八下的。为此，船过三峡时，虽然三峡风景优美，可是除了不懂事的孩子之外，大人们都在船舱里提心吊胆的，无心欣赏。直到过了三峡，大家才松了一口气，放下心来。

船到武汉，休息几小时。金善宝带领全家上岸，首先去参观日本俘虏营。在俘虏营里，日本俘虏正三五成堆地围在一起吃饭，男人一般盘腿坐在地上，女人则一律跪在地上，但不管是男人或女人，全都低着头，眼睛只看着饭碗往嘴里扒饭。金师母看见这帮鬼子，禁不住怒从心上来，用手指着他们咬牙切齿地骂道："可恶的日本鬼子，害得我们全家好苦！害得我们中国人好苦啊！你们杀害了我们多少中国人呀？现在你们也得到报应了！"几个孩子也跟着他们的母亲，指着这帮鬼子狠狠地骂道："呸！该杀的日本鬼子！该死的日本鬼子……"可是，这些日本俘虏始终低着头，不敢仰视，一扫当年掠杀中国人民的凶狠、残暴之态。这时，金善宝扶着妻子，拉着孩子们的手说："我们走吧，他们已经投降了。"

从日本俘虏营里出来，金善宝一家来到了闻名已久的黄鹤楼。黄鹤楼刚刚经过战火的洗礼，显得十分破旧。当金善宝吟咏起唐代诗人崔颢的诗句："昔人已乘黄鹤去，此地空余黄鹤楼。黄鹤一去不复返，白云千载空悠悠……"之后，觉得破旧的黄鹤楼，忽然增添了一种神奇般的色彩；当金善宝登上黄鹤楼，遥见"晴川历历汉阳树，芳草萋萋鹦鹉洲……"时，不仅为黄鹤楼周围的景色所陶醉，更为这大好河山重新回

抗战胜利纪念——1946年7月金善宝夫妇与子女摄于南京

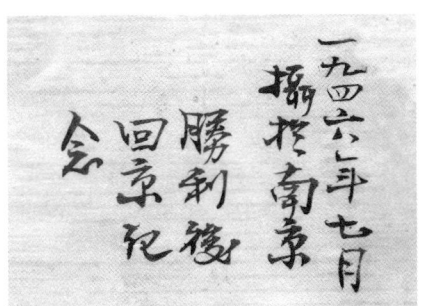

照片反面金善宝手迹

到祖国怀抱，感到无限欣慰。

到了中午，金善宝告诉孩子们："武昌鱼是全国有名的，为了庆祝抗战胜利，今天阿爸请你们去吃鱼。"他们找了一家比较清静的饭馆，要了一盘清蒸武昌鱼、两盘蔬菜，全家美美地饱餐了一顿。金师母原本是最爱吃鱼的，可是自从抗战以来，大约已有七八年没有沾过鱼腥味了；对于他们的孩子来说，更是生平第一次，这也难怪他们走出饭馆后还不断天真地问："我们什么时候再吃鱼呀？"金善宝告诉他们，回到南京之后，就可以经常吃到鱼了，全家都十分高兴。

回到南京，中央大学原来的教职工家属宿舍和学生宿舍，大都被战争破坏了，新的宿舍还没有盖起来，教职工家属和学生只好暂时住在各系的教室里，金善宝一家被分配住在南高院的一间大教室里。凑巧的是，南高院就是20年代的南京高等师范校舍。30年前，金善宝从浙江偏僻的山村历尽艰辛考入这所学堂，没想到经过几十年的风雨变迁，又带着全家老小回到了南京高等师范学堂。他们隔壁一间大教室，住的都是青年学生，来来往往的十分热闹，金善宝仿佛又回到了青年时代在此求学的情景，感到十分亲切。

生活刚刚安顿下来，金师母就想到她的亲人。金善宝的老岳父在战

胜利后回到南京，金师母（左1）和她的母亲、妹妹摄于中大南高院

乱中因病没有得到及时治疗,已经过世了,老岳母独自一人,日子过得很清苦。金善宝把老岳母从杭州接来团聚。妻妹姚璧如,丈夫在战争中牺牲了,年轻守寡,孤儿寡母受尽欺凌,也来投奔他们。亲人相见,痛诉别离之苦,讲到伤心处,不禁抱头痛哭。于是,金善宝用床单把一间大教室隔成两半,大家一起居住。经过这场战争劫难,亲人们重新相聚一堂,说不尽的辛酸苦辣,别有一番滋味在心头!

六、"九三"南京分社的斗争

抗战胜利后,金善宝和九三学社成员梁希、潘菽、涂长望等人回到南京中央大学。遵照九三学社中央的指示,没有公开成立分社,他们自觉地坚持不公开的革命活动,形成了一个地下的"九三"南京分社,与北京的许德珩、袁翰青等九三学社领导人同仇敌忾,配合中国共产党领

1947年6月,中央大学农艺系师长暨毕业生合影。前排左起:卢浩然、朱健人、邹钟琳、史东(美籍)、金善宝、周承钥、黄其林、龚坤元

导下的学生运动,迎接全国解放,做了许多有益的工作。

1947年内战爆发,全国通货膨胀,人民生活每况愈下。当时教授的工资,名义上是金圆券2 000万元,实际还不足战前教授工资(银元300元)的十分之一,学生公费每天只能买两根半油条或一块豆腐。为此,中央大学学生首先提出了"反饥饿、反内战"的口号,5月13日开始罢课,5月20日,正值国民参政会开会之际,南京、上海、苏州、杭州等16个专科以上学校,5 000多名学生举行"反饥饿、反内战、反迫害"大游行,向国民参政会请愿。是日清晨,金善宝和梁希分别赶往农学院大门前巡视,嘱咐学生游行时要善于斗争,避免无谓牺牲。当游行队伍行经珠江路时,受到军警的围攻,军警用水龙头、大棒进行袭击,学生104人受伤,其中,19人重伤,28名学生被捕,学生们手挽着手,高唱"团结就是力量",冲出军警包围。金善宝和梁希、潘菽等九三学社成员一起去医院探望受伤的学生,并在教授会上联名发起营救学生的活动,迫使被捕的学生一一释放出来。

1948年5月4日上午,为了发扬"五四"革命精神,在九三学社成员金善宝、梁希、涂长望等人的支持下,四牌楼中央大学礼堂召开了"自然科学座谈会",300名青年科学工作者参加,金善宝在会上作了"一切成果要依靠人的力量"的发言。5月20日晚上,南京大、中学生为纪念"五二〇"一周年,在中央大学操场举行了盛大的营火晚会,同学们群情激愤,手挽着手,高唱革命歌曲,气氛十分热烈,金善宝和梁希等7位教授被邀请参加,在会上慷慨陈词,支持爱国学生的革命行动。当天夜里,梁希愤笔疾书,写下了著名诗篇:

以身殉道一身轻,与子同仇倍有情。

起看星河含曙意,愿将鲜血荐黎明。

充分表达了老一代知识份子为追求真理、威武不屈的气概。在那茫茫的黑夜里,金善宝和"九三"南京分社的社员们,始终和广大青年学生站在一起,迎来了解放。

抗战胜利纪念

第四章 雾都灯塔

第五章

———

梅园花开

一、太湖之滨的江南大学

1947年春天，金善宝因胃部大出血住进了医院，经过检查，医生告诉他胃里长了一个瘤。这句话，犹如晴天一声霹雳，让金善宝茫然不知所措。他从一本医学杂志上知道，得了这种病，长则一年，短则数月……对于死，他并不害怕，可是，他想到自己一生为之奋斗的小麦科学事业，还有很多问题需要深入探索；他为振兴祖国农业的理想还有很多工作要做；更主要的是，他长期以来热烈盼望的一个光明美好的新中国即将到来，他却看不见了，这是多么遗憾啊！还有，多年来跟随他一起吃苦受累的妻子，4个尚未成年的孩子……他瞒着家人，暗暗做好了一切准备。一年后，他第二次胃出血，又住进了医院。这次，他满以为没有希望了。主治医师给他做了详细检查，金善宝问，我胃里的瘤有多大了？医生告诉他，不是瘤，是十二指肠溃疡。

喜讯从天而降！从医院出来，金善宝获准休假一年。台湾的台中农学院和无锡的江南大学农学院先后给他送来了聘书。去那一个学校好呢？金善宝考虑，台湾，他从未去过，那里的亚热带农业有什么特点，是他长期以来很想去看看的地方；可是，他又想到，共产党领导的解放大军势如破竹，全国眼看就要解放，这个时候，如果去台湾，将来很可能和大陆遥遥相望，一去不能再复返了！为此，他选择了离南京较近的无锡江南大学农学院。

正在这个时候，他的胃部又出血了。许多好心的朋友劝他，十二指肠溃疡虽然不是绝症，可是经常这样大出血，对身体很不好，应该想想办法。经朋友介绍，他找到一位老中医吴汇川，吴老先生已经80多岁了，银髯过胸，满面红光，他给金善宝号脉之后，开了几付药，嘱咐他吃完这几付药再来。金善宝拿着药方，犹豫了片刻，恳切地对吴老先生说，自己即将去无锡江南大学任教，要求吴老先生能给他开一个长方，拿到无锡去服用。吴老先生听后，望着金善宝瘦削的面容，沉思良久，最后很爽快地说："好吧！你们公教人员生活很不容易，我帮你一个忙，给你一个秘方，保你永不复发！"当即挥笔在药方上写下："七颗苦参子，去壳，用桂元肉包裹，早晚空服一粒，温开水送下。"

回家后，他按照吴老先生的秘方，连续服用了两天，第三天早晨就发现长期呈黑色的带血粪便，一下子变成了黄色，折磨了他七八年的老毛病，竟然在短短的两天之内奇迹般地治好了，他心里的高兴是无法形容的。从此，他就摆脱了病魔的缠绕，身体一天天好了起来。

1948年8月，金善宝应聘来到江南大学农学院，金师母为了照顾他的生活，也一同前往。

江南大学创建于1947年10月27日，是无锡面粉大王荣氏家族创办的。荣氏在发展企业的同时，十分关心家乡社会事业，修桥铺路，兴办教育，民国元年，就创办了全国第一家公益性的"大众图书馆"，先后举办了公益小学、中学、中专、工程技术学院、科研所等几十个校、所。同时，还向不少著名高等学府如上海交通大学、复旦大学等校频频捐款资助。日寇侵华期间，荣氏企业遭受了巨大损失，抗战胜利后，荣氏企业在经费十分拮据的情况下，仍然把办学放在重要位置，千方百计筹集资金，兴建江大。原来学校的远景规划设想，是从梅园起直到锦园（小箕山）、大箕山、后湾山、万顷堂、中犊山，以至宝界桥一带沿太湖边数座山头、几十里范围、几万顷土地都包括在内，计划建成国内一流、世界少有的大学城，还包括农场、植物园、博物馆、科学馆等科学中心。皆因财力关系，只能缩小规模，分步实现。第一期工程是建设后湾山的校舍，包括教学大楼、男生宿舍、饭厅、女生宿舍、实习工厂等。在筹建过程中，1946年，荣德生先生在上海遭匪徒绑架，损失60万美元；1948年，侄子被冤入狱，又接连失去两个爱子。在丧子、丧财的巨大打击下，仍然不改初衷，矢志不渝地把江南大学办下去。并以重金多方聘请国内著名教授、专家前来任教，如教育界名人章渊若，电机界老前辈顾惟清，成本会计专家沈立人、著名国学大师钱穆，著名教授吴大榕、秦含章、郭守纯，金善宝等。

为了给前来任教的教授们提供一个良好的生活环境，荣家不惜让出

江南大学（原载《桃李成林60年集成》）

了自己的私家花园——梅园、锦园和老宅荣巷。国学大师钱穆和金善宝介绍来校的农业化学专家秦含章都住在荣家的老宅内，金善宝夫妇住在梅园中的"乐农别墅"，他们隔壁的邻居，就是当时江南大学农学院的院长郭守纯夫妇和他们的女儿一家三口。

梅园坐落在无锡城外7公里的东山，面对辽阔的太湖，背依龙山九峰，风景秀丽，每年早春，满园300余种、1万多株梅花傲寒竞放，幽香四溢，沁人心肺，故有"香海"之誉。梅园内除"乐农别墅"外，还有"天心台""香海轩""诵豳堂""豁然洞"等景点。从梅园大门走进，穿过紫藤走廊下的鹅石路，就是"天心台"；离台过花径，穿梅林，至"香海轩"，过了"香海轩"，就是"诵豳堂"，荣德生先生常在这里诵读《诗经·豳风》，他虽是我国民族工业巨擘，却十分重视农业，故号乐农。因《豳风·七月》多有叙述古代农事，是以"诵豳堂"名之。当时，农学院的办公用房也设于此，并于堂前悬挂农学院院牌，是与堂名相符之意。

当时，江南大学设有三院、九系。即文学院、理工学院和农学院。农学院分农艺、农产品加工制造系，其中农产品加工制造系（后改为食品工业系）为全国首创，后来又增设了国内独一的面粉专修科。培养目标是，既有理论、又富实用技能的高级专门人才。金善宝被聘为农艺系主任，为农艺系、农产品加工系讲授《作物学》《麦作学》课程。他在江南大学教学的时间虽然不长，给同学们留下的印象却很深。1947年秋考入江大农产品加工系的钱慈明，在回忆老师们对学生的拳拳培育之情时说：

最使学生们尊敬的金善宝教授是国内著名的小麦专家，学识渊博、治学严谨，思想进步，平易近人。他在我们农产品加工制造系讲授《作物学》，是他最专长的一门课。他在课余时间常深入到学生中来，了解同学们的思想情况和要求，然后针对我们的实际情况，认真备课，工工整整地书写好讲稿。金老师上课时却从不看讲稿，一本《作物学》教材，他讲起来如数家珍，滔滔不绝，娓娓动听，教学效果极佳。他那精湛的学识，高超的授课艺术，使学生们叹为观止。他这种身教言传，教书育人，严肃认真，一丝不苟的工作态度使我们受益不浅，终身难忘。

20世纪50年代，我曾受国家选派前往国外讲学，我以金老师为榜样，深入了解国外教师们及工厂企业的生产情况和要求，在此基础上，制定教案，认真备课，从而取得了良好的讲学效果，圆满完成了组织上交给的光荣任务。

至今，每当我回忆起往事，老师们的谆谆教诲，心情十分激动，久久不能宁静下来。一幕幕、一件件往事，恍如昨日……

时事沧桑，斗转星移。半个多世纪以来，江南大学毕业的学生遍布大江南北，国门内外，高级人才辈出。5年历史，足以证明荣氏办学的方针着眼于教学质量，体现出质量高的特色。时至今日，当白发苍苍的江大校友，回忆起那湖光山色、风景秀丽、弦歌有声、名师云集的母校，既

1948年10月，金善宝夫妇摄于无锡江南大学梅园乐农别墅

重理论，又重实践的教学方法，团结友爱、艰苦奋进的校风，和那活泼、丰富的校园生活时，无不感慨万千。有人认为，如果当年对江大不是采取拆分停办的方式，而是在原基础上巩固发展，逐步实现荣氏原规划的江大发展蓝图，那么，今日之江大，很可能就是中国的"哈佛"了！可以想见，其校园之广袤、之优美，在当今世界都是无与伦比的！

值得欣慰的是，改革开放以后，2001年已将无锡轻工业大学、江南学院、无锡教育学院三校合并，成立了仍然以"江南大学"命名的高校。合并后的新江大，学科涉及工、理、文、农、经济、管理、法学、教育、医学等9大门类，成为教育部"211工程"的重点大学。可以预料，当年荣氏规划的江大发展蓝图，已经为期不远了！

闲话少说，书归正传。却说金善宝来江南大学第二年（1949年）的早春季节，正当梅园里梅花盛开的时候，在梅园附近的乡村小道上，经常可以看见一些国民党

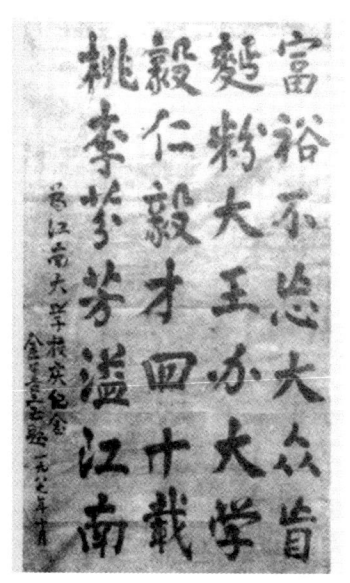

金善宝手迹（原载《桃李成林60年集成》）

撤下来的败兵、伤残人员，缺胳膊、断腿的，一面发着牢骚，一面拄着拐杖，艰难地行走着。这就给人们一个信号，解放军快来了！

1949年4月25日清晨，这条乡村小道上，忽然驶来了几辆军用卡车，车上全是身着黄色军装，头戴八角帽的战士。开始，人们都远远地站着，疑惑地望着，当卡车停下，战士们从车上下来时，人群中突然有人喊了一声，是解放军！人们这才清楚地看见战士们帽上的红星，大家欢呼着向解放军奔去，战士们和老百姓们一一握手，金善宝和欢呼的人群一起，赶上前去，紧紧握着战士们的手，激动地说："欢迎你们，你们终于来了，我们等你们等得好苦啊！"这时候，他们才知道，无锡城里已于昨天晚上解放了！

当天下午，金善宝和江南大学的师生们，举着自制的小旗，迎着和煦的春风，蒙蒙的春雨，踏着无锡城里的鹅卵石马路，热烈欢迎解放军解放无锡。

无锡解放了！可是与无锡毗邻的上海，还处于激烈的战斗之中，无锡人民日日夜夜都在关注着上海的局势。人们见面就议论：解放军把上海包围了！解放军已经进入上海市区了，正在打巷战呢！金善宝夫妇更

是十分关心上海的战局,特别是金师母,天天都出去打听消息,因为他们的二女儿作美正在上海读书,一个多月来音信全无,女儿的安危牵动着母亲的心。5月27日,终于传来了解放军胜利解放上海的消息,人人皆大欢喜,只有金善宝一家,高兴之余,仍然忧心忡忡。后来他们听说,上海解放前抓了不少进步学生。这一来做母亲的更着急了,猜想二女儿思想进步(当时他们还不知道女儿已是上海地下党员),很可能被抓进去了。因而四出发信,向上海的亲友打听消息。大约过了一个多月,才从金师母的表妹家送来一只箱子,告曰:作美参军了,临走前留下这只箱子。这样,金善宝夫妇心中的一块石头才落了地。至于她参加的是什么部队?部队现在哪里?一概不知。直到后来,她在部队立了功,立功喜报寄到家,他们才知道她参加了第二野战军,解放大西南去了。以后,她就一直留在四川工作。

二、五张任命书

1949年6月,江南大学的教学任务一结束,金善宝立即携带家小回到南京。解放后的南京,人民欢欣鼓舞,一片欣欣向荣景象。

7月,金善宝接到通知,去北京参加由周恩来总理主持召开的自然科学工作座谈会,参加会议的代表有40多人,来自全国自然科学的各个学科。会上,周恩来总理总结了全国的大好形势,勉励科学家们努力工作,把自己的一切聪明才智贡献给新中国。会后,金善宝又参加了以竺可桢同志为团长的参观团,去东北参观访问,参观团先后参观了旅顺、大连、沈阳、长春、哈尔滨等地,受到东北人民的热烈欢迎和热情接待。

这次参观访问,金善宝亲眼看到东北人民热火朝天的干劲,积极支持解放全中国的革命精神,深受感动。在哈尔滨一次欢迎会上,他深有感触地说:这次到东北来,是向东北人民学习的,东北是老解放区,我要老老实实向老解放区人民学习,认认真真改造思想。他还讲了一个家乡的故事,大意是:

山里有座黄泥岗,黄泥岗里到处都是黄泥。有一天,黄泥岗的一位老乡进城买东西,他刚进城,城里人看见他就问:"喂!你是从黄泥岗来的吧?"这位老乡觉得很奇怪,反问道:"你怎么知道我是从黄泥岗来的?"对方说:"喏!你脚上还有黄泥呢!"老乡低头一看,果然自己脚上沾满了黄泥。第二次,他进城前,特意把两只脚洗得干干净净,可是他进城没走多远,城里人又问:"老乡,你是从黄泥岗来的吧?"这位老乡很纳闷,怎么又知道我是从黄泥岗来的?对方说:"喏!你的雨伞不是还沾着黄泥吗?"老乡打开雨伞一看,果然雨伞上沾着黄泥巴。第三回,他进城前不但洗干净了脚、还把雨伞洗得干干净净,心想这一回城里人一定看不出我是黄泥岗人了。谁知进城不久,又有人问道:"老乡,你是从黄泥岗来的吧?"老乡愣住了,他怎么又知道我是从黄泥岗来的?对方笑着说:"跟你进城来的小狗,身上都是泥巴。

金善宝用这个故事生动地比喻从旧社会过来的知识分子,思想改造的长期性和艰巨性。并且在东北人民面前表示,决心在党的领导下,认真改造思想,努力为新中国建设服务。

结束了东北地区的参观访问,金善宝回到南京,前后接到5张任命书。

1949年8月,原中央大学改名南京大学,中央人民政府毛泽东主席任命金善宝为南京大学农学院院长;1950年4月,任命金善宝为华东军政委员会农林部副

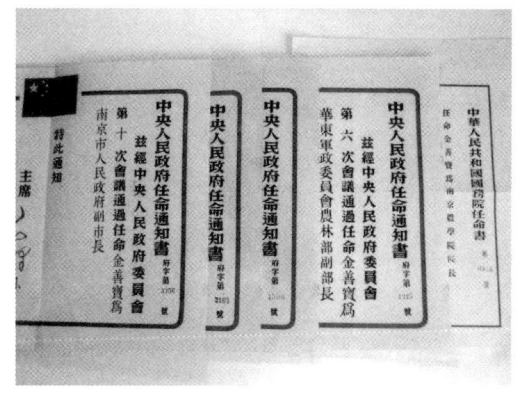

金善宝的5张任命书

部长;同年6月,又任命金善宝为南京市副市长;1952年7月,大学院系调整,南京大学农学院与金陵大学农学院合并,改名南京农学院,任命金善宝为南京农学院院长;1952年11月,中央人民政府又发出第五张任命书,任命金善宝为江苏省人民政府委员。

这五张任命书,对金善宝来说,意义非凡!半个多世纪以后的1993年,他为纪念毛主席诞生一百周年所撰"在毛泽东思想指引下"一文中

写道:

每张任命书,都表达了党对我的无限信任、无限关怀,每张任命书都给了我无穷力量,使我这个在旧社会一无所有的知识分子,能够在毛主席的阳光沐浴下,为新中国的建设贡献自己的一技之长。更主要的是,自我 1895 年出生,直到新中国成立的 50 多年里,亲眼目睹祖国人民多灾多难,内战连年,外患频繁,年轻时和很多爱国志士一样,寻求救国救民的真理,均未实现,年过半百之后,亲眼看到祖国人民有了希望,怎能不使我感到由衷的高兴呢?

五张任命书带来的不仅仅是金善宝职务上的改变,随之而来的是生活待遇的步步提高。原来金善宝住在南京大学教职工宿舍里,升任南京市副市长的消息也是看到报纸后才知道的。过了几天,南京市政府秘书长刘述周亲自到家里来,动员他搬到蓝家庄南京市政府大院去住;不久,又搬至赤壁路 5 号一栋 3 层楼的花园楼房内,院内有汽车房,配备了专车、司机、警卫员、保姆和门岗。住房宽敞了,生活条件优越了,这是党的关怀。可是金善宝心里一直以为,自己是个长期从事农业教育、农

金善宝夫妇与子女摄于南京赤壁路 5 号(1957 年春)

业科学研究的知识分子,对党和国家没有作出多大贡献,至于从政,当副市长,更是门外汉。俗话说,"无功不受禄",现在自己是"无功受禄",因而对享受副市长待遇,总感到忐忑不安。最令金善宝不习惯的是,他出去办事,无论是坐车,还是步行,警卫员都要带着枪跟随左右,寸步不离。有时他背着司机、警卫员悄悄外出坐三轮车去上班,但是司机、警卫员都住在他家院内,要躲开他们是很不容易的,被市政府的同志知道,他们就要受到批评。待遇提高了,与原来的亲朋好友无形中产生了距离,过去经常来往的朋友也不再来了。为此,金善宝曾几次打报告要求取消警卫员,撤去门岗。他说,我是一个普通的工作人员,用不着派人警卫,新中国刚刚成立,需要警卫的地方很多,请求领导派他们到需要警卫的地方去吧!这个要求,直到1956年他入党后才获批准。

三、心系灾区广大农民

党和人民的信赖,使金善宝感到任重而道远,他认为自己是学农的,为人民服务,应以农为本,从农业开始。

1950年,长江下游洪水泛滥,华东地区、长江流域有上亿亩良田遭受水灾。如何抗灾、救灾,挽救人民的损失?金善宝根据华东地区历年来气候变化的规律和特点,提出"多种马铃薯、移植冬麦渡春荒"的建议,得到党和人民的重视,南京新华日报全文刊载了这个建议。当时华东地区一带农民还从来没听说过冬小麦可以移栽的,有的人持怀疑态度,为了说服农民,他亲自到南京郊区给大家作田间示范,把小麦移栽技术和科学道理传授给农民,使这一措施迅速推广,补救了华东地区农业受灾

1950年10月29日,在南京市二届一次人民代表大会上,当选为南京市副市长

的损失。

1951年夏天,正当南方小麦处于返青拔节季节,苏北地区突然遭到历史上罕见的寒潮,100多万亩小麦被冻害,情况万分危急。江苏省委给金善宝来电话,要他带领10名各种专业的教授,迅速赶赴小麦冻害灾区,研究抢救办法。当他们连夜赶到苏北小麦冻害现场时,发现绝大部分小麦的主茎都被冻坏了。当时多数专家认为,小麦的主茎已经冻死,没有挽救的希望,不如趁早翻掉,另外栽种其他作物。在场的一位副省长说:"我知道你们没有办法,让你们来,是让你们好好看看,新中国成立前这种情况也经常发生,但你们在城里是看不见的,你们应该好好总结一下,今后再碰到这种情况,应该怎么办?"当时,金善宝

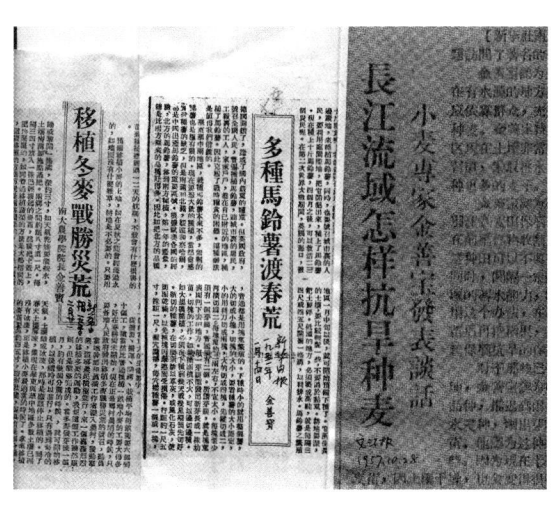

原载1950年1月14日、2月21日《新华日报》1957年10月28日《文汇报》

的心里也没有底。他想,翻掉受冻的小麦,改种别的庄稼,虽然也是一条路子,但这样做,农民就要白白丢掉一茬粮食,不知道有多少农民将面临挨饿的危险。有没有更好的办法呢?为此,他带领专家们走遍了苏北、淮北10多个县,对各地的防冻经验进行系统总结。调查中发现,小麦的主茎虽然已经冻死了,但小麦的分蘖节并没有冻死。根据这一情况,金善宝向江苏省委提出适时浇水、增施肥料,加强麦田管理等一系列栽培措施。经过努力,当年苏北地区100多万亩受冻小麦,最后仍然获得亩产200多斤的好收成。这个事例充分说明,农业科学必须与生产实践相结合,才能做到为生产服务。事后,金善宝组织大家认真总结这一经验,并把它写进了小麦栽培的教科书中,学校老师每次给学生讲小麦栽培学时,都把这件事作为典型的例子。

四、三次出国访问

新中国成立后,金善宝曾先后3次出国访问。

第一次是1955年8月,金善宝以中国农业科学研究工作者代表团的名义,与河北省农业厅长张克让、四川农业改进所所长杨允奎一起出席匈牙利玉米育种会议。参加会议的有苏、中、朝、波、捷、德、罗、保8个国家。会上,匈牙利农业部与科学院分别介绍了匈牙利玉米育种工作的历史、发展和成就,各国代表也就本国玉米育种情况作了发言。金善宝虽然是位小麦专家,对玉米育种也颇有研究,通过会议讨论、与各国专家共同相处3周的参观学习,座谈,交换意见,使金善宝的感受很深。由于玉米是一种重要的高产粮食作物和饲料作物,适应性广,在工业上的用途很多,可以制成150种的工业品,正在受到世界各国的普遍重视,匈牙利在200年前还没有玉米的种植,现在玉米播种面积已经占全国耕地面积的23%。苏共20大关于国民经济六五规划中,要求1960

1955年8月,金善宝(中)在匈牙利玉米育种会议上

年全国谷物总产量达到110亿普特，畜牧业将大力发展，其中主要措施之一，就是以扩大玉米播种面积和增加玉米单位面积产量来达到的……由此，使金善宝想到，在新中国的农业生产规划中，应该如何调整各种作物的种植比例，增加玉米播种面积和单位面积产量，以适应国民经济发展的需要。

1955年6月1日，中国科学院聘任金善宝为新中国首批生物学部委员（院士）。1957年4月4日，在全苏列宁农业科学院全体院士会议上，金善宝又当选为该院通讯院士。

这一年11月，承全苏列宁农业科学院院长罗巴诺夫之邀，金善宝和水稻专家丁颖、中科院植物生理研究所所长罗宗洛、北京农业大学植保系教授俞大绂等一行5人，去莫斯科参加苏联10月革命40周年纪念大会。参加大会的除苏联之外有中国、捷克斯洛伐克、保加利亚、波兰、德国、法国、英国共8个国家。苏联各院士和通讯院士参加的约200人，论文报告38篇，内容包括：育种、植保、农业机械化、畜牧兽医、国营农场和集体农庄的经营管理等。金善宝在会上作了"中国小麦的种类、分布及在育种上的成就"的学术报告，报告着重介绍了他发现的我国特

1957年11月，金善宝（中）和水稻专家丁颖（左）在全苏列宁农科院

1957年12月金善宝（左）和丁颖（右）在全苏列宁农业科学院作物栽培研究所

有的普通小麦亚种——云南小麦，并以中国小麦的种类为例，对世界小麦的进化分类进行了分析。通过学术交流，他的发现、他的观点，得到了与会科学家的高度肯定。

1963年7月，金善宝以中朝友好协会代表团副团长的身份访问朝鲜。朝鲜人民以最高的礼遇、最热烈的场面欢迎他率领的代表团，所到之处，无不是鲜花锦簇、欢呼的群众，使他深深感到作为一个中国人的光荣和骄傲。在朝鲜，他看到朝鲜的农业并不是很好，人民生活也不富裕，可

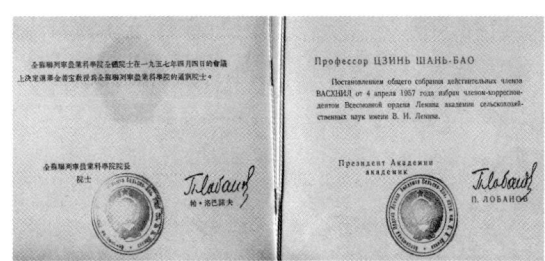
1957年全苏列宁农业科学院通讯院士证书

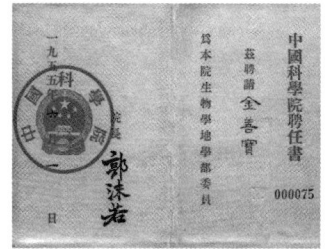
1955年中科院学部委员（院士）证书

1963年7月，金善宝（右1）任中朝友好代表团副团长访问朝鲜

是，无论是日常宴请还是招待的文艺晚会，其规格之高，排场之大，令人炫目，使他深感不安。由此，使他体会到朝鲜人民对中国人民寄予的厚望，作为一个古老的农业大国，支援兄弟国家的责任。

五、新的旅程

1956年1月，中共中央召开了关于知识分子的会议，周恩来总理在会上做了《关于知识分子问题的报告》，强调知识分子在社会主义建设中的作用，并对知识分子的进步做了充分肯定，这对全国知识分子是一个莫大鼓舞。接着，全国高教会议在上海召开。会上，南京师范学院院长陈鹤琴发言，谈到他对学习周总理《关于知识分子问题报告》的体会，恳切地向党组织提出了入党申请。陈鹤琴院长的讲话深深触动了金善宝，他想了很多很多，从会稽山下美丽的故乡，到重庆山城的日日夜夜；从毛主席的接见，到党和人民对自己的信任和重托；从清王朝丧权辱国，到共产党领导下的新中国。想着、想着，他再也抑制不住内心的激动，大步走上讲台对代表们说:"我和共产党接触已经18年了。在旧社会,我是一个一无所有的教书匠,今天,在共产党领导下,我才能为新中国建设贡献自己的一技之长。我要求加入共产党的愿望已经很久了。今天,我终于打消了种种顾虑,大胆地向党提出申请,请党组织审查。"

1950年7月3日,华东军政大学南京分校成立周年纪念

回到南京,金善宝向党组织正式递交了入党申请书,市府机关党支部要他找两名入党介绍人,他不清楚应找什么样的人做介绍人,支部告诉他要找与自己相处时间较长,了解较深的人。有人建议他找时任南京市的市长柯庆施,当时金善宝是南京市副市长,与市长柯庆施工作上也有颇多接触,应该说,找柯庆施作他的入党介绍人是无可厚非的。但是,金善宝认为,与自己相处时间最长,了解最深的还是他自己的学生沈丽娟。于是,他主动找沈丽娟和南农政治处的顾民同志做自己的入党介绍人。1956年2月12日,中国共产党江苏省委、南京市委在南京市政府第一会议室为他举行了隆重的入党宣誓,江苏省委副书记刘顺元主持了宣誓仪式。他说:"金善宝同志从30年代起就靠拢党、拥护党,坚持党的革命事业,花甲之年仍然要求加入中国共产党,这一事实本身,就说明了中国共产党的光荣、伟大。今天,我们党吸收了一位老科学家,这是党的知识分子政策的一个胜利……"面对中国共产党党旗,金善宝禁不住热血沸腾,举起右手,庄严地向党宣誓,决心在中国共产党领导下,做一名年老的新战士,把自己的一切贡献给党和人民。

1951年4月,欢送志愿军代表团在南京下关车站握别

六、南大2419大面积推广

尽管金善宝身任多项职务,行政事务十分繁忙,但他一刻也没有忘记他的小麦科学研究。

早在1946年中央大学返回南京之初,金善宝就在丁家桥农场继续中大2419的品种比较试验。1946—1947年试验结果,中大2419的产量,超过南京当地品种17.1%。1948—1949年6个品种比较试验结果,中大2419产量居第二位,1950—1951年10个品种比较试验结果,中大

原载南京农学院《科学研究专刊》第一号（1957年10月）

2419产量居第一位。由此证明,中大2419不但适应于长江上游,也适应于长江下游;不但具有丰产性,而且具有产量的稳定性。

1952年,因中央大学改名为南京大学,中大2419也改名为南大2419。为了测试该品种对病虫害的抵抗性,金善宝组织各地区进行广泛调查和试验,根据1950—1954年福建、浙江、江苏、安徽、山东各地区33次的观察中,南大2419有22次表现出免疫型,11次表现出抵抗型,对3种锈病的抵抗性比一般地方品种强得多。并一致肯定,南大2419是当时我国抗吸浆虫最强的小麦品种。

由于南大2419穗大、粒多,丰产性好,适应性强,较早熟,抗倒伏,高抗条锈病、叶锈病、抗吸浆虫;而在20世纪50年代,小麦生产上种植的地方品种,普遍存在植株偏高,不抗倒伏、穗小、粒少,丰产性差,特别是不抗条锈病等缺点。1956年长江流域小麦锈病大面积发生,造成小麦严重减产,南大2419却具有较强的生产优势,所以首先在长江流域大面积推广。主要分布在湖北、河南南部、江苏、安徽、四川等省,陕西南部、云南、贵州也有较大面积种植;此外,江西、湖南、广西、青海、甘肃等也有种植,甚至西藏昌都地区都在示范栽种。

南大2419在各地推广后,一般都表现丰产性和产量稳定性,亩产250～500斤。据华东农科所、淮南农业试验站、湖北省农业厅对各地区多年品种比较试验,分别比当地品种增产39.01%、26.9%、15%～46%。其中,湖北省谷城县沈湾乡、乐民社的丰产地上,每亩高达1 052.5斤。四川省一般亩产300斤,比当地品种增产30%以上,广汉县外南农场曾获得每亩851斤的高产。

南大2419的推广面积,据不完全统计,1954年600万亩,1955年900多万亩,1956年扩大到3 700万亩,1957年以后最高年份达到7 000万亩,约占全国小麦种植面积的1/5。直至80年代,在新疆、青海以及长江流域的种植面积仍在百万亩以上。

因南大2419早熟、适应性好,丰产,抗条锈,各地用其作为杂交亲本,所得的优良衍生品种有110个,在我国7大麦区都有分布。各麦区的代表品种中,冬麦有,鄂麦6号(湖北)、万年2号(江西)、望麦15(江苏)、云南778、内乡19(河南)、荆州1号(湖北)、南农大黑芒(江苏)、湘麦1号(湖南)、华麦7号(湖北)、阜阳4号(安徽)和安徽3号等。

南大2419的使用年限,从1942年首先在四川省推广开始计算,到80年代为止,前后长达40余年。南大2419推广面积之大,应用时间之长,种植地区之广,衍生品种之多,是中国小麦品种改良史上少见的,对发展我国小麦生产起了巨大作用。

笑衍,是金善宝早在20年代献身小麦之初,为自己起的雅号。含义是,笑看小麦良种繁衍之多也,在这个雅号里寄寓了他一生的追求。新中国成立后,他亲眼看到自己培育的小麦良种繁衍如此之多,推广面积如此之大,使用时间如此之长,怎能不使他感到由衷的高兴呢?这真是:

沙坪坝上育禾苗,风雨交加试验搞。

二十年心血灌,二十载汗水浇。

八千里路云和月,滚滚长江浪和碓。

喜看良种繁衍广,万亩金麦迎风笑。

七、中国小麦的种类及其分布的研究

关于我国小麦的种类,金善宝从20世纪20年代初期,就开始搜集我国小麦品种的分类资料,直至抗战时期的40年代,一直没有放弃对小麦分类及其分布的研究,只是当时受各种条件限制,所得结果不够全面。新中国成立后,他在过去研究的基础上,综合了1911年以来中外学者的研究成果,1954年开始主持"中国小麦的种类及其分布的研究"。

一是,对云南小麦的研究。

1937—1943年,金善宝在云南发现的稀有小麦品种——云南小麦,究竟属于那一种分类呢?这是他多年以来一直牵挂的一个问题。1956年他带着这个问题再次去云南考察,在云南双江地区又采到一种有芒的品种,芒长达7厘米,镇康产的一种是白皮,其余都是红皮。检定结果,依据壳色、种皮色、颖毛和芒的性状变异,构成比较完整的分类系统。

他将这几个变种分别命名为：

1. Var. "*ankoncum*" King. 云南的云县和缅宁都有栽培，在云县的土名叫硬壳麦。

2. Var. "*fenkwantacum*" King. 产于云南的镇康和腾冲。腾冲的土名叫谷麦，亦叫谷花麦，镇康产的，称粉光头。

3. Var. "*chenkangense*" King. 1937 年，在镇康搜集到这个品种。

4. Var. "*lanchankiangense*" King. 这个变种在云南澜沧江以西分布最广，缅宁、镇康、云县、双江都有栽培。1937 年曾采到这个品种。

5. Var. "*shuankiangense*" King. 这个品种是从双江县的小麦中分出来的，只得到两个穗。

经多方研究，把它定为普通小麦的一个亚种（T. *yunnanense*, King）。

1959 年，金善宝第三次去云南，他从昆明坐汽车经过楚雄、大理、保山、潞西、镇康、三县等地，跑遍了整个澜沧江流域，寻找云南小麦新亚种的发源地，终于发现澜沧江流域是云南小麦新亚种分布的中心，这个地区从海拔 1 300 米到 3 000 多米都有小麦种植，高原地形复杂，"立体农业"的气候、生态特点，是形成变异的重要因素，从而确定了云南是我国小麦种类最丰富的地区，也是我国小麦变异的中心。这个研究结果得到国内外小麦科学家的一致肯定。

二是，对小麦分类的研究。

1956—1957 年，课题组从全国 2 000 个县征集到各地农家小麦 5 545 个品种类型，加上金善宝 1943 年搜集的 17 个不同品种类型，共计 5 562 个品种类型，在南京农学院种植，系统观察 2～3 年后，精心选出 460 个代表性品种，于 1957—1958 年分别在北京、徐州、武功、西宁、乌鲁木齐、成都、昆明、武昌、广州、福州等 12 个地点种植，进行了系统检定。金善宝确定，我国栽培小麦品种分属于普通小麦、密穗小麦、圆锥小麦、硬粒小麦和波兰小麦等 5 个种及 1 个普通小麦亚种——云南小麦，比之过去研究，增加了一个种及一个亚种。各个种及亚种所属的变种共计 101 个，其中，25 个变种，包括云南小麦亚种的 6 个变种，是金善宝新发现和定名的，全部变种所属品种以普通小麦的品种为最多，达

96.5%（其中，云南小麦占 0.4%），其余圆锥小麦占 2.2%，密穗小麦占 0.7%，硬粒小麦占 0.6%。

三是，各种小麦的分布。

研究证明：

圆锥小麦主要集中在西南和西北地区。以变种数目而论，主要集中在四川的川北各县。

硬粒小麦以新疆、陕西和内蒙古栽培较多，变种最多的是新疆、陕西和内蒙古。

密穗小麦大部分集中在甘肃和新疆两省的山岳地区。

普通小麦分布遍及全国。经研究分为：华南地区，江南山地、云贵高原、四川盆地，长江中下游平原、秦巴山地、华北平原、黄土高原，东北平原，内蒙古高原，甘肃青海高原、准噶尔盆地、塔里木盆地、青藏高原14个生态类型。

四是，小麦变种的分布和地区的关系。

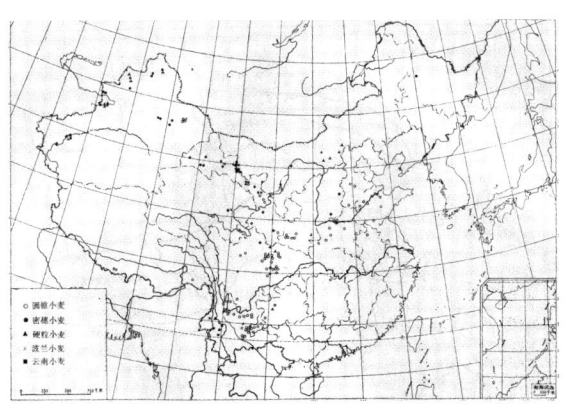

中国圆锥、密穗、硬粒、波兰4种小麦及云南小麦亚种的分布地区（原载《中国小麦的种类及其分布》）

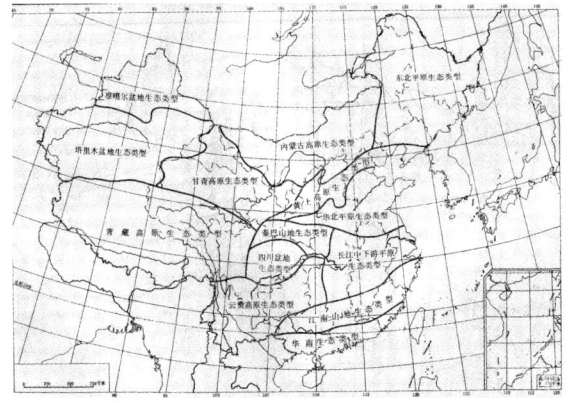

中国普通小麦生态类型的分布地区（原载《中国小麦的种类及其分布》）

在研究中金善宝发现，中国西部广大地区，主要是云南、新疆和西藏，分布着中国最丰富的栽培类型，虽然这些地区小麦栽培面积不大，却包括了中国全部5个小麦的种和70%以上的变种，高原地势复杂是形成品种变异的重要因素。例如，云南是低纬度的高原地区，境内有炎热的河谷，温暖的平坝和高寒的山区，温度、雨量、日照强度都相差很大。新疆是高纬度的高盆地，西北、西南各省都是多民族的地区，不同的民族对农业经营的不同方式，选择品种的结果，也会使品种的变异受到一定影响。华北 4 省虽是平原，小麦栽培面积占全国总面积 48.7% 以上，因而品种变异也多，且河南又是历代经济文化的集中地，交通频繁，在小麦分布趋势上，兼具西南、西北的一些类型。因此，他认为世界小麦起源的一个次生多样化中心，很可能位于中国西部这一广大地带，中国各地栽培的小麦，是由这个中心逐渐扩展而分化形成的。

金善宝对中国小麦的种类及其分布的研究和对云南小麦的发现和研究，对进一步研究中国小麦的起源、进化和分布，以及小麦分类学和区划研究的深入开展，提供了重要的科学依据，为进一步探明中国西部很可能是世界小麦次生多样化中心奠定了研究基础，对世界小麦分类研究也是一个重要贡献。

笑迎梅园花开

第六章

——

献身南农

一、满腔热忱探寻农业院校的办学之路

1952年，全国各大学院系调整，中央大学农学院与金陵大学农学院合并成立南京农学院，金善宝被任命为南京农学院院长。

刚刚成立的南京农学院，和金善宝已经有35年的情缘。35年来，尽管学校几经变迁、合并，几易其名，金善宝个人的角色也在不断转换，从一个学生、技术员、到教授，直至院长。唯一不变的是，金善宝对母校的感情一直没有改变！他一直以为南农是他的母校！就任南京农学院院长，他最大的心愿就是，要把南农建设成为一个现代化的农业大学！

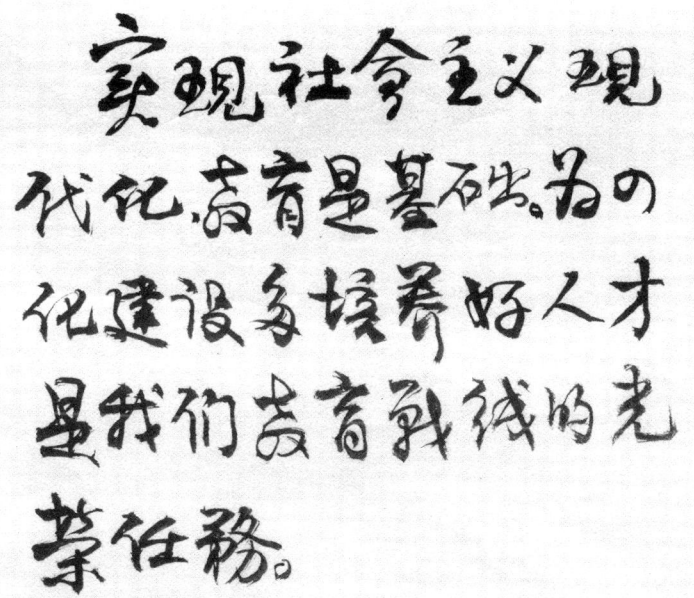

金善宝手迹

为此，他怀着满腔热忱，一片挚诚之心，加入了建设南农的行列！

建院后，金善宝在继承中外农业院校办学历史经验的基础上，在借鉴苏联模式、进行教育改革的过程中，他结合中国农业院校的实际，重

视中国专家的作用,把美国关于教育、科研、推广相结合的教育理念,应用于南京农学院的办学实践之中,努力探寻一条适合中国国情的农业院校办学之路。

金善宝认为,要建成一个现代化的农业大学,首先要确定学校的培养目标。

建院之初,金善宝即召集院务会议,根据当时办学条件和实际需要研究确定,全院设6个系,即农学系、植保系、畜牧兽医系、土壤农化系、农业经济系、农业机械化系,初步拟定了6个专业的教学计划,明确提出培养目标为农艺师、畜牧师、工程师。1953年11月作了修订,7个专业均订出新的教学计划和生产实习计划。1954年,又根据高教部对农业院校有关专业颁发的统一教学计划,由系主任组织教师学习讨论,既考虑国家对人才的需要,又考虑学生、教师的实际条件,进一步明确提出培养目标是,又红又专的高级农业科学技术人才,高、中农业院校的师资和农业行政系统的领导干部。1956年,形成了以课堂讲授为主,辅以课堂讨论、实验和生产实习、课程设计、毕业设计等一整套教学环节,使学生接触社会、接触生产、增强技能训练与独立工作能力。

其次,他倾注了全部心血,培养教师队伍。

1952年建院之初,全院专任教师155人。1953年根据国家开发边疆的需要,上级要求抽调骨干教师支援,前后共有7名骨干教师被调离。为了保证教学质量,采取了多项措施:

措施之一是在当时一边倒学习苏联的形势下,组织教师学习苏联,选派留学生到苏联留学。1952—1956年,先后派出10多名学生到苏联的农科大学学习,派出中青年教师罗毓权、吴志华、刘大钧等近20名教师到苏联留学或进修,他们回来后,一般都获得了副博士学位,成为校内外的骨干力量。同时,组织教师分期参加俄文突击学习,到1954年春天,绝大多数教师都能阅读专业书刊,27%教师能较快地翻译专业书刊。

措施之二是选派教师到外校进修。1952—1955年,先后派出48名教师到外校进修基础课和专业课,他们回校后都如期开出课程。

措施之三是鼓励教师编写讲义、教科书、和教学参考书。1956年,教师自编讲义76种，经高教部推荐为交流讲义的有32种。教师著书42种，翻译书籍27种。教师通过编写讲义、著书立说，大大提高了学术水平，克服了生搬硬套苏联教材的弊病，使教材初步具有系统性和逻辑性，达到了一定深度。

措施之四是广罗人才，召唤海外莘莘学子归国，参加新中国建设。金善宝在繁忙的工作之余，除千方百计网罗国内的有识之士之外，还经常抽时间给国外留学的学生、亲友们写信，动员他们尽快回国。他在信中详尽地描绘了新中国欣欣向荣的景象之后，总是满怀激情地说："回来吧！祖国需要你们！新中国的建设需要你们！祖国人民等待着你们回来！"在他的积极召唤下，一批批远在海外的学子，如鲍文奎、吴兆苏、徐冠仁、朱立宏等人克服了重重困难，陆续归国，成为祖国农业科学、农业教育事业的中坚力量。在明尼苏达大学留学的吴兆苏，1950年7月获得博士学位，10月立即回国，任南京农学院农艺系主任。

1986年5月，南京农业大学吴兆苏教授来京探望金师，摄于中国农业科学院。

多年来，他遵循金善宝老师的学术思想和技术路线，使小麦种质资源及遗传研究与育种实践相结合的工作得以全面开展，并被国家科委聘请为小麦育种和太谷核不育小麦两专家组成员，承担了多项国家重要课题，参加了国际冬小麦品种联合试验网、国际锈病及白粉病圃的试验研究，成为国内外知名的作物育种学教授。在美国密歇根州立大学研究生院攻读植物遗传学的朱立宏，1950年硕士毕业后，放弃了继续求学的计划，立即回国，担任南京农学院作物遗传育种教研组主任。在他带领下，创建了作物遗传育种专业，下设普通遗传学、细胞遗传学、作物育种学和统计遗传学等教研组，开展了各种主要作物的遗传育种研究，为国家培养了大批不同学位、不同层次的作物遗传育种专业人才。他潜心研究、挖掘水稻抗病资源，对水稻抗白叶枯病遗传资源的评价与利用进行了广泛系统的研究，在开拓中国水稻抗病遗传育种研究领域和探究水稻矮秆资源方面作出了重要贡献。

朱立宏、沈丽娟夫妇与金师亲切交谈（1994年10月摄于南京农业大学）

兽医专家蒋次升回忆说：

1949年夏，我留学回国，正值新中国成立前夕，战火未已。我回到家乡即陷入困境，不知所措，迨湖南解放，忽得金老师来信，使我惊喜交集。他邀我即返母校任教，并寄我通行证、聘书和旅费，真是雪中送炭。更使我难忘的是，当我抵达南京大学时，系里就告诉我：金院长已亲自为你安排好了住房，还为你买好了大米、煤球呢！使我深感不安，内心的感戴激起我奋发工作的热情……

经过几年努力，金善宝倾注的心血，终于开放出灿烂的教学之花！教师队伍由建院初期的155人，在服从国家需要，抽调大批骨干教师支援边疆之后，至1957年仍然增加到376人，增加了1.43倍，教师质量大大提高，使南农的教学水平登上了一个新的台阶。

二、一片挚诚平息了一场"宗派"风波

当时，南农的教师水平和教师队伍，在全国农业院校中已颇有名气。为此，有些农业院校的院长希望金善宝能给予支援。也许就是因为这一点，在南农才引起了对金善宝的一场误会！

1952年，高教部在北京召开高等教育会议，金善宝和南农的一位副院长一起去参加会议。会议期间，金善宝遇见了沈阳农学院院长张克威，交谈中，张院长对金善宝说：你们两院合并，教师很多，可不可以分出一部分支援沈阳农学院？他还拿出一份商调名单。金善宝表示，兄弟院校有困难，本应热情相助，无奈南农教学任务很重，难以从命，十分抱歉。张还要求南农的副院长靳自重去沈阳任副院长。金善宝说靳身体不好，有哮喘病，去东北不合适。谁知开完高教会回到南京后，竟被人误传为，在北京高教会上，张克威向金善宝要人时，凡是提到原来中大的人，金善宝就说，不行！不行！而提到原来金大的人，就说可以！可以！说金善宝在南京农学院搞宗派。一时间，在南京农学院内搞得沸沸扬扬，以致造成教师思想的波动，增加了相互间的隔阂。

在去北京参加高教会之前，南京市主要领导曾找金善宝谈话，要他在高教会上提出建议，把南京农学院与苏北农学院合并，迁至苏北，希望教育部同意和支持。谈话后，金善宝立即和南农主要领导人进行了认真讨论，大家都不同意两院合并的意见，认为两院合并不是加强南农，

而是削弱了南农的教学与科研力量，不利于我国农业科技人才的培养。金善宝把大家的意见向南京市领导作了汇报，在北京高教会上也没有提出两院合并的建议。

1956年9月1日，金善宝在南京农学院开学典礼上的讲话（手稿）

  为了这两件事，时任南京市长的柯庆施，曾在一次会上点名批评金善宝说："对金善宝要注意他的宗派思想。"对于这个批评，金善宝曾经反复思考，剖析自己的思想。关于中大、金大的问题，他认为，自己原来是中大农学院的，原来中大的教师都是自己的老同事，其中有很多还是自己的学生；对原来金大的教师虽然不是一个学校，但同在南京市，又是老同行，平时在教学、科研业务中，常有协作来往，彼此都很熟悉。现在中大、金大合并为一个南京农学院，大家应该为了一个目标团结起来，把南京农学院办好。因而在自己思想深处，对原来中大、金大的教师都是一视同仁的，在具体问题的处理上，也没有任何厚此薄彼的做法。不过在日常生活中，可能原来中大的教师对自己更熟悉一些，接触也稍多一些，因而容易引起一些误会，这是自己应该注意的。至于南京农学院和苏北农学院合并的问题，主要是从发展南农，还是削弱南农的角度考虑，这和所谓的宗派思想没有丝毫联系。但是，此事正值整风期间，"九三"分社各个负责人都作了自我检查，当别人检查时，参加的人很少，冷冷清清，轮到金善宝检查的那天，室内就坐满了人，热闹非常，金善宝作了认真检查，却一字未提所谓的宗派思想。

金善宝为什么只字不提所谓的宗派思想呢？他认为，白的就是白的，黑的就是黑的，这件事离开了事实说不清楚，不如不说。面对谣言，只有让事实来证明自己的清白。为此，他采取了冷处理的态度，静候时机的到来。

过了两年，也就是1954年，高教部又在北京召开高教会议，金善宝和院党委陈野萍书记出席了这次会议。会上，金善宝与沈阳农学院张克威院长再次相遇，金善宝问张克威院长："前年开会时，你向我要人，我是不是有的人同意调，有的人不同意调？"张院长笑笑说："你怎么这样健忘，当时你守口如瓶，一个人也不肯放。"谈话时，陈野萍书记也在场。

真相大白了！谣言不攻自破。事实证明，金善宝并没有搞宗派。回校以后，陈野萍书记在大会上说明了事实真相，号召全院教职员工在院党委领导下，团结起来，反对宗派思想对我们队伍的侵蚀，共同搞好教学和科研。

三、开创了农业科技推广工作的新形式

1953年，全国农业合作化高潮兴起，急需农业技术支援，解决生产中问题。金善宝抓住了这个大好时机，积极组织师生们到农业生产中去技术支援，开创了科技推广工作的新形式。

1954年秋天，院里组成了一个技术联系小组，共有教授、讲师、助教21人参加，与南京郊区的李玉、联众两个农业社和一心蔬菜农业生产合作社建立了固定联系。根据各社生产中的问题加以研究，提出解决办法。在工作中，教师们发现李玉社要改变生产状况，关键是要确定生产方向。为此，他们详细调查了该社的地形、地势、土壤自然环境和生产、劳动组织等情况，暑假期间带领学生，到李玉社进行土地测量实习，调查测量了全部土地，耕地利用、土壤分析及作物栽培情况，绘制了测量

1955年5月,金善宝在李玉(左)农业社移植小麦地里

地图。根据该社位于岳陵地区的特点,制定了改变单一经营,为农、林、牧和副业相结合的多种经营模式,提高了社员收入,鼓舞了社员的生产热情。1955年,李玉社除交纳国家定购粮食外,还多卖了6万斤余粮。

技术联系小组的活动,提高了农业社的生产技术水平,也丰富了教学和科研工作的内容。联系小组的教师在向学生讲授农业社如何制定生产规划的时候,他们引用了李玉社的生动事例,学生觉得很亲切,容易领会。联系小组的教师还撰写出了《李玉农业社生产的全面规划》《农业社的财务管理与会计制度》《一心蔬菜社的操作规程》等3篇论文,提交1956年3月全院第一次科学讨论会上讨论,获得广泛好评,被评选为南京市教科系统先进集体。

1955年下半年,随着形势发展,农业生产对农业科学提出了新的要求,金善宝决定,技术联系小组人员扩大到由6个系15个教研组参加,支援的农业社又增加了十月、玄武、吉祥、红光、和平、顶山、红旗7个高级社,指导工作包括:水稻浸种、合式秧田、水稻密植、制定轮作计划、建立饲料基地、防治家畜疾病、改进猪群饲养、制定发展规划、举办业余技术学校、蔬菜和果树的技术指导等。

1957年5月1日,金善宝代表南京农学院与十月社签订合作合同。在签字仪式前,社主任张大炎对几年来南农教师们的指导和帮助表示感谢。他说:"去年虽然遭受了自然灾害,但全社还是比前年大丰收年增产了粮食64万多斤,这是与农学院先进技术指导分不开的。由于采用了先进的黄豆和玉米间作方法,使1 000多亩地上的黄豆收成增产10万多斤;良种新法种植的元麦增产95%;在700多亩地上种植的良种山芋,每亩地增产600斤左右。"

金善宝在热烈的掌声中讲了话。他说:"十月社对我们丰富教学内容、提高师生感性认识帮助很大,农业社已成为师生理论联系实际最好的实习园地,我们两家变成一家人了。"

与此同时,金善宝还以身作则,亲临农业生产第一线技术指导。

1958年3月,金善宝到浦口区红旗社三河分社了解和研究小麦生长情况时,对该社干部提出的关于三麦的播种和追肥问题,作了详细的解答和指导,并和浦口区委负责同志研究了南农师生,在本年内协同红旗社做4项技术试验等问题。

金善宝(右)在南京红旗社技术指导(原载《南京农学院院刊》1958年5月)

同年5月17日,金善宝又去郊区红旗社进行技术指导。在田间,大家提出了生产上很多问题,如小麦赤霉病、秆锈病、叶锈病的防治,小麦的移栽、密植、选种、留种,玉米、大豆间作、玉米天然杂交优势,小麦条播与缺苗,双胞胎播种玉米等问题,金善宝都详细作了解答。在经过一小段田头时,他随手选拔了18样麦穗头,一一讲解给大家听,指出了今后选种、留种的重要性,亲自做了如何选种的技术示范,答应在一两周内,派师生来社里帮助选种,并送他们一些玉米杂交丰产的品种。

金善宝这种适应农业生产需要,深入农村,使农业教育、科研与农业生产紧密结合的方法,实际上大大超越了康奈尔大学农学院等美国名校有关技术推广的范畴。据金善宝1933年5月在浙江大学农艺系介绍

"美国人研究科学的精神"演讲中介绍：

……一经研究得到结果，耕种方法或优良品种，就在农家田中试验，农民见了自然能采用或接受他们的方法或种子。且各大学每年必有几次公开的讲演会，召集当地乡民听讲。如康奈尔大学每年圣诞节有一农夫周，仪式非常壮大，在这种讲演会上，陈列良种良法，以供农民参考外，校中各教授又轮次讲述个人心得，因美国教育很普遍，农民中学毕业的也很多，大都能将所讲的笔记，作平时的参考。

显然，这种单纯依靠"陈列良种良法""教授轮次讲述个人心得，"和"农民大都能将所讲的笔记，作平时的参考"的推广方法，并不符合中国的国情！只有金善宝这种动员科技人员，从农业生产中来，到农业生产中去，把先进的农业科学知识带给农民，解决了农业生产中的关键问题，科技人员也在农业生产的实践中，丰富了教学内容，得到了锻炼提高，取得了教学、科研、生产三丰收的效果。金善宝这种创新的科技成果推广形式，不仅为新中国培养了一代又一代优秀学子，提高了农业院校的教学水平，也为提高农业生产作出了重要贡献。

1955年金善宝（前右）在红旗农业社看小麦途中

四、教育和科学研究相结合

南京农学院成立后，金善宝十分关心全院科学研究的开展，并针对全国农业生产中出现的问题，鼓励师生们拟订课题，研究解决。在他的积极支持下，土壤系师生进行了苏北防风林与土壤，大别山植物与土壤，浙江黄岩柑橘土壤的调查与分析研究；植物保护系教师进行了农作物病虫害种类与分布、发生条件的研究，作物抗病选种与种子处理试验研究，蝗虫与水稻螟虫研究，杀虫药剂研究；畜牧兽医系教师先后到西北、内蒙古等地进行草原调查。

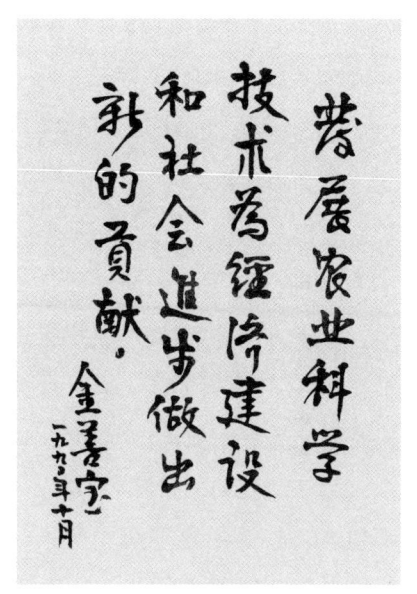

发展农业科学技术题字

1954年冬，在全国第二次农林教育会议上，强调了高等农林院校开展科学研究的重要意义。次年年初，金善宝立即借这个东风，在学校成立了科学研究部，请棉花专家冯泽芳教授担任科研部主任，领导全院开展研究工作，努力创造条件，添置了仪器设备、增加科研辅助人员，修建了温室、挂藏室等，并与农业部、省农业厅等单位积极联系，争取到研究课题110项，其中，农业部委托47项，省农林厅委托31项，制定了各种规章制度，对选题不作限制，鼓励学生参加科学研究，并与华东农科所等院外单位合作，举办了专题报告会和学术讨论会，掀起了全院科学研究的热潮，当年完成33个科研项目。

1956年，在"向科学进军"号召的鼓舞下，金善宝会同科研部冯泽芳主任和有关专家一起，研究制定了全院12年（1956—1968年）科学研究规划，经过几次集体讨论，提出了12年内全院科学研究的方向和重点。各系普遍增设了副系主任和科研秘书,加强了对科研工作的组织领导。全院参加科研工作的教师占全院在职教师的70%,讲师以上参加科研工作的占83%。当年,有5篇论文参加了中国科学院中国自然科学史讨论会,学术气氛十分浓厚。这个阶段完成的科研成果有73项,比较突出的有:水稻白叶病研究,苏南地区耕作制度研究、水稻丰产试验,鸡新城疫苗研究和猪瘟诊断研究,岱字棉品种杂交试验,南京李实蜂生活史和防治方法,水稻插秧机设计,昆虫翅目研究等。

作为南京农学院院长的金善宝,在南京市还兼任副市长的职务,尽管行政事务十分繁忙,却没有忘记一个小麦专家的本分,他的南大2419小麦良种,在抗战的烽火中,从南京到重庆,又回到南京,历时20多年,终于在长江流域大面积推广:他的中国小麦品种及其分布的研究,早在20年代就开始了,几十年来,学校几经搬迁易名,他的小麦科学试验始终屹立在南农的试验田上……

此外,院内一批知名教授、著名棉花专家冯泽芳、昆虫学家邹钟琳、邹树文、兽医学家罗清生等人,为祖国农业科学艰苦奋斗的光辉业绩,都给全校年轻的教师和学生们树立了榜样。榜样的力量是无穷的!祖国农业科学发展的远景召唤着他们,老一辈科学家"衣带渐宽终不悔,为伊消得人憔悴"的精神鼓舞了他们,使南农的中青年教师们在科学研究的实践中,逐渐锻炼成长为新中国农业科学教育事业的栋梁。

五、创办中国第一个农业遗产研究室

金善宝十分重视农业史的研究。他深知,我国农业有几千年的悠久历史,历代劳动人民积累了丰富的农业生产知识,拥有世界上最丰富的农业典籍。在丰富的农业典籍中,蕴涵着我国农业精耕细作的优良传统,我们必须继承和发扬。

南京农学院成立后,他发现金陵大学农学院曾做出颇有成效的农史资料整理和研究工作,但自抗战后,因农史专家万国鼎的调离而中断了。为此,他感到十分惋惜。1954年,他经过努力,把已经中断了农史研究多年的万国鼎教授，从河南农学院调到南京农学院，从此，南京农学院承续了前金陵大学的中国农史资料的整理与研究工作，以后又调进了陈祖槼、胡锡文等同志，成立南京农学院农业历史研究组，为开展农业史研究奠定了基础。

1955年4月，农业部、中国农业科学院筹备小组在北京召开整理祖国农业遗产座谈会，金善宝亲自参加，在他和万国鼎教授等人的努力下，经农业部同意，1955年7月，在南京农学院农业历史研究组的基础上，成立中国农业遗产研究室，由当时的中国农业科学院筹备小组和南京农学院共同领导，万国鼎为农业历史研究组主任，著名昆虫专家邹树文先生任顾问（前中大农学院院长），建立了中国第一个农业历史研究机构。

中国农业遗产研究室成立之初，科研人员少，资料缺、设备差，困难很多，金善宝总是想方设法予以支持、解决。1958年他调到北京之后，仍然十分关心中国农业遗产研究室的工作，每次回南京，总要到中国农业遗产研究室来看看，和全室人员一起研究工作开展情况。在金善宝的关心、支持下，遗产研究室主任万国鼎和全室科研人员共同努力，克服了重重困难，在短短几年时间内，取得了很大成绩：

一是对农史资料的搜集和整理。根据金善宝"广泛搜集资料，占有大量资料，是搞好农史研究的基础"的意见，研究室在1956—1959年，组织了相当一部分人力，分赴全国40多个大、中城市和100多个文史单位，大专院校、科学院、图书馆、博物馆、和一部分知名的私人藏书家中，搜集了4 000多部笔记，杂考等古书，摘抄了1 540多万字的资料，整理成《中国农业史资料续编》157册，（连同前金陵大学遗留下来的456册，共计613册，4 200多万字），内容涉及农业、畜牧业、农田水利、垦荒、农产品运销、农村组织、人口土地、农村经济等各个领域。

在方志资料的搜集方面，他们从8 000多部地方志书中，搜集摘抄了3 600多万字的农史资料，经整理分为三大类，装订成680册。其中《方志综合资料》120册，《地方志分类资料》120册，以及《地方志物产》440册。

二是积极整理出版我国重要的古农书。在这方面，农史专家万国鼎

1986年10月，金老（左2）、尹福玉（左1）在南京农业大学

发挥了重要作用。在他带领下，中国农业遗产研究室整理出版的古农书有：《氾胜之书辑释》《齐民要术校释》《四民月令辑释》《农政全书校刊》《补农书校释》等10多部。其中《氾胜之书辑释》的出版，对我们了解2 000多年前的农业生产和农业科学技术水平，有较大的学术价值。

三是为了对我国农业科学技术发展的历史渊源、历史特点及其规律进行探索，1959年开展了《中国农学史》课题的研究，1960年完成了《中国农学史》（初稿），于1959年和1984年分上下两集先后出版。这是我国第一部综合性的农业技术史著作，出版后，受到国内外农史界的广泛好评。

此外，在广泛搜集农史资料的基础上，还编辑出版了《中国农学遗产选集》，从50年代末至60年代初，已出版的有《稻》《麦》《粮食作物》《棉》《麻》《豆类》《油料作物》《柑橘》等8个专辑的上编，为进一步开展农业史研究奠定了基础。

六、狠抓学校基础建设

金善宝认为，图书馆是学校办学的重要支柱。

早在 30 年代初期，他在美国康奈尔大学留学时，就很钦羡康奈尔大学图书馆有 80 万藏书之丰。他认为："有了这么多的图书可供参考，自然能引起学习、研究者的兴趣，"这是搞好教学和科研的重要条件。但是，建院初期只有南大、金大移交过来少得可怜的书刊，远远不能适应师生的需要。为此，他请棉花专家冯泽芳担任图书馆馆长，从学校有限的经费里，抽调专款购买急需的图书资料，使图书资料逐渐增加，到 1959 年发展到 13 万册，比 1952 年增加了 8 倍多，比 1949 年增加了 16.2 倍。其中自然科学（包括中、英、俄）图书从无到有，增加了 2 万多册，技术科学书籍增加了将近 3 倍。1956 年，又增设了专职副馆长，并设采编室、阅览室、流通室等科室。

金善宝还认为，改善教学环境，是搞好教学的基本条件。

丁家桥校园原为南大农学院所在地，总面积 24.57 公顷，原有建筑面积 35 600 平方米，绝大部分是破旧的木平房，铁皮屋顶，墙壁是木板条钉的。新中国成立后增加了 24 800 平方米，1952 年南农成立时，共有房屋 64 400 平米。为了适应教学需要，1954 年春，建成两层办公楼 430 平米和学生宿舍各一幢，翻修了青石村教职工宿舍 4 幢。1955 年 12 月，又建成米邱林馆作为主要教学楼，建筑面积 7 469 平米。

校舍建起来了！暂时解决了教学工作中的燃眉之急！

可是，金善宝的心，并没有因此而轻松！他想的是，将来学校的发展怎么办？校园的面积这样小，到那里去建一个现代化的农业大学所需要的各种设施呢？

南农丁家桥行政楼（原载《南京农业大学史志 1914—1988》）

更主要的是，他认为，作为一个现代化的高等农业院校，必须拥有各种相当大面积的农场、牧场等，以供师生实习、科研之用。可是，在院系调整时，原南大、金大农学院的农场，按照上级决定大部分划给了外单位，目前只剩 1 500 多亩场地，远远不能满足南京农学院发展的需要！

怎么办呢？这是金善宝长期埋在心里的一个心结！

七、为南农的发展开辟了广阔空间

这个心结，实际上就是，要为南农发展成为一个现代化的农业大学，开辟一个广阔的空间！

金善宝回顾了自己从农 30 多年以来成长的道路，回顾了南京高等师范农科发展为东南大学农学院，邹秉文先生成功的办学之路；以及世界名校美国康奈尔大学、明尼苏达大学农学院教学、科研和推广相结合的办学理念，说明农业院校的教学，绝不能仅仅停留在书本知识上，学生必须到实践中去充实提高。因此，他认为，在农业院校内部必须设有各种农作物、水产品的试验农场和牧场，这是农业院校培养学生的第二课堂，以供各专业学生随时就近试验、学习，巩固所学的知识。同时，农业院校的师生都应该经常到农村去，在农村这个大自然的课堂里，不断充实提高，把农业科学知识和科技成果及时带给农民，以最大限度地发挥生产效益。正是基于这一点，早在抗战之前，金善宝就主张把农业院校搬到城外去，因为只有在城外，才能为农业院校的发展，提供足够的空间。但那时由于种种条件限制，没有实现。

目前，院系调整后的南京农学院，院址设在中央门内的丁家桥，学院校舍除了几幢破旧的铁皮房屋之外，一无所有，附近农场面积很小。中大、金大两校农学院合并之后，无论从师资力量和招生人数方面，都比过去大大加强和扩充了，预计今后几年还会有很大发展。可是，学校周围机构林立，受地理环境限制，没有任何可能发展的余地。因而从建院开始，金善宝就极力主张将南农迁到城外去。几年来，金善宝和南农的几位教师一起勘察了南京郊区的许多地方，最后选中了南京中山门外、距孝陵卫较近的马群镇。在马群镇，原南京航空学院建有3万多平米的基本建设，自航空学院迁西安后，金善宝就要求江苏省委向国务院建议，将航空学院旧址让给南农。他认为，附近有2 000亩农场，陵园又有1 000亩土地可供应用，该处离华东农科所（现江苏省农科院）较近，交通也比较方便，作为南农的院址是最适当的了。

当时，对于南农院址的选择有两个方案：一个方案，就是金善宝极力主张迁往城外孝陵卫的方案；另一方案是，中山门内明故宫附近原航空专科学校校址，那里基本建设较好，距繁华的市区新街口较近，生活方便。它的缺点是，附近有机场，对上课有干扰，只有800亩土地可做农场，且分散两地，缺少水田和牧场，附近还有不少机构要发展，将来南农的农场还会被挤掉。而且，金善宝认为，从中央门内的丁家桥，迁至中山门内的明故宫，迁来迁去还是在城内，意义不大。

摄于1953年南农任职期间

但是，有的同志并不理解金善宝的这番苦心，甚至院党委有个别人利用她和南京市委文化部某个人的私人关系，企图压制南农迁往城外的方案。对此，金善宝不为所动。当他知道这个所谓"文化部不同意南农迁往城外"的说法，其实并不能代表文化部的意见时，就更加积极地向大家反复说明，方案的选择不能只顾眼前，要从发展的眼光，从有利于南京农学院的发展出发，并以当今世界各国农业院校大多设在城外郊区为例，耐心说服他们理解迁往城外的方案；另一方面，他利用1957年4月去北京参加高教会议的机会，就南京农学院的院址问题，以他个人的名义，给当时主管文教的聂荣臻副总理写了一封信，向聂副总理汇报了南农的历史、现状和发展，南农迁校的理由和迁校的两个方案，列举

为南农院址问题——给聂副总理的信

金善宝手迹

了两个方案的利和弊，力陈农业院校迁往城外的必要性，请求国务院早日做出抉择。

这封信是金善宝在北京开会时发出的，没想到等他从北京开完会回到南京，就收到聂副总理的批复，同意南京农学院迁往南京城外孝陵卫了。

1958年5月，高教部决定，南京农学院由丁家桥迁往中山门外卫岗、原华东航空学院旧址。6月，中共南京市委、市人委决定，将原华东航空学院旧址附近的紫金山合作社3、4分社划归南京农学院。8月，党中央做出了"关于改进农林大专学校教育的指示"指出："所有大中城市举办的农林大专院校一律迁往农村或林区举办，使教育与生产劳动相结合。"

1958年8～9月，南京农学院终于遵照中央的指示，从城内的丁家桥迁到中山门外的卫岗。

南农迁至卫岗之后，校园建设飞速发展。按建筑面积计算，1958—1960年（包括农机分院）新建教学大楼、教室楼、职工宿舍、学生宿舍、扩建厂房、实验室、奶牛场、仓库等合计建筑面积72 587平米，是迁校前1954—1955年两年建筑面积7 899平米的9倍；如按基建费用计算，迁校后的1958年为807 369万元，是迁校前1957年79 480万元的10倍以上。此外，实验室建设也得到了快速发展，1959年，实验室由新中国成立前8个，增加到77个，仪器设备总值，新中国成立初期按100计算，1959年达到3 980，1958年建立了同位素实验室，内有计数器、计量仪、辐射仪等，都达到了国内先

南农大卫岗新址(原载《南京农业大学》)

进水平……

时隔 30 多年之后,1994 年 10 月,南京农业大学(原南京农学院)80 周年校庆时,盖钧镒校长在庆祝校庆的晚宴上特别指出:"自新中国成立以来,在南京农业大学发展壮大的过程中,使我们深深体会到,当年老院长亲自为我们选定的卫岗校址是多么的正确和明智!"

1952—1958 年,金善宝院长在南农任期 6 年。在这 6 年中,他用自己的一片挚诚,赢得了南农全体师生员工的信任和爱戴;用他点点滴滴的汗水,灌溉了南农这块莘莘学子的园地,终于使南农昂然地挺立在全国农业院校的前列。

情系南农

第七章

———

寒冬腊月

一、坐了两年冷板凳

1957年3月，北京成立了中国农业科学院，水稻专家丁颖教授被任命为中国农业科学院院长，金善宝被任命为副院长。接到任命后，南京市党组织曾找金善宝谈话说，以后有事可以到北京去走走，不过，屁股还是要坐在南京。意思很明确，就是金善宝今后的工作还是以南京为主。可是反右之后，到了1958年，不知为什么又突然改变初衷，要他辞去南京的全部工作，去北京就职。这其中的奥妙，对金善宝来说，始终是个谜，无从知晓。

对于南京，金善宝的感情是很深的。从1917年起，他就到南京来读书，毕业后就留在南京工作了。在南京，他立下了终身务农的志愿，走上了为祖国农业服务的道路，度过了他生命中最宝贵的青春年华，南京就是他的第二故乡。现在一旦要离开南京，说不清的种种留恋涌上心头，令人怅然若失。但是另一方面，他也感到十分庆幸，因为在南京，除了南农的工作之外，南京市政府的工作，也要花费很多精力和时间，他认为，对于他这样一个毕生从事科学教育事业的人来说，从政，毕竟不是自己的专长，常有勉为其难之感。而中国农业科学院是全国农业科学的最高研究机构，在那里，他又可以全身心地发挥自己的专长，从事小麦科学研究了。为此，他们全家都十分高兴。1958年9月，金善宝带着这种矛盾的心情，告别了南京第二故乡，和众多的亲朋好友，举家来到了祖国的首都——北京。

到北京后，担任中国农业科学院副院长。专车取消了，改为要车时随叫随到，农科院分配给他一套不足90平米的住房。有些南京来的老朋友，看到这套住房与南京赤壁路5号的花园楼房相比，相差很远，以为他受到降级处分了。可是金善宝却不是这样想，他感到十分满意。因为南京的房子虽然很大，可是作为一个穷教授，并没有与之相适应的家具来摆设，除了二楼两间卧室放了一些简单的旧家具外，三楼堆了一些破

1965年1月,金善宝夫妇摄于中国农业科学院主楼前

烂,一楼两间大厅里放了市府的两张公用大沙发,除此之外,空荡荡的别无他物。至于家庭成员,自新中国成立后,金师母也被丈夫的热情所感染,走出了家庭,在南京市婴儿院当了一名副院长,她热爱孩子,日夜守护在孩子们身边,一周才能回家一次;4个子女中,老大因病长期住院,老二参军,老三、老四在南师附中住校,也是每周回家一次。因此,空荡荡的大房子内,在白天,实际上只有金善宝的司机一家3口,还有警卫员、保姆各一人。金善宝早出晚归,早起在家喝一碗牛奶,中午多半在南京农学院食堂搭伙,晚上回家经过山西路找一家面馆,吃一碗面了事。所以,对于一心扑在工作上的金善宝来说,房子虽大,并没有给他带来乐趣;"侍从"虽多,他却没有支使别人的习惯,反而感到很不方便。现在,房子虽然小一些,但完全够住了,免去了那么多繁文缛节,让他感到很轻松,很充实。更主要的是,他又回归到一个普通知识分子的位置上,可以和他的亲朋好友们亲密地来往了。

令金善宝不解的是,既为农科院的副院长,却没有分工负责任何工作,他只能例行公式地参加一些院务会议,在会上的发言和意见,不但不受任何重视,反而常常遭到排斥。对于权,金善宝并不感兴趣,但是,在有关祖国农业科学、农业生产的发展,有关卫护科学真理的问题上,他是不会沉默的,总要仗义执言,因而往往与院党委某些领导的意见相左,受到冷遇。他想,既然来院的目的主要是从事小麦科学研究,就甩开一切专门搞小麦科学研究吧!没有想到的是,就连这一个最基本的愿望,也因缺少科研助手而不能实现!因此,金善宝和丁颖院长同在一个办公室,面对面地坐着,无事可做,整天坐着冷板凳,约有两年多时间。

其实,金善宝并不知道,自反右以后,各单位的体制已经从原来的院(校)长负责制,改为党委领导下的院(校)长负责制,二者仅从字面上看,似乎相差无几,实际上后者加了6个字,就完全不一样了……试看1957年毕业的大学生,一律下放生产第一线劳动,定职时工资,比1956年以前降低了20%。从此,他们的一生,无论是职称、工资,都远远低于同年龄的中专毕业生。连新中国培养的大学生都不受欢迎,何况他这个从旧社会过来的旧知识分子呢?

这时,有好心的朋友提醒他,你是不是犯错误了?反右斗争中有没有说过不该说的话?做过不该做的事?朋友的劝告,让他回想起反右斗争中的一些往事:

南京农学院的反右斗争是怎样搞起来的,身为一院之长的金善宝并不清楚,他只记得几天之内,就贴出了几百张大字报,抓住一些师生的言论加以批判,还联系他们的出身、历史等问题,陆续将96人定为右派分子。刚开始,他还没有意识到被"划右"之后的严重性,有一次,他和几位同事因公外出,按照惯例,大家一齐坐市府给金善宝

1955年5月金善宝夫妇和教师卢前琨(左2)在李玉(左1)农业社

配的专车前往。在这几位同事中,有一位是他40年代的女学生卢前琨,已经被点名批判了。后来为了这件事,开会批判金善宝和右派分子同坐一辆汽车,立场不稳,和右派分子划不清界限,同情右派,重用右派等。对此,金善宝十分苦恼,回家后对他老伴说:"每个人都会犯错误的,我想不通,为什么一个人犯了错误要这样对待他们?竟然不能和我同坐一辆汽车?何况这人还是我的学生,是我多年来科研合作的伙伴,于情于理,我怎么开得了这个口,拒绝她上我的车呢?"但是,不管金善宝想得通也好,想不通也罢,反右运动仍然是如火如荼地开展下去,不仅南农如此,全国各大专院校、研究单位无不沸沸扬扬。消息传来,他的亲朋好友中,也有不少人被打成了右派……

他的三侄金孟达,自40年代浙江大学毕业后,就在南京中央大学电机系工作。新中国成立后,新婚不久的金孟达夫妇,怀着满腔热忱,离开了居住多年的江南名城,双双来到风沙迷漫的张家口,投身于祖国的军事建设。正当金善宝盼望金孟达为祖国军事建设作出贡献的时候,金孟达突然回到了

金善宝和三侄金孟达摄于中国农业科学院红楼207

南京,面对叔叔的盘问,他低着头只是说了一句:"犯错误了,下放到6902厂劳动。"金善宝明白了,只好长叹一声道:"好好劳动吧!争取早日改正错误!"可是,"好好劳动"这4个字,说起来容易,做起来却不简单,特别是对一个右派分子而言,其中包含了多少辛酸、苦难和屈辱,只有他们自己肚里知晓!后来又变本加厉、开除军籍和公职,作为四类分子被遣送回乡……

至于他的那位女学生卢前琨禁不住打击,终于一病不起,瘫痪在床……

当有的学生向他们的老师倾诉被划右派之后,不能再从事农业科学和教育事业的苦恼时,有泪从不轻弹的金善宝,会陪着这些学生,为他们的不幸、为祖国农业科学教育事业失去这样的栋梁而流下伤心的泪水……

难道就是因为这些事吗?他为他的亲友、学生遭到的不幸、为他们逝去的年华、为新中国建设失去一个有用之才而难过,而惋惜,有什么不对吗?不!不会的!金善宝决不相信!

为此,坐着冷板凳的金善宝,心里想的仍然是中国的小麦科学!农科院内的小麦试验搞不成,就把目光转移到全中国,他怀着满腔热忱,奔向农村广阔的田野!河南是中国小麦的主要产区,1958年他一连去了3次,对河南小麦生产、育种中的问题,

1959年10月,金善宝(左)在青海德令哈农场考察

1959年,金善宝(右)在青海香日德农场考察

提出了许多宝贵意见;7月,在小麦成熟期间,

金善宝（左一）在北京顺义县牛栏山公社总结玉米大面积丰产经验（原载1960年11月《科学大众》封面）

他走遍了淮北、苏北13个县，总结了农民稻麦两熟的耕作方法，和改良沙矼土的经验；1959年5月，在河南、江苏、山东和北京郊区，调查了14个人民公社、10个省、专区和县级的农业科学研究所，3个农业院校的小麦生长状况，在学习广大农民和农业科研工作者经验的同时，发现了平原50、蚰子麦、大粒半芒等优秀的农家小麦品种；6月份去安徽，总结了阜阳地区农业生产的经验，指出今后应该注意的问题；同年10月，又来到青海柴达木盆地考察，肯定了青海是中国农业的宝库和农业发展的远景……

值得欣慰的是，广大农民和基层的农业科学工作者，对金善宝并没有白眼相待，他们以极大的热情欢迎这位白发苍苍、来自北京的农业科学家和小麦专家。他们认为，这位专家年老体弱，能不远千里，不辞劳苦，来到偏僻的农村，和他们一起讨论农业生产和小麦育种中的问题，这一事实本身，就说明这位专家的心里装着广大农民！和农民是一家人！是和农民心连着心的！而对金善宝来说，农民群众和基层的农业科技工作者发自内心的真挚感情，重新温暖了他的心，点燃了他进一步回报劳动人民的热情，鞭策着他更加激情满怀地奔波在献身祖国农业科学的大道上。

二、刚直不阿反浮夸

1958年小麦成熟期间，金善宝外出考察小麦生长情况，他在津浦沿线看见小麦长势那么好,特别是蚌埠的 10 万亩小麦,生长茂密,直立不倒,十分高兴。"文革"中,他在"交代材料"中这样写道:

> 那年正当小麦成熟期间,我在京浦路两旁,看到生长得这么好的小麦,是从来没有见过的,在蚌埠约有 10 万亩小麦,生长茂密,直立不倒,亩产量何止四五百斤?到了七月间,各地报纸纷纷刊登了小麦小面积亩产达到二三千斤、四五千斤,有的甚至达到 7 320 斤的消息,我当时对这种报导是很兴奋的,虽然有时也有些怀疑,因为这样高的产量是从来没有过的,我又没有亲眼见到,但总觉得怀疑是不应该的。后来在郑州开小麦工作会议时,有人做了关于亩产小麦 7 320 斤的报告,报告中说:每亩小麦有穗 148 万个,每穗有 75 粒……从此,我就开始怀疑了,认为就目前国内的农业生产水平是不可能的,觉得这个报告不切实际,从而推测,报上关于小麦亩产 2 000～3 000 斤或 4 000～5 000 斤的消息也都是虚假浮夸的。

根据这一情况,金善宝在以后的农村调查中发现,农业生产并不像报上鼓吹得那样好,亩产量的计算存在着许多虚假现象,与实际相差甚远。如果政府按照上报的产量征粮,农民上缴公粮后,将无余粮过

1988 年 6 月 3 日,国家副主席王震(右)亲临农科院红楼 207 金老家

冬……为此，他感到十分担忧。回京后，他将农村的实际情况，向王震同志作了汇报。他认为，长此下去，必将导致农村经济破产，影响整个国民经济，盼望中央能够及早采取措施。时隔30年之后，1988年6月3日，已是国家副主席的王震，亲临农科院金善宝家中时，还提起此事。他对在场的同志说：我和金老是老朋友了，1958年大刮浮夸风的时候，报纸上到处都在吹嘘小麦亩产几千斤、上万斤，金老到农村调查回来后，将调查的实际情况告诉了我。我又将金老调查的情况向党中央作了汇报，党中央很重视……接着，王震同志又对金善宝说："金老，在这件事情上，你是立了功的。"并竖起大拇指说："金老，你是这个！"

实事求是仅浮夸

可是，1958年的浮夸风不仅仅在农村，也刮到了农业科研单位。有的农业科研单位领导，盲目追求粮食产量，不问作物秉性、地理条件，说什么"北方凡是有水的地方都应该种植水稻，其他作物要为水稻让路"。他们认为，北方盐碱重，种植水稻有压碱作用，可以改良盐碱地。并在天津专区设立了水稻研究所，把水稻专家丁颖留下，不让他到南方去搞水稻。对此，金善宝极力反对。他认为："北方水量有限，一亩水稻所需的水等于旱粮作物的5～6倍，水稻多了，势必限制旱粮作物的生长；水田是有压碱作用，但在水田周围500米地区，会受到泛碱的影响，所得不偿所失。如果这样盲目推广水稻，那么，黄淮地区的单产不但不能提高，反而会大大降低，这是在破坏黄淮地区的粮食生态。"后来，经

1963年9月,在内蒙哲里盟地区考察,左起:唐志发、金善宝、林山、杜振华

过一段时间的实践,这种盲目推广水稻的做法,终于被事实证明是错误的。

在这股浮夸风的影响下,有的人不顾八字宪法中强调的"合理密植"的合理二字,说什么"愈密愈好",甚至有的农业科学单位的领导,也跟着大肆鼓吹"小麦要密植,每亩播它200斤小麦种子"。对此,金善宝反驳说:"现在,全国4亿多亩小麦,平均每亩产量不过100多斤,每亩地你要播200斤种子,试问,你到那里去找这么多的种子啊?何况土地的肥力是有限的,怎么能愈密愈好呢?"

1959年,中国农业科学院在成都召开小麦工作会议,有人对金善宝说:密植问题应该在科学上有一个新的提法,现在决定采用"依靠主穗"这个口号,向全国农业科学机关发出号召。金善宝当即表示反对。回到院里,他对党委书记程照轩提了反对意见。他认为分蘖是小麦、水稻等作物的重要特性,对增产稳产有重要意义。过分抑制分蘖,不利于作物的发育。"依靠主穗",就是意味着愈密愈好,势必要过多地增加播种量,那样做,我国栽培的水稻、小麦作物都将成为光秆作物,粮食产量将会大幅度下降,甚至造成灾荒。

后来在编写《中国小麦栽培学》的会议上,"依靠主穗"的问题成为大家辩论的焦点，金善宝在会上强调科学问题上要百家争鸣，让大家不要有顾虑，充分发表自己的意见。会议刚开始，发言的人大多数是反对"依靠主穗"的论点的；但是第二天，受到外来的干扰，气氛就急转直下了，有人还指名批评金善宝，说他反对"依靠主穗"的观点是错误的。于是，在《中国小麦栽培学》快要定稿的时候，里面充斥了"依靠主穗"的材料，金善宝是该书的主编，却不准他改动一个字。幸而郑州小麦会议总结在《人民日报》上全文发表了，在这个总结里，北京、郑州等地的大量小麦材料证明，高产小麦都是具有 1～2 个分蘖穗的，完全反映了客观真实的情况。最后，金善宝把《人民日报》的材料，编进了《中国小麦栽培学》的定稿里。

但是，金善宝这种实事求是、捍卫科学真理的精神，却被认为是反对大跃进！1959 年春节前后，在农科院主楼三楼会议室的领导干部会议上，被指责为："现在有苗头，有人反对我们的大跃进！反对党的领导！"以后，又多次在会上对金善宝进行了不点名批评！为此，前农业部刘瑞龙副部长去华东前，亲自来看望金善宝，好心地告诫他说："我走了，你要好好接受党的领导！"

三、"乱云飞渡仍从容"

1964 年，中国农业科学院院长、水稻专家丁颖逝世，国务院任命金善宝为中国农业科学院院长。但是，不管是副院长、还是院长，金善宝在农科院的一切，仍然一如既往，仍然是专心致志、一心一意地搞他的小麦科学研究，难怪外单位不了解情况的人将他的简历写为："金善宝，任中国农业科学院研究员……"

1966 年 8 月，史无前例的"文化大革命"开始了，其来势之凶猛，超过以往任何一次运动。值得庆幸的是，金善宝这个院长，有职无权的实际身份，在乱云飞渡中成为一道护身符，很大的程度上保护了他免受批斗。在批斗走资本主义道路当权派、揭批资产阶级反动路线时，群众看得很清楚，农科院不管走什么道路，走资本主义也罢，社会主义也好，

"乱云飞渡仍从容"

反正金善宝够不上当权派！至于资产阶级反动路线，排什么"左、中、右"黑名单等，金善宝更是无从知晓，没准他自己还被列在"右"的黑名单之内呢？！只有"反动学术权威"这一条，还够得上一点边！于是，在一片极"左"的吆喝声中，有的同志迫于压力，不得不给他贴了几张大字报。大字报上说：金善宝是"反动学术权威"，却没有说出"反动"的具体内容；大字报上说：金善宝满脑袋资产阶级思想，也没有道明资产阶级思想的具体表现……空洞无物的大字报，不但没有击倒金善宝，反而给了他极大的安慰，使他体会到全院大多数职工、群众是了解自己、爱护自己的！为此，农科院群众组织的头头，责令金善宝靠边站，分配他到气象室"学习"，交代问题。

金师母见金善宝整天闷闷不乐，就提议将她在杭州已退休的弟弟姚步云接到北京来聚聚。没想到正当金师母姐弟相见，还没来得及畅述别情的时候，第二天一清早，碰！碰！碰！敲门声不断，一开门，就闯进来几个身穿绿军装，臂缠红袖章的红卫兵，他们用手指着姚步云厉声喝问：你是什么人？到这里来干什么？姚步云吓得战战兢兢，全身发抖，说不出话来。金善宝在旁边解释说，他是自己妻弟，在杭州退休了，请他来北京玩玩。红卫兵怒喝道："赶快滚出北京，明天我们再来，如果你

1972年6月，金善宝（中）在银川王太堡农业试验场考察春小麦

还没走，别怪我们不客气！"他们一边骂，一边环顾四周，指责金善宝家里没挂毛主席像，并在金善宝的书柜上贴了一张大字报，大字报上写道："此柜的黄色书籍，限24小时之内全部清理完毕，否则后果自负！"金师母从未见过这样凶狠的人，这样凶猛的架势，完全被吓呆了！直到女儿下班回到家里，看见家里被翻得乱七八糟，询问原委，她母亲才一五一十地告诉她。当她看见书柜上的大字报时，诧异地问道："爸爸的书柜里哪来什么黄色书籍呀？"金善宝苦笑着说："大概是他们看见柜子里的线装古书，纸发黄了，就以为是黄色书籍了。"女儿嗤之以鼻："无知，不用理他们！"她母亲害怕地说："不行啊，他们明天还要来检查的，怎么办呢？"为此，女儿只好一夜不眠，连夜突击，将家里的书分成4类，一部分历史书籍如《史记》等，送到金善宝办公室书柜保存；马列主义、毛泽东著作和一些专业书籍放在家里；一部分文艺书籍因有四旧之嫌，只好忍痛烧毁；还有一些古典名著和世界名著，送到农科院文革小组请求鉴别。过了几个月，"文化大革命"小组通知金善宝：你交来的书，我们已经检查过了，你可以拿回去了。他过去一看，见有价值的名著都没有了，只剩下几本被撕破的书，乱七八糟地扔在地上，也没

有兴趣再拿回去了。后来，又发现保存在办公室书柜内的 24 本明朝版本史记，竟有 9 本不翼而飞，至今下落不明，令他十分心痛。

至于金善宝的妻弟姚步云，到北京的第二天，就被撵回去了。听说火车上很拥挤，他扭了腰，一路忍痛回到杭州，又受当地造反派批斗，此后一直郁郁寡欢，不久脑溢血发作离开了人世。没想到金师母姐弟匆匆一晤，竟成永诀！

1967 年国庆节，金善宝收到国务院的请柬，邀请他到天安门城楼观礼。在城楼上，周恩来总理走过来同他握手，关切地询问："金老，你们农业科学院怎么样？"他坦率地回答："很乱！"周总理凝视着他，语气沉重地说："金老，全靠你了！"金善宝感到很不安，激动地说："不！不！全靠毛主席，全靠周总理！"总理的话，使金善宝多日不能平静，他想到在重庆乌云密布的日日夜夜，是周总理给他们这些在苦闷中探索光明的教授指明了方向；现在又是周总理无微不至的关怀，每当"五一""十一"，就给他送来观礼请柬，保护他免遭批斗。在农科院派性这样膨胀的地方，作为一名院长，一个从旧社会过来的"反动学术权威"，竟然一次也未遭批斗，这种优惠待遇，实在是太难得了！

对比一下其他的"反动学术权威，"就没有像金善宝这样幸运了！

金善宝亲眼所见第一个挨斗的学术权威，就是住在他楼下的小黑麦专家鲍文奎。

鲍文奎是金善宝 30 年代的学生，1939 年中央大学农艺系毕业，听从金老师的安排，到四川省农业改进所工作。从此，就开始了细胞遗传方面的研究。1947 年到美国加州理工学院生物系攻读博士，1950 年 9 月回国。1958 年，金老和鲍文奎先后调到中国农业科学院，并有幸成了邻居。

金老和鲍文奎的师生情谊很深。虽然，他们生活中的往来并不多，可是在金老的心里，一直关注着鲍文奎的研究。每天清晨，他看见鲍文奎夫妇头戴草帽，迎着朝阳，兴冲冲地奔向试验地；晚上，万家灯火时才筋疲力尽地回到家里；夜里，他们家的灯光一直亮到很晚很晚……功夫不负有心人，1966 年，鲍文奎终于育成了可用于生产的"小黑麦 2

1988年夏金善宝（左）和鲍文奎（右）在中国农业科学院小麦试验田间

号""小黑麦3号"等良种。正当鲍文奎筹划如何尽快鉴定、示范、推广小黑麦，加速选育四倍体水稻的时候，造反派在打倒了"走资本主义道路的当权派"之后，就开始对"反动学术权威"进行批斗。这时，金老不禁为鲍文奎暗暗担忧，因为鲍文奎在国外学的是孟德尔—摩尔根遗传理论，这一门科学在20世纪50年代被苏联等国视为异端，被扣上资产阶级反动生物学理论的大帽子，听说鲍文奎在四川工作时，也曾受过批判。果然不出所料，一天，忽然楼下人声鼎沸，口号声连天，金老往楼下一看，鲍文奎家被抄了！鲍文奎夫妇胸前挂着大牌，正在接受批斗……金老的心情十分沉重。没有想到的是，第二天一大早，他们夫妇俩又带着草帽下地了。以后天天如此，每天天没亮就去试验地，上午8点回来接受批斗，批斗大会之后，又双双去试验地，直到太阳下山之后、家家户户灯火通明时才回家。对此，人们都很诧异！是什么力量促使这对夫妇面对如此险恶的环境，还有这么大的干劲呢？只有从事小麦育种的金老心里明白，6月，正是试验地和温室小黑麦成熟的季节，一个个5寸长的金色大穗，在骄阳下摇摆，若无人收获，多年心血培育的成果将会毁于一旦，鲍文奎夫妇的心里怎能不着急呢？出于对小黑麦育种事业的热爱，使他们把个人安危完全置之度外，夜里反复商量保全方案，决定秘密抢收。每天赶在接受批斗之前，一大早下地，悄悄把1 200多个小黑麦新品系都收了回来，分类装袋，存入种子柜里。结果，迎接他们的是更加凶狠的批斗，鲍文奎夫妇最终被扫地出门……

看见自己的学生，这样优秀的小黑麦专家，遭到如此厄运，金老的心在流血！

看见自己的学生，在如此险恶的环境下，把个人安危完全置之度外，竟然能够一边接受批斗，一边坚持育种。这种热爱科学、坚决卫护科学的大无畏精神，又让金老十分感动，并为他的学生感到骄傲！

还有一个"反动学术权威"，是金善宝的同班同学、著名动物学家、中国科学院动物所所长寿振簧。

令金善宝不解的是，寿振簧已于文革前两年故去了，对一个已故之人怎样进行批斗呢？没想到这些"文革的斗士们"，竟然仿效战国时代伍子胥开棺鞭挞楚平王尸体之举，在动物所的大门口，大肆鞭挞寿振簧的骨灰盒，以解其恨！他家里仅存的几套有价值的古书都被洗劫一空！他那风烛残年、孤苦伶仃的老伴赵敏珍也被打成"地主婆"赶回了农村！对此，金善宝愤愤地说：几千年前的伍子胥为报父兄冤死之仇开棺鞭尸，以泄其恨。现在是文明社会，寿振簧一介书生，只知道看书、研究，从不过问政事，他得罪什么人了？这样切齿地仇恨他？

其实，在那乱云飞渡的年代，"文革的斗士们"岂止鞭挞死人，被他们鞭挞、折磨至死的活人还在少数吗？！金善宝另一个同班同学、著名生物学家、南京大学生物系教授王希成，就是因为长期关押在"牛棚"里，身患肠梗阻，竟然不许去医院作一个简单的灌肠治疗，而被大便活活憋死……据一位北京名牌中学的教师叙述：那些日子，红卫兵常常在校外抓了人到学校来打，好几个人被打死了！我校勤勤恳恳工作了一辈子的老校长也被打死了！校园里东一摊血、西一摊血，吓得我们整天心惊胆战的！还要批什么师道尊严？其实，我们只要最起码的人身安全！从那时以后，我再也不敢当老师了！"

可见，所谓的"文化大革命"，实际上是一场毁灭文化，焚书坑儒的大劫难！

1964年,摄于宁夏黄河仁存渡,金善宝(右3)、杜振华(右1)

另一个令金老敬佩的"反动学术权威",是他的挚友、著名心理学家、中国科学院心理研究所所长潘菽。

金老和潘老的友谊,是从抗战时期在重庆山城开始的,在那乌云压城城欲摧的日子里,共同的思想、共同的追求,使他们俩人成了无话不谈的挚友。几十年来,从重庆到南京,又从南京到北京,他们两家一直保持着亲密的联系。在批斗"反动学术权威"的声浪中,金老听说潘老和心理学界的几位老前辈被戴上了高帽子游街、批斗,在数九寒天,被迫出去扫炉灰,打扫街道积雪,不禁为挚友的健康深深担忧;又听说潘老在病中写成的长达50多万字的《心理学简札》,连同一大批心理学书籍、数据,都被扔进了火堆。这种粗暴践踏科学的野蛮行径,令金老十分气愤!可是他再也没有想到,在那极其险恶的形势下,潘老竟支撑着病弱之躯,在写检查、交代的掩护下,拿起笔重新开始了《心理学简札》的写作,再一次完成了这部长达50多万字的心理学巨著。潘老这种不畏强暴、不屈不挠追求科学真理、献身心理科学的精神,令金老十分崇敬,从而也给他增强了无穷的力量,去面对一切艰难险阻。

果然,树欲静,而风不止!一天,金善宝正在气象室"学习",头头带来两个陌生人,没有向他作任何介绍,也没有给他看介绍信,两位来客就十分蛮横地说:"金善宝,今天要你交代南京解放前夕应变委员会的问题,这个反动组织的主要成员、主要领导人,有那些破坏活动?"金善宝一听,茫茫然不知所以,只好先坦然坐下,平静地说:"什么应变委员会?我不知道,从来没听说过。"金善宝耐心地告诉他们,1949年4月南京解放的时候,自己正在无锡江南大学教书,6月份,江南大学的教学任务结束后,才回到南京,因此,对南京解放前夕的情况不清楚。但是这两个人依然凶狠狠地说,是蔡翘揭发你参加了应变委员会,这是个特务组织,你要老实交代!金善宝说:"不管是谁揭发的,不管这个应变委员会是什么性质,我没有参加,就不能随便乱说!"这两个人一听就火了,拍着桌子大声吼道:"金善宝,你放老实一点!你要老实交代!"金善宝也气得拍案而起,大声回击道:"我没有参加,就是没有参加,没有的事,我决不能随便乱说!"回到家里,他还气愤不已,对老伴说:"我没有的事,他们一定要强加于我,逼着我承认,真正岂有此理!"金师母听说老伴竟敢对造反派发脾气、拍桌子,十分惊讶,她劝老伴不要生气。女儿也在旁边劝说:"您放心,他们会去调查清楚的!"可是,"金善宝参加过'反动组织'"这条"新闻"刹时间传遍了农科全院,那帮一心想整垮金善宝的人高兴得连连叫好:"太好了,太好了,这一回可抓住金善宝的小辫子了"!从此,对金善宝的历史进行了内查外调,不仅去金善宝的老家浙江诸暨调查,到金善宝工作过的南京、无锡、重庆等地调查,还到大连、成都等地,他女儿、女婿工作的单位去调查……

对金善宝的历史调查,前后持续了两年之久,耗费了大量人力、物力,终于查清了金善宝的"小辫子"有两条:一条是,1945年8月,毛主席赴重庆谈判期间,中央大学金善宝等8位进步教授受到毛主席的亲切接见;另一条就是,应变委员会并不是什么反动组织,而是在地下党领导下反对中央大学迁往台湾的进步组织。金善宝虽然没有参加、也不知道什么是应变委员会,却和中大进步的师生一起,为保护中央大学留在南京、反对迁往台湾做了许多工作,这也就难怪蔡翘教授会"揭发、

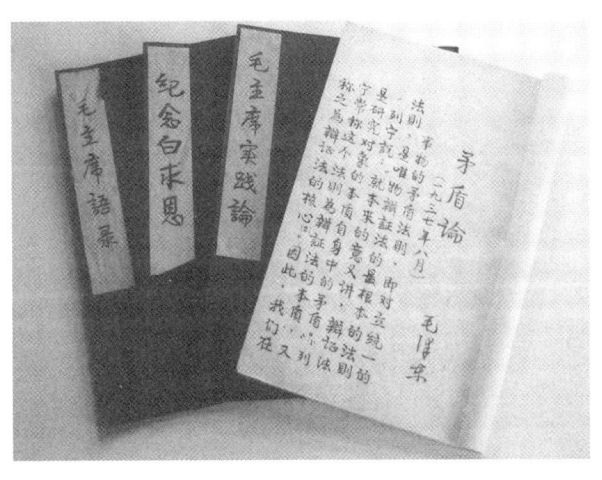

金善宝手抄的毛主席著作

检举"他了!

直到20世纪70年代中期,"文化大革命"结束后,金善宝才知道这个应变委员会的原委。历史证明,在中共地下党的领导下,它圆满地完成了任务,把一个历史悠久的高等学府,完好无损地交给了中华人民共和国,对人民作出了贡献。听到这个消息,金善宝感到十分欣慰。但是,他还是那句老话:"我没有参加,就是没有参加!"

四、义正词严批极左

1969年,全国又刮起了一股极"左"旋风,一时之间,有知识变成了有罪,交白卷成了"英雄","白卷英雄"到处作报告,批判17年的资产阶级教育路线,成了轰动一时的风流人物。

这股极"左"的旋风也刮到了中国农业科学院内,当大批判的矛头,指向全院广大的科技人员,批判知识分子是"精神贵族""臭鸡蛋""烂西红柿""要对知识分子进行全面专政"时,金善宝站出来说:知识分子是国家的财富,人民需要知识分子;当有人说什么;"农业科技人员下放农村蹲点,要蹲到共产主义","不下去,就武装押送下去,把眼泪哭干也得下去,"甚至还有人公开宣称,是到农科院来"拆庙"的。金善宝气愤地反驳说:农业科技人员到农村蹲点是为了理论和实践相结合,把科学知识带给农民。"蹲到共产主义"和"拆庙"的论调是妄图取消农业科学!有人还在大会上公开讽刺打击金善宝:"张铁生说的,你这个老院长可以回家抱孙子去了!"对此,他不屑一顾。1970年5月14日,中央

金善宝手迹（书于"文革"期间）

主管农业的一位"大人物"来到农科院作报告说："中国农业是依靠七亿五，还是依靠七千五（七亿五指全国农民，七千五指中国农科院当时的职工人数），这是举什么旗、抓什么纲、走什么道路的大是大非问题。"并指示农科院的一位领导说："研究所全部下放，归地方，你们不要管，知识分子统统下去接受贫下中农再教育，你就管管饭票就是了。"于是，农业部里有的领导也跟着嚷嚷："农科院不是要缩小，而是不要了！开天辟地几千年，没有科学也种田，谁不会种蔬菜、粮食，还要个研究所干什么？"听到这种谬论，金善宝实在忍无可忍了，他在会上气愤地反驳道：农业科学是为农业生产服务的，是依靠七亿五还是七千五的论调，是把农业科学和农业生产对立起来，从根本上否定农业科学技术对农业生产的巨大作用，妄图取消农业科学。

义正词严批极左

今天，你们可以利用手中的权力把农科院拆掉，可是历史终将证明，农业科学对农业生产的巨大推动作用！

他和几位同志一起联名上书中央，要求保留中国农科院的科技力量，虽经四处奔走，却终于抵不住这股极"左"思潮的邪恶气焰，原农科院、林科院及水产研究院共有科研单位 42 个，职工 8 812 人，1970 年 8 月 23 日，在这位大人物的批示下，农林两院合并（包括水产），除新机构选留 620 人外，其余全部下放或撤销。于是，农科院的 25 个研究所（室）下放的下放，解散的解散，整个农科院只剩下了一块空牌子。面对这一切对农业科学的践踏和破坏，金善宝十分痛心，想起周总理在天安门城楼上对自己说的话："金老，农科院全靠你了！"感到无力回天，愧对周总理的期望。但是，金善宝作为一位农业科学家，这种坚决反对极"左"，维护农业科学的鲜明态度，使农科院广大科技人员心中有了一杆秤，在逆境中看到了祖国农业科学发展的希望！

五、横眉冷对"四人帮"

1969 年 12 月，林彪发布 1 号"战备"命令，北京紧急疏散人口，金善宝身边的三女儿被调到大连工作。

女儿离开北京后，金善宝夫妇两个年近八旬的老人，只能互相照顾，相依为命。老伴有病了，金善宝陪她去医院；金善宝病了，老伴陪他去看病；年幼的小外孙病了，老两口还要带着他去儿童医院就诊。时间长了，这对相互照顾的老夫妇，在附近的海淀医院出了名，海淀医院的医生、护士都以为他们是一对无儿无女的孤寡老人。

就在金善宝夫妇孤苦无依的时候，又传来了长期住院的大女儿逝世的消息，这真是雪上加霜，金善宝瞒着老伴去医院见了大女儿最后一面，白发人送黑发人，伤痛之情难以言表。原任农业部部长江一真同志，看见金善宝家中的困难情况，曾向时任农林科学院党的核心小组组长建议，调一个金老的子女回京，给予适当照顾。但是，这位核心组组长却冷冷地说："像他这样的知识分子，需要照顾的还有很多……"当时，因江一真同志已经不是农业部长,也就不便再说什么了!后来,金善宝的二女儿作美从成都出差来京,看见家中的困难情况,想起党对知识青年上山下乡有一个新政策,规定每一对父母身边可以留一个子女,就根据这个政策,给中央写了一份报告,反映家里的困难,要求把在大连工作的三妹重新调回北京。报告一式4份,分送有关单位。但是,这4封信寄出去之后,一直石沉大海,杳无音讯。一直到1975年春节前后,金善宝才突然接到中央组织部的电话说,看见来信了!他们认为,金善宝家的困难很典型,早就应该解决,同意将作怡夫妇尽快调回北京,并委托农业部具体经办此事。这一年10月,三女儿在被调离了整整6年之后,夫妇双双终于又回到了北京。回北京后,尽心尽意地照顾父母。母亲身体虚弱,经常感冒发烧,听说打"胎盘球蛋白"能增加抵抗力,她就一大早骑自行车去西单生物制品门市部排队购买;母亲两次生病住院,她衣不解带、日夜守候在母亲的病床边;那时,市场没有放开,物资供应十分匮乏,要想吃到活鸡、活鱼是十分困难的,为了给二老增加一点营养,她经常半夜两点起身,冒着凌厉的寒风,骑着自行车去西单菜市场排队买鸡,至少要排三四个小时队,才能买到一只活鸡。后来,为了多买一

1969年冬,金善宝夫妇偕女、孙摄于中国农业科学院

只鸡,她竟动员了刚刚 10 岁的儿子,母子俩清晨 4 点起身,坐头班车去西单排队,终于买到了两只活鸡。当香喷喷的菜肴端上了饭桌时,两个懂事的小外孙(一个 10 岁,一个 4 岁),从不争食,主动让爷爷、婆婆吃,爷爷婆婆也夹菜给两个小外孙。在金善宝家,这种尊老爱幼的气氛是自然而然形成的,并没有谁刻意去培养,当他听说友人家里娇惯孙儿,老人得不到应有的照顾时,才深切地感到自己家庭的幸福,儿孙们孝心的可贵可爱。

1976 年 1 月 8 日清晨,金善宝在云南省元谋县小麦冬繁基地,考察春小麦冬繁情况,突然从广播里听到周恩来总理逝世的噩耗,心情万分悲痛。他怀着沉痛的心情到邮局发了唁电,表示对周总理的悼念之情。回到北京,农科院的同志早已自发地组织起来,有的去买黑纱,有的在扎花圈,还有的忙着筹备追悼会……用中国民间传统的悼念方式,寄托对总理的哀思。

正当大家在悲痛中忙碌的时候,没想到从上面传来了一道道禁令:

1967 年 9 月,金善宝夫妇与子女们摄于北京

不准戴黑纱、不准扎花圈、不准开追悼会……这是为什么啊？人民敬爱的总理逝世了，却不准人民悼念，金善宝和全院职工一样，怎么也想不通这个道理，想来想去，只有一个解释，这就是文革小组中有人反对周总理，妄图剥夺人民群众对总理的一片敬爱之情。但是，几十年来，周总理全心全意为人民，鞠躬尽瘁，死而后已，得到了亿万人民对总理的无限热爱、崇敬。总理爱人民、人民爱总理的深厚感情，岂是几道禁令所能割断的呢？！金善宝和全院职工一起戴上黑纱，胸佩白花，像悼念自己的亲人一样，悼念人民的好总理，举国上下沉浸在一片悲痛之中。

这一年3月，金善宝去外地开会，4月初回到北京，正值清明节来临之际，听说天安门广场举行了声势浩大的悼念总理的活动，他也很想去表达一下对总理的怀念之情。4月4日清晨，他在家人陪同下来到了天安门广场，只见广场上人山人海，成千上万的花圈、挽联堆放在人民英雄纪念碑周围，纪念碑旁一排排松柏树上，缀满了人民群众精心制作

1974年7月，金善宝（右）在延安考察

的小白花。挽联上那一首首悼念总理、怒斥四人帮的诗词，读后令人肝肠寸断，那激烈悲壮的挽歌，回响在广场上空，震撼着神州大地。他在心里默默地说："周总理，您是不朽的，您永远活在中国人民的心中！"与人民群众的意愿相反，4月5日又接到命令，所有通往天安门广场的街道实行戒严，禁止通行，不准任何人、任何单位送花圈去天安门广场。但是，一个个凝结着人民群众无限哀思的花圈，仍然通过各种途径送到了纪念碑前。傍晚，惨案发生了，天安门前神圣的花圈被践踏，人民群众对周总理的真情，受到了残酷镇压，天安门前悼念总理的活动，被宣布为"天安门反革命事件。"

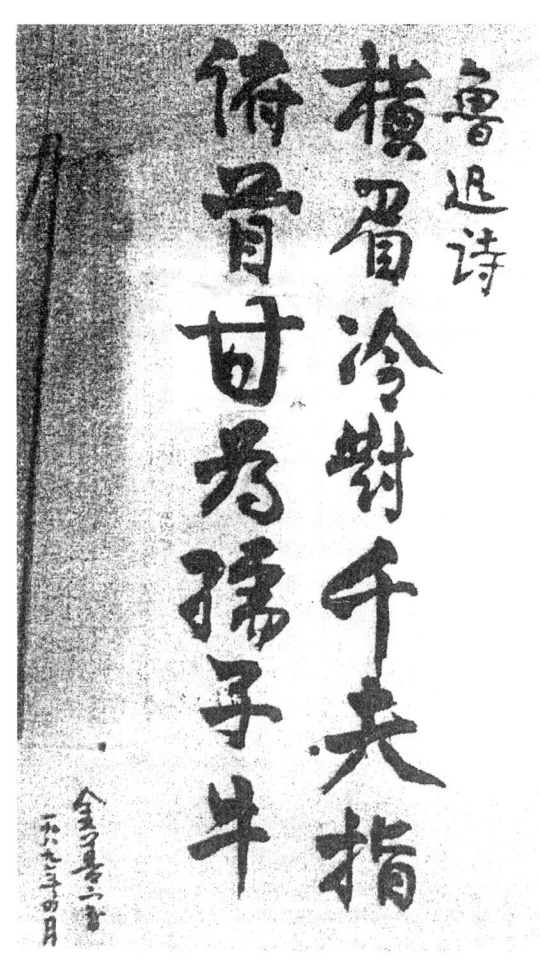

横眉冷对四人帮

"四五"事件之后,凡是去过天安门广场、送过花圈、抄写过诗词的人,都被责令检查,"四人帮"还派工作组坐镇中国农业科学院,气氛十分紧张。金善宝去过天安门的事,不知怎么也让工作组知道了,他们派人搜集他的言论,动员群众揭发他的问题。许多好心的同志暗暗为他捏一把汗,有的同志悄悄到他家里来,劝他说话小心点。但是"说话小心点"从来不是金善宝的性格,金善宝的性格天生有点犟,想不通的事怎么也憋不住,非要一吐为快。在一次学习会上,他气愤地抗议说:胡耀邦在科学院时间很短,做了大量工作,在《科学院汇报提纲》中第一次提出了"科学技术也是生产力"的观点,从思想上、生活上解决了科技人员长期以来没有解决的问题,得到了广大科技人员的衷心拥护,为什么要批判他?清明时节悼念亲人,是中国人民的传统习惯,我去天安门悼念周总理有什么错?作为一个中国公民、一个科学工作者,难道连这一点权利都没有吗?真是岂有此理!

金善宝这种坚持真理、横眉冷对"四人帮"的正义言行,得到了农科院革命群众的全力支持,结果,"四人帮"的工作组在中国农业科学院一无所获,只好灰溜溜地一走了之。

此时，金善宝不禁反复回味北宋诗人苏轼的诗句：

参横斗转欲三更，苦雨终风也解晴。
云散月明谁点缀？天容海色本澄清。
空余鲁叟乘桴意，粗识轩辕奏乐声。
九死南荒吾不恨，兹游奇绝冠平生。

凌霜傲雪

第八章

创新之路

一、在冬麦区选育春小麦

自金善宝从南京调到北京以来，一直在思考一个问题：冬麦在北方生长期太长，一年 365 天，它要在地里生长 270 天，这对冬季农田基本建设有很大妨碍，在某些地区对改革耕作制度也很不利，而春小麦的生长期只有 115 天左右，它在北京地区是不是可以发展呢？对此，在农科院内就有不同意见。有人认为，春小麦生长后期不耐高温，产量低，而且比冬小麦晚熟 10 天左右，影响下季作物播种，因而春麦在北京地区不是发展方向。金善宝分析了冬麦、春麦的特点，认为春小麦具有生长期短，适应性广，增产潜力大等优点，在北方可以早播早收，在南方可以利用冬季晚播早收，适于间作套种，轮作倒茬，增加复种。同时，还可以代替部分晚茬冬小麦，提高小麦单位面积产量。因此，发展春小麦生产，对促进全国夏粮增产和全年丰收，具有重要作用。至于在北京地区是否适于发展春小麦的问题，他认为，我们的着眼点应该放在全国，不能简单地只以北京地区而论，育种工作者不能因循守旧，墨守成规，应

1983 年 10 月，中国作物学会第三届理事会闭幕会上

当充分利用我国的自然条件，创造新的育种方法，若能培育出早熟、抗高温的小麦品种，北京地区是可以发展种植春小麦的。同时，以北京为育种基地，育成的春小麦品种还可以在我国北方春麦区以至南方冬麦区推广种植。

但是，要想在北京地区培育春麦又谈何容易？首先，它需要一批技术精干的研究力量！在那个年代，金善宝这种打破常规的育种思想，必须得到院党委的同意和支持，否则不可能得到任何人力和试验条件！而金善宝自从1958年来京之后，在长达5年的时间之内，身边没有一个科研助手，直到1963年，院里才给他配了一位行政秘书，北京农业大学毕业不久的杜振华来到他的办公室。金善宝见杜振华每天按时到办公室来上班，为他处理一些琐碎的行政事务，心里很是不安。他认为，一个刚从大学出来的年轻人，应该到科学试验的第一线去锻炼提高，在办公室里坐着，是对人材的浪费！他对杜振华说：我这里没有什么事，你还是到试验地去干吧！我的小麦科学试验很需要人！从此，杜振华就从金善宝的行政秘书，转变为金善宝小麦科学试验的唯一助手，为金善宝在农科院内的小麦科学试验，开启了的第一扇大门。此后，随着小麦试验研究的不断深入、扩大，依靠杜振华一个人孤军奋战，已经远远不能满足需要了！怎么办呢？无奈之下，金善宝又想到了自己的母校——南京农学院，那里的很多教师都是长期从事春麦育种研究的，如果能和他们一起协作，不是一举两得吗？这个想法得到了党组书记朱则民的支持。经过协商，决定中国农业科学院在南京农学院成立小麦品种室，受中国农业科学院的领导，由金善宝直接负责。

小麦品种研究室的成立，成为金善宝春小麦育种研究的一支重要力量。根据金善宝的育种思想，北京、南京两地的研究人员紧密协作，正式开始了春小麦育种的试验工作。育种工作以改造40年代选育的小麦品种—南大2419为主攻目标，在北京选用甘肃96、欧柔、印度798、原农1号等品种为亲本材料，进行杂交，希望选育出比印度798早熟、高产，比南大2419抗锈性好的春小麦新品种。

研究目标确定了。可是，怎样才能更多更快地育出适应北方地区的春麦良种呢？金善宝又在苦苦地思索着……

二、倡导小麦育种南繁北育、异地加代

小麦和其他农作物一样，育种周期较长，从杂交亲本的选配，到初步获得一个遗传性稳定的新品种，一般需要 7～8 年，甚至 10 年之久的时间。"小麦育种周期太长了，一个人的生命有几个 10 年？"金善宝常常这样感叹！

自古以来，小麦一年只能播种一次，收获一次。能不能改变这千年不变的规律呢？春小麦在北京地区 3 月初播种，6 月下旬收获，在时间上，一年只利用了 1/3 左右，其余 2/3 的时间都用不上。如果能把剩下的时间也利用来加速春小麦繁殖，一年变成了两年或三年，在育种上的价值就十分可观了。

金善宝想到，1955 年去匈牙利访问时，匈牙利向国外大量出口玉米良种，为了加速繁殖，曾向我国提出，希望能到我国云南地区进行冬季玉米繁殖。他想：玉米可以冬繁，小麦能不能夏繁呢？我国幅员辽阔，地跨热带、温带和寒带，别的国家尚且想来利用我国这一优越的自然气

1988 年夏，摄于中国农业科学院红楼 207

候条件，我们自己为什么不能利用这一点进行春小麦繁殖、异地加代，加快春小麦育种进程呢？

为了实现这一想法，他首先在北京地区进行春小麦的夏繁试验，他和杜振华在试验地搭起了凉棚，采用喷水降温等措施，连续两年试验都没有成功。后来，他又想到高山上海拔高，气候较冷，能不能进行小麦夏季繁殖呢？1965年，他和小麦品种研究室吴兆苏、沈丽娟教授一齐前往黄山实地考察，寻找适合春小麦夏季繁殖的场所。考察结果认为，黄山上土地较少，试验条件差，不适宜春小麦的夏繁试验。

正在这个时候，谭震林（时任国务院副总理）和江一真（时任农业部代部长）找金善宝去开会，在会上，金善宝汇报了多年来设想搞一年繁殖2～3代小麦的计划。当他谈到黄山上条件不理想时，谭震林说你可以到井冈山上去试试。在谭副总理的关怀和支持下，1966年5月，他派人去井冈山考察，7月，在桐木岭的垦殖分场布置了小麦杂交后代试验。同时，又在庐山牯岭的东方红公社做了同样试验，以资比较。当时，由于"文化大革命"的影响，没能派人在山上驻点，只是委托当地农民代管试验，虽然这一年获得了种子，但没有得到详细的第一手资料。

1968年，金善宝在庐山考察

1968年金善宝（右3）杜振华（右2）和庐山植物园同志一起寻找小麦夏繁基地

1966年8月，金善宝亲自去庐山考察，发现庐山的试验条件很好，庐山植物园也有很好的技术力量，就请庐山植物园协助进行小麦的夏繁试验。他向植物园的同志讲解了小麦夏播繁殖在育种上的意义，并向九江市政府有关领导做了汇报，得到了九江市政府的大力支持。九江市政府为此拨专款2万元，进行道路修建，使道路从山脚下直通植物园。另外，还组织劳动力上山，搬石填土，扩大了小麦夏播试验的土地面积。1967年，他派小麦品种研究室薄元嘉去井冈山驻点，坚持在井冈山、庐山两地同时试验，对小麦生长的全过程进行观察记载、精心管理。7月播种，10月间大部分品种成熟。有的杂交后代千粒重达到50克，碧玉麦68天就成熟，而且品质很好。南大2419长势很好，小区测产结果，亩产200多斤。12月作了总结，认为井冈山、庐山夏播小麦初步获得成功。

三、一年繁殖三代小麦

1966年8月，金善宝和杜振华正在庐山植物园考察，忽然接到农科院造反派的电报,命令他们立即回京参加文化大革命。他们只好匆匆结束了这次考察,离开了庐山植物园。

当时,从庐山返回北京,要换好几次车。先从庐山坐汽车到南昌,从南昌乘火车至株洲,株洲往北至长沙,再从长沙转车回北京。当他们来到南昌火车站时,开往株洲方向的列车上,革命大串联的学生早已把车厢挤得满满的,车站的秩序很乱。杜振华心里十分着急,上车吧,他担心这杂乱的人群把年逾古稀的金善宝挤倒了;不上车吧,院里造反派催得紧,刻不容缓,晚回去一天,就有可能被批斗,有被打成反革命、反动学术权威的危险。金善宝看出杜振华的焦急心情,果断地说:上车吧,不要犹豫了!

从南昌去株洲,火车要走6个多小时,车厢里挤得水泄不通,天气又闷又热,在这6个小时之内,他们既没有吃饭、喝水,也不能上厕所,甚至连蹲下来休息一会儿的机会都没有。在拥挤的人群中,金善宝在杜振华的搀扶下,从南昌一直站到株洲。

他们从株洲往北行到达长沙车站时,已经是深夜了,开往北京的火车早已发出,只好到车站附近去找旅馆。可是,他们敲遍了车站附近大、小旅馆的门,得到的回答都是"客满了"。他俩只好又回到车站候车室,

1988年夏,金老和杜振华摄于小麦试验田

在一条长椅上度过了难忘的一夜。

回到北京，农科院里早已失去了往日的平静，广场四周搭起了席棚，贴满了五颜六色的大字报，高音喇叭没日没夜地高声喊叫着。昨天的革命领导干部、专家、学者，如今一下子被打成了牛鬼蛇神，关进了"牛棚"，动不动就揪出来游街示众，大会批斗。面对这一切，金善宝感到十分迷茫、困惑，自从1938年和共产党接触以来，直至新中国成立的30多年中，他从未见过这种场面，这是为什么啊？

在派性膨胀的日子里，造反派让有"反动学术权威"之嫌的金善宝靠边站了。他想：人靠边了，思想可不能靠边，小麦生长是有季节性的，一年只能生长一次，错过了季节，就浪费了一年宝贵的时光，时不可失，不能再"泡"在这无谓的争斗之中了。他找到当时院里的头头，要求派人到云南省元谋县去做小麦冬繁试验。头头强调革命第一，不同意派人。于是，他只好写信给云南元谋农科所，请求他们协助完成这一年的小麦冬繁任务。

后来，他又想把北京地区的小麦试验搞起来。在当时的条件下，要搞科学试验，一方面要冒"业务挂帅""白专道路"的危险；另一方面还

1985年6月的一天清晨，去冬麦高肥田间（左起：李登春、金老、石杜民）

要顶住来自各方面的阻力和压力。小麦试验需要大面积的试验地，而农科院的试验地，近年来被头头们一块块地送给了别人，他只好尽量缩小小麦试验的面积；试验地需要平整、排灌，却没有劳动力和灌溉设备；试验需要肥料、仪器和经费，全都无人理睬。一件件、一桩桩，都要年逾古稀的金善宝亲自去跑、亲自去过问，今天找这个头头，明天找那个头头，一次不行，再跑两次、三次。人们惊讶了，现在是什么时候？你还搞试验？！他回答："是的，要搞试验，中国几亿人口需要粮食，不搞试验，吃什么？"有人诬蔑他，这是搞个人名利，他说："党和国家已经给了我这么高的地位和荣誉，我还要什么名利？"甚至有人造谣说，他已经故去了。他在会上反驳说："阎王还没给我传票呢？就是有传票，我也不去！只要一息尚存，也要搞小麦育种。"小麦试验期间，从种到收，他几乎每天都风雨无阻地来到田间，在播种了 2 000 多个品系、品种的苗圃里去观察，去挑选……

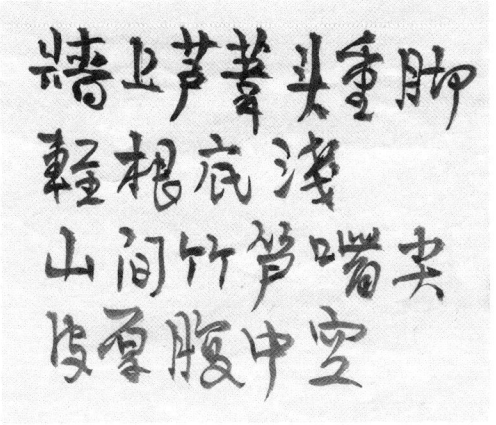

金善宝手迹（书于"文化大革命"期间）

正当他的小麦科学试验刚刚有点眉目的时候，突然一道命令下来，把他唯一的助手杜振华调走了！得知这个消息，他气愤极了，立刻找到生产组的头头抗议说："你们把杜振华调走，目的就是不让我搞小麦科学试验！我搞小麦育种有什么错？毛主席号召我们要抓革命、促生产，你们这样做，违反了毛主席的指示，真是岂有此理！！"回到家里，他告诉老伴："他们欺侮我年纪大了，故意把我的助手调走，小麦试验就搞不成了，别的事，我都可以忍，不让我搞小麦试验，我决不能忍，我一定要和他们斗到底！"经过几次交涉，已经被调到原子能研究所的杜振华，终于又回来了！金善宝的这次抗争，总算宣告胜利。他的小麦科学试验，就在这重重阻力下坚持下来。

在那动乱的年代，金善宝每年都要争取时间，到庐山、海南岛等地考察夏繁小麦生长的情况，每次外出，都要征得院内主管头头的批准。有一次，头头问他："为什么你在家待不住，总想往外跑？"他回答说："遵照毛主席指示，抓革命促生产！"头头说："在院里搞不行吗？"他说："不行！你们是搞人的革命，在院里搞就行了！我是搞小麦育种的革命，搞小麦育种，就必须出去了解不同自然地理条件下小麦的生长情况，所以我总要往外跑！"头头对他无可奈何，只好勉强同意了。但是他每次考察回来，向主管的头头汇报小麦科学试验的成果时，他们的态度总是冷冷的。为此，他也曾苦恼过："难道我搞小麦科学试验的方向不对？我是不是应该留在家里搞大批判，不该出去搞小麦科学试验？"可是，每当他翻开宋代诗人苏轼的著名词句：

> 莫听穿林打叶声，何妨吟啸且徐行。
> 竹杖芒鞋轻胜马，谁怕，一蓑烟雨任平生。
> 料峭春风吹酒醒，微冷，山头斜照却相迎。
> 回首向来萧瑟处，归去，也无风雨也无晴。

1988年夏，金善宝在中国农业科学院小麦试验田

作者面对人生的风风雨雨，我行我素、不畏坎坷的超然情怀和那无喜无悲、胜败两忘的处世态度，促使金善宝对人生的沉浮、小麦科学试验中遭遇的重重阻力，有了一种全新的体悟！特别是当他想起各地政府、人民群众热情支持他一年繁殖3代的小麦科学试验，敲锣打鼓欢迎他们的时候，他的一切犹豫和苦恼就都烟消云散了！

象棋是金善宝（右1）的业余爱好

四、育成京红1～9号小麦良种

随着井冈山、庐山的夏繁小麦获得成功，打破了我国小麦育种工作一年只能繁殖一代的局面，为我国小麦育种的快速发展，打下一个良好的基础。庐山植物园此项试验成果，获得了江西省科技成果奖。

此后，高山小麦夏播繁殖经验，很快在全国各育种单位普遍推广和应用，据不完全统计，仅到庐山进行小麦夏季繁殖的单位，高峰时多达17个。各省、市、自治区还利用当地的有利条件，广泛进行各种作物的夏播繁殖试验，取得了较好的结果。

在高山夏播繁殖小麦成功的基础上，金善宝进一步提出在云南元谋、

1973年1月，金善宝（左3）和春麦组郭丽（右2）、辛志勇（右1）在海南考察小麦夏繁情况

广东湛江和海南岛等地，进行春小麦冬季繁殖的设想。6月，在北京收获小麦后，7月初，到江西井冈山桐木岭和庐山牯岭夏播，10月中旬收获了夏繁小麦的种子，当月下旬赶到广东湛江秋播，次年2月收获。至此，金善宝和他的助手们经过3年多的努力，终于实现了多年来的美好愿望，利用我国自然地理条件，一年繁殖3代小麦。这项研究，把春小麦新品种的选育时间，从10年左右缩短为3～4年，成为我国小麦育种工作中一个新的里程碑。现在，"南繁北育、异地加代"一词，已经成为农业科技的术语，"南繁北育"经验，也在玉米、高粱、水稻、谷子等作物上得到广泛应用，取得了显著成绩。

1968年，他们育成了京红1～5号小麦良种，其中京红5号在我国西北、华北和华南等麦区曾经大面积推广应用，京红1号则表现早熟、矮秆，被许多育种家用作矮秆早熟种质资源。

此后，他们又以改造墨西哥小麦为主要育种目标，选用墨巴66、St1472/506和奈里诺59等为杂交亲本，希望选育出丰产性好，适应性和抗逆性都超过墨西哥小麦的春小麦新品种。

1972年1月15日,金善宝向农科院核心领导小组(此时已成立院革委会核心领导小组)递交的"春小麦育种计划"的报告中,对这段工作这样写道:

……几年来的实践证明,春性小麦,在北京春播,高山夏播(井冈山或庐山),南方秋播(海南岛或湛江),一年繁殖三代,基本上获得了成功。

一年繁殖三代的主要关键在于高山夏播。井冈山四五月是雨季,六月中旬以后雨季结束。七八月气候比较凉爽,七月中旬夏播小麦,十月二十日大部分品种可以收获。几年来,沪宁、武汉等地的农业科学单位也都到井冈山和庐山来进行夏播试验。

1973年1月在海南考察

我国高山比较多,各地区可以就近以适当的山地进行小麦夏播试验,例如,密云水库位于北京以北,海拔约500米,七八月份的气温当比北京更低些,可能适于小麦夏播,又如北京以西的门头沟区、斋堂公社的塔河,海拔700~800米。有人说,那里也可以夏播小麦。应该进行调查。

小麦一年繁殖三代有几点好处:

1. 大大缩短了育种年限,原来需要九年育成的新品种,一年繁殖三代,三年就能完成了。

2. 一个杂交后代,在3个地区试种,既是繁殖后代的过程,又起到区域试验的作用。例如,69-741这个新品种,在北京地区抗倒、抗三锈,但某些年份,白粉病严重,而在海南岛却生长很好。

3. 从3个不同地区培育出来的新品种,它的适应性往往比较大。例如,在北京、海南岛生长好的新品种,一般在宁夏、晋北、内蒙等地都能适应。

4. 春小麦生育期不过一百天左右,一年繁殖三代,育种工作者可以

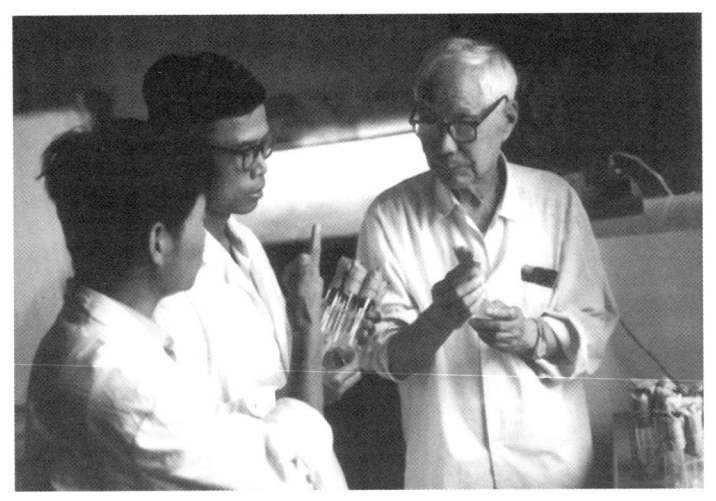

1973年夏，金老和春麦组的同志在研究室

常年保持紧张的工作，便于在实践中获得更多的知识。

因此，春小麦一年繁殖三代，既是一种育种方法，又是加速育成新品种的途径。

几年来，我们推广了京红号5个品种，在生产上的反应还好。其中，京红4号抗三锈，在银川的瘠薄地区，与15个优良品种比较，列为第一，亩产约700斤。京红5号抗条秆锈，从海南到晋北，表现都好，在晋北的大同市，亩产近700斤。京红1号，矮秆、抗倒伏、抗条秆锈，是个早熟品种，利于间作套种。

现在有些杂交后代，穗大、产量高，出穗期比京红1号早几天，但成熟期并不比京红1号早。1969—1970年育成的新品系，在北京、海南各地试种也比较好，如69-741、70-5655、70-5321、69-915、69-917等品种，海南军区和农科所都在大力推广。"

报告中，他也坦言试验过程中遇到过的失败：

"去年冬季，我们找到一些新的小麦亲本，想在温室做些杂交工作，我几次冒着夜半的严寒去温室看它，有时不小心摔倒在沟里……由于对温室栽培小麦缺乏经验，没有得到什么结果。但是，我们并不灰心，失败者成功之母，如有可能，今年冬季我们还想再试试。"

他明确提出下一阶段春小麦育种的目标：

1976年1月，金善宝（中）在云南元谋考察春小麦冬季繁殖情况

"根据我国农业生产的需要，在三五年内育出更多更好的春小麦新品种。分3方面进行。

1. 早熟性。增加复种指数是粮食增产的重要条件，近年来南方两熟地区逐渐向三熟制发展，北方一熟制逐渐变为两年三熟、或一年两熟。因此，在生产上对早熟品种要求越来越迫切。

2. 高产性。近年来，我国灌溉面积逐年扩大，化肥生产也在迅速增加，在生产上要求供应耐肥、抗倒的高产品种，在冬麦区能否育成高产的春小麦新品种，有待实践来证明。我国还没有大面积亩产千斤以上的春小麦品种，这应该是我们努力的方向。

3. 抗病性。选育高抗三种锈病、白粉病的新品种，在保证小麦高产的同时，改善春小麦品质，提高蛋白质、赖氨酸含量，育成更多更好的优质小麦。"

为此，他请求农科院核心领导小组给予支持。

1. 增加试验地

今年春小麦的杂交后代从一代到七、八代，约有100多个组合。第一、二代种子较少，以后各代种子较多，所占面积比较大。有几十个亲本加入作对照。以行数计,约有四、五千行,总共约需试验地5亩。另有几个新品种和一些老品种需要繁殖,每一个品种约需试验地半亩或一亩左右,共需试验地10亩。

2. 增加试验研究力量

春小麦育种工作原由杜振华和陈孝两同志负责进行,并随时由作物所派人协助工作。作物所下放后,只有杜振华一人在孤军作战。我们希望增加两名研究人员,并希望农场老工人罗松贵一道参加,组成一个工、青、老三结合的春小麦小组,在院生产组和试验农场的领导下,积极地进行春小麦育种工作。"

最后,这位年过古稀的老专家,含着热泪,在报告结尾满怀激情地写道:

"中国人民有志气、有能力,一定要在不远的将来,赶上和超过世界先进水平",毛主席这一指示,大大地鼓舞了我,使我勇气百倍,甚至不知老之将至,下决心要在三五年内培育出一批赶超世界先进水平的新品种,为社会主义祖国争光。三五年的时间不算很长,我或者还可以看到

1986年夏,春麦室全体成员摄于中国农业科学院。前排左起:刘树旺、张文祥、辛志勇、杜振华、尹福玉,后排左起:杨华、徐惠君、黄惠宇、金善宝、郭丽、陈孝

它，我总希望能够看到它。这就是我的一点愿望！

这样一篇词恳意切的报告，一位老科学家对祖国、对小麦育种事业发自肺腑的真情，最主要的是，他和他的助手不畏艰难取得的丰硕成果，终于感动了当时文革期间院领导核心小组。1972年春，先后调回了陈孝、张文祥，正式成立了春麦组。以后又陆续增加了辛志勇、尹福玉、郭丽、黄惠宇、徐惠君、刘书旺、杨华等人。研究力量壮大了，研究工作也取得了较快进展。几年来，在金善宝的带领下，春麦组的研究人员克服了种种困难，坚持不懈地活跃在小麦南繁北育的战线上，通过异地加代，先后育成了京红6号、7号、8号、9号，京春6082等春小麦新品种。这批品种的共同特点是，产量高、品质好、高抗小麦条锈、叶锈病和秆锈病，抗干热风，不早衰，深受春麦区广大农民的欢迎，特别是京红7号、8号、9号3个品种在河南、河北、张家口等地29个点评比结果，产量大都超过了墨西哥小麦。

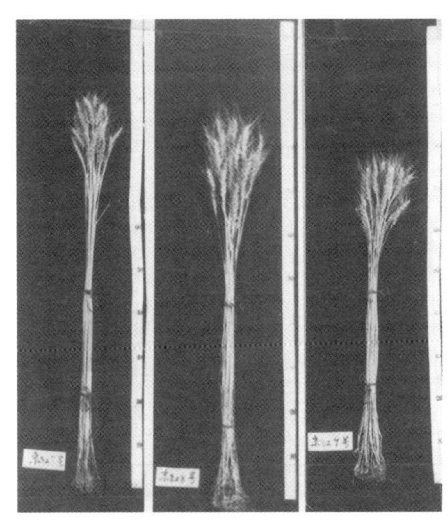

金善宝和他的助手们育成的京红7号、8号、9号小麦

没有想到的是，正当这3个小麦良种准备进一步选育、试验的时候，这个经历了重重困难和阻力取得的科研成果，又差一点被扼杀在摇篮之中！

……有的人不知为什么总是不愿看到新生事物的成长，他们利用自己手中的权利，抓住了在品种试验过程中尚待完善的某些问题，就武断地给这3个品种扣上了莫须有的罪名，责令3个品种立即停止试验，甚至给金善宝下了一道"书面建议"，把这3个品种的3万斤种子，全部磨成面粉吃掉！面对强权，金善宝只好忍气吞声地对他们说："现在还不能断定谁是谁非，要到明年把这些种子播下去，等到小麦出穗成熟时才能断定。"结果怎么样呢？经评比试验证明，这3个品种的共同特点

金善宝在研究

是，产量高、品质好、高抗小麦条锈、叶锈和秆锈病，抗干热风，不早衰，1975年全国11个省（市、区）30多个科研、生产单位，在56个品种对比试验点中，有46个试验点，京红7号、8号、9号单产名列第一。其早熟性、丰产性、适应性都超过了当时风靡世界，号称绿色革命的墨西哥小麦品种。该项成果获得了1978年全国科学大会奖。

春小麦一年繁殖3代的成功，使金善宝感受很深，事隔10多年之后，他在1987年8月参加冀西北夏播小麦座谈会上，回忆了这段曲折的经历，深有感触地说：

一个新生事物的发生、发展，总要经过一段迂回曲折的过程，如果它是错误的，就会在中途夭折；如果它是正确的，坚持下去，总会取得成功。夏播小麦就是一个很好的例子。

金善宝手迹（书于1987年8月）

五、育成"中字麦"系列优质小麦新品种

黄淮平原是我国冬小麦的主要产区,历年来小麦播种面积占全国小麦播种面积的 40% 左右。自 20 世纪 60 年代末期以来,由于作物复种指数不断提高,生育期长的棉花、水稻等前茬作物面积不断增加,加上这个地区旱、涝灾害频繁,影响了小麦及时播种,以致晚播小麦比例逐年增大。据河南省周口地区统计,1983 年全区晚播小麦面积达 380 多万亩,占全区小麦播种面积的 47%;南阳地区晚播小麦面积 500 万亩,占全区小麦播种面积的 60%;一般地区也都在 20%～30%。由于小麦播种期推迟,相应地带来耕作粗放、施肥不足、小麦生长发育不良,产量下降。晚播小麦一般减产 20%～30%,有的达 50% 以上,严重影响了这个地区农业生产的全面发展。为此,迅速解决晚播小麦的低产问题,是黄淮地区农业生产上的当务之急。

针对黄淮地区小麦生产上存在的这一问题,从 1973 年起,金善宝的春小麦育种,除了继续面向北部春麦区外,同时积极为黄淮地区服务。他们的育种目标,要求新品种小麦高抗 3 种锈病、白粉病,提高产量,提高蛋白质、赖氨酸含量之外,还特别强调品

1977 年小麦试验田间,左起:辛志勇、郭丽、金善宝、杜振华(原载《农业科技通讯》封面 1978 年第 1 期)

种对光照反应不敏感,耐迟播等特性。

经过几年努力,他们又选育出一批耐迟播、抗病性强、稳产、高产、适应性广的小麦新品系中 7606、中 7902、中 791 等。这批新品系在黄淮地区经过 4 年试种,增产效果显著,一般比当地推广品种增产 20% 左右,高产地块亩产可达 800 多斤。由于这批品种耐迟播,在一般情况下,可比其他品种晚播 15～45 天,大大缓和了这个地区秋收播种时机具、畜力和劳力紧张的矛盾,受到了广大农民的欢迎。中 7606、中 7902 等品种,群众统称为"中字麦",无论是深山、浅山、丘陵、平原,还是水田、旱地都适宜种植,增产效果都比较明显。由于"中字麦"对光照反应不敏感,所以春、夏、秋、冬四季都能播种,并能正常抽穗、开花、灌浆和成熟,适合黄淮麦区作晚播麦栽培。在河南、安徽等省推广,为解决这一地区因小麦晚播造成低产的问题闯出了一条新路。

金善宝在他的育种实践中,对小麦的品质问题一向特别关注。据测试,他们育成的"中字麦",蛋白质含量比当地一般品种高 20% 左右,赖氨酸含量高 16% 以上。如京红 10 号、冬丰 1 号、中 7606 和中 791 等都是营养价值高、加工品质好的春、冬麦新品种,其中中 7606、中 791

访问农家——1984 年在河南征求中字麦的意见

1987年3月金老（中）和尹福玉（左）在中字麦鉴定会上

蛋白质含量分别为 16.88% 和 17.22%，湿面筋含量为 38.4% 和 41.5%。经北京、上海、南阳三处有关专家多次测试、鉴定，其面粉理化性状优良、稳定。经实验室烘焙和有关厂家生产试验，由该面粉制成的面包综合质量优良，达到了用进口优质小麦磨制的强力粉面包质量水平。以往我国生产的优质面包，都是靠进口优质麦磨制的强力粉制成的，中7606、中791的育成和推广，填补了我国优质面包小麦的空白，可以预期，结束优质面包小麦依靠进口的日子不远了！

1984年5月，中原大地传来了金老主持研究的中7606、中7902等小麦优良品种丰收的捷报。几年来的辛勤耕耘，终于换来了丰收的喜悦，使89岁的金老激动得顾不上病重的老伴，立刻赶往河南。在灿烂的阳光下，他头戴草帽，精神饱满地对新野、邓县、内乡、南阳等县进行小麦考察。数日里，他奔走田间，访问农家，走访了各县农科所，充分征求各方面对"中字麦"的意见，了解到这些品种经过几年试种，充分显示了它的增产优势，已经在中原大地扎下了根。

这一年，《泰安日报》《济南日报》先后发表散文诗"当小夜曲弹响的时候"，热情赞颂金善宝的迟播小麦：

秋，扔下个金色的喜悦，
匆匆走了，竟忘记
带走她那支装在蛐蛐罐里的
柔情的小夜曲。
当小夜曲弹响的时候，
我就扭亮台灯，用目光的犁
像秋天那样
耕耘那片发光的
散发着油墨芳香的"土地"。
我把小夜曲和金善宝的迟播小麦
一起播下，
生活的原野，
顿时长出了丰收的希冀。

作者仇涧芝，用优美的诗句，表达了广大农民对迟播小麦无限喜爱的心情。在沉甸甸的麦穗上，在丰收的麦田里，育种家的心怀和广大农民的思想感情完全融为了一体。

创新之路

第九章

———

大地回春

一、科学的春天来到了！

1976年是中国人民多灾多难的一年。1月8日，全国人民敬爱的周恩来总理病逝；7月6日，全国人大常委会委员长、德高望重的朱德元帅突然逝世；7月28日，唐山大地震死伤了几十万人；9月9日，广播里又传来了毛泽东主席逝世的噩耗。在举国哀悼的日子里，金善宝想得最多、担心最多的问题是中国的前途。饱受灾难的中国老百姓需要稳定，对于这一点，经历过几次改朝换代的金善宝是深有体会的，他再也不愿意看见过去的历史重演了。正当他忧心忡忡的时候，一天，他去办公室，看见几个人围在一起眉飞色舞地谈论着，个个喜形于色，他走过去问："什么事？这么高兴！"他们说："金老，告诉您一个特大喜讯，'四人帮'倒台了！"年过八旬的金善宝一时没反应过来，茫然地问："哪个'四人帮'？""还有哪个'四人帮'？王、张、江、姚'四人帮'呀！"他们笑着回答。这时，金善宝才恍然大悟，原来他们指的是王洪文、张春桥、江青、姚文元4个人，不禁又惊又喜，忙着又问："消息可靠吗？"他们回答说："消息绝对可靠，但是在报纸未公布之前，不要随便对人说，以防万一。"回到家里，他把这个好消息告诉了老伴和女儿，女儿又从她的好朋友那里，得到了证实，全家兴奋不已。

"'四人帮'倒台了！"这样一个全国人民盼望已久的特大喜讯，人人都想一吐为快，早已把"不要随便对人说！"这句话，抛之脑后，大家奔走相告，信函、电话交流不断，几天之内，北京、上海、南京、天

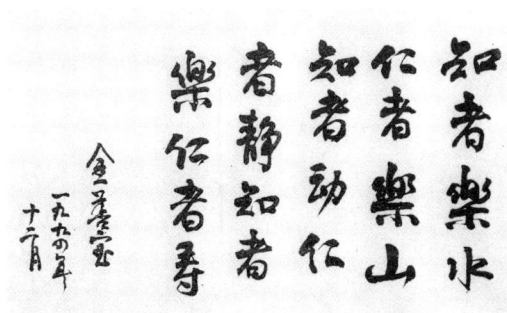

金善宝题词

津、成都、保定等各大城市都已经家喻户晓,家家户户欢呼庆贺,许多人激动得掉下了眼泪。等到党内传达文件、报上正式公布之后,群众游行队伍就走上了街头,高呼:"打倒王、张、江、姚'四人帮'!""坚决拥护以华国锋同志为首的党中央一举粉碎'四人帮'!"在中国农业科学院的游行队伍里,可以看见一位白发苍苍的老人,这就是年过八旬的金善宝。他精神抖擞地走在群众队伍前面,振臂高呼革命口号,声讨'四人帮'祸国殃民的罪行,就像当年庆祝无锡解放时一样高兴。

"四人帮"倒台了,可是多年来"四人帮"极左路线的流毒,在一段较长的时间内,仍然影响着人们辨别是非的标准,影响着党对知识分子政策的贯彻执行。在农科院内就有许多问题弄不清楚,如对已经下放的研究所要不要收回?已经解散的研究所要不要恢复?农业科技人员还要不要去农村长期蹲点?农业科技人员在试验地的劳动算不算劳动等等?

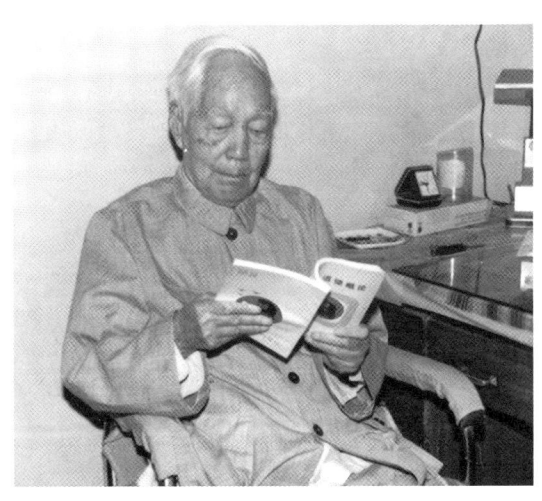

20世纪80年代摄于中国农业科学院红楼207

1977年8月,邓小平同志召开科学和教育工作座谈会,金善宝作为农业科技界的代表,也很荣幸地参加了这次会议。会上,邓小平同志对大家说明了召开这次座谈会的目的,主要是想听听大家的意见,了解一下要赶上世界先进水平,从科学教育入手,当前首先应该解决的问题。座谈中,金善宝汇报了农科院受"四人帮"迫害最深、流毒至今没有完全肃清的种种情况之后,提出一个问题,农业科技人员在试验地里的劳动算不算劳动?他说:

现在农业科技人员在试验地里的劳动,从作物播种到成熟、收获的全部管理过程,都要亲自动手操作,和农村的大田劳动没有多大区别;所不同的是,除此之外,还要对农作物生长的全过程进行观察、记录,发现问题要及时采取措施,这样才能保证试验地里的作物品种试验获得成功。可是,现在有条规定,农业科技人员在试验地里的劳动不算劳动,农业科技人员每年还必须另外抽时间到农村或干校去劳动。这条规定和我们农业科学试验有很大矛盾,由于农业科学试验是有季节性的,往往在我们科学试验最关键的时刻,上面要抽调科技人员去干校或农村劳动,因而大大削弱了农业科学试验的力量,影响了农业科学试验的进程。他认为,农业科学试验也是一种劳动,而且是一种能够促进生产的劳动。

1978年3月,金善宝(右二)接待全国科学大会西藏自治区代表中国农科院参观(原载1978年6月《民族画报》)

邓小平同志听完汇报后说:

在农业科学院内种庄稼不算劳动,要到农村种庄稼才算劳动,这真是怪事。好多农业院校自己培育品种,自己种田,怎么不是劳动?科学实验也是劳动。一定要用锄头才算劳动?一定要开车床才算劳动?(邓小平文选47页)

座谈会之后,邓小平同志在会上作了重要讲话,他正确评价了17年的教育路线,肯定了17年来绝大多数知识分子在党的领导下,辛勤劳动、努力工作取得了很大成绩。他强调要尊重知识、尊重人才,要恢复知识分子的名誉,发挥知识分子的专长,改善知识分子的待遇,调动知识分子的积极性等。

邓小平同志的讲话,为在全国范围内肃清"四人帮"极左路线的流毒起到了重要作用。在农科院内通过"试验地里的劳动也是劳动",这样一个看似浅显,却是困扰了农科院科技人员多年来的难题,澄清了多年来的是是非非,明确了中国农业科学院这座"庙",不但不能拆,还必须重新恢复和加强,为中国农业科学院的发展,指明了方向。

科学的春天来到了!

二、多方奔走恢复农业科学院

中国农业科学院怎么样才能重新恢复和加强呢?金善宝提出,第一步,首先要把下放地方的各个研究所收回来,把下放农村长期蹲点的科研人员找回来,把被迫离开农科院,分散在全国各地的科研骨干请回来……为此,他积极上书中央领导,要求收回各个下放所,并和农业部何康副部长一起找到国家农委主任王任重,反映农业科学院下放所的种种问题,要求尽快收回下放在全国各地的研究所,得到了王任重同志的大力支持。此后不久,农林部于1978年2月、1979年1月,

1978年秋,金善宝在中国农业科学院分析全国各省农业生产情况

先后以（78）农林（科）字第 15 号文、（79）农林（科）字第 7 号文，下令收回了中国农业科学院下放的研究所。1979 年 3 月，国家科技委又以（79）国科发计字第 185 号文下达了同意恢复中国农业科学院中兽医研究所的通知。

各下放所陆续收回来之后，金善宝又亲笔写信给当年被迫离开农科院的技术骨干如鲍文奎等人，诚心诚意地邀请他们以农业科技事业的大局为重，重新回到农科院来工作。有人问他，你把鲍文奎叫回来，将来他再挨批斗，你有能力保护他吗？对此，他无言以对。可他认为，从发展祖国农业科学的事业出发，像鲍文奎这样在农业科学上颇有建树的科研骨干，应该回到全国农业科学研究的中心来。他坚信，极左思潮的统治年代是一去不复返了，正气必然压倒邪气。鲍文奎终于又回到了农科院作物研究所，几年间，他培育的"小黑麦 2 号""小黑麦 3 号"迅速在沂蒙山区、凉山、秦岭、伏牛山、大巴山、六盘山等地区种植，面积达 40 多万亩，一般每亩比当地小麦品种增产 30%～50%。1978 年 3 月，全国科学大会向鲍文奎颁发了先进工作者奖状，1979 年被选为全国劳动模范，并被选为中国科学院生物学部委员，第五、六届人大代表。

三、"把 82 岁当做 28 岁来过"

1978 年 3 月 18 日，期盼已久的第一次全国科学大会在北京友谊宾馆开幕，这是我国科学史上一次空前的盛会。邓小平同志在开幕式上亲自宣布四人帮肆意摧残科学事业，迫害知识分子的状况一去不复返了。他说，四个现代化，关键是科学技术的现代化。没有现代科学技术，就不可能建设现代农业、现代工业、现代国防。没有科学技术的高速度发展，也就不可能有国民经济的高速度发展。他动员全党、全国，重视科学技术、制定规划，向科学技术进军。

在这次大会上，邓小平明确提出了"科学技术是生产力"的伟大论断。当邓小平说到"知识分子的名誉要恢复"，"知识分子中绝大多数是好样的"，"无论从事科研工作的还是从事教育工作的，都是劳动者""知识分子是工人阶级的一部分"的时候，会场上所有的人都激动起来，许多人已经泪流满面，老泪纵横。原中科院院长郭沫若因病不能到会，写了一首诗——"科学的春天"作为书面发言，由中央人民广播电台著名播音员虹云代为朗读：

……

"日出江花红似火，春来江水绿如蓝。"

这是革命的春天，这是人民的春天，

这是科学的春天！

让我们张开双臂，热烈地拥抱这个春天吧！

播音员抑扬顿挫的音调，真切地道出了与会科技工作者的心声！

会场上这样激动的场面，也许现在的年轻人不能理解！这是因为，毛泽东曾说"知识越多越反动"。"文化大革命"中，中国科学院80%的高级知识分子被打成"资产阶级反动学术权威""反革命修正主义分子"，"外国特务"，很多人没有活过来。长期以来，一般知识分子都处于"臭老九"的贱民地位，何谓"臭老九"呢？前面黑八类是地主、富农、反革命、坏分子、右派（这五类又叫黑五类，简称"地富反坏右"），叛徒、特务、走资派，知识分子排第九类，尽管已经排到末位，还不足以表达有人对知识分子的蔑视、厌恶之情，故而在"老九"前面再加个"臭"字，所以叫"臭老九"。

梁漱溟先生在"文化大革命"时期曾写过《咏"臭老九"》一诗：

九儒十丐古已有，而今又名臭老九。
古之老九犹如人，今之老九不如狗。
专政全凭知识无，反动皆因文化有。
假若马列生今世，也要揪出满街走。

所以，邓小平的讲话对知识分子来说，实在是个翻天覆地的大变化。

在这次大会上，金善宝以他优异的科学成就受到了大会表彰，荣获先进科学工作者奖，两项重大科技成果奖……

大会发言时,他满怀激情地说:

我今年虽然已经82岁了,但我的心却充满了青春的活力,在实现四个现代化的长征道路上,我要把82岁当成28岁来过,把自己的余年献给我国的小麦育种事业……

大会期间,金善宝抽空回到农科院,向全院职工传达了全国科学大会的精神。

金善宝的部分奖状

他说:

……从此,"四人帮"迫害知识分子的情景一去不复返了,知识分子不再是"精神贵族",不再是"臭老九"了,知识分子是推动生产发展的力量,可以抬起头来堂堂正正地做人了!可以全心全意投入祖国四个现代化建设中去了!我们农科院各个下放所也很快要收回来了!同志们,你们年轻人是大有作为的。我今年虽然已经82岁了,但我要把82岁当作28岁来过,和你们一起迎接祖国四个现代化的到来……

老院长的激情,深深感染了全体与会职工,全场报以一阵阵热烈的掌声。传达结束后,金善宝快速走下讲台,也许是太激动了吧,下讲台

1978年3月,金善宝(右3)在全国科学大会闭幕式领奖台上(原载1978年6月《民族画报》)

时,他一脚踩空了台阶,"啪"的一声摔倒在地,吓得职工们"轰"的一声全场起立,担心老院长摔坏了。谁知老院长"唰"的一下很快又站了起来,快步走到自己的座位上。全场职工见到老院长这样矫健、灵活,都松了一口气,舒心地笑了。一时间,这件事情在农科院内传为美谈。

四、迅速发展农业科学技术的六项建议

为了迅速改变我国农业科技工作的落后面貌,金善宝和科研人员一起反复研究、讨论,在全国科学大会上提出了迅速发展农业科学技术的六项建议。

1. 建立两类农业科学研究中心

一类是专业性的研究中心,一类是区域性的研究中心。从中央、省、地到四级农科网的各级农业科研机构,应该分工合作,各有侧重,形成一个布局合理、专业设置齐全的全国农业科学实验网。作为全国农业科研中心的中国农业科学院,应该面向全国,突出全国性重大科技问题和基础性理论工作,迅速填补空白、加强薄弱学科,根据需要恢复、扩建和新建畜牧、果树、农业经济、农业机械化、作物品种资源、农业工程、农业化学、农用仪器仪表以及水稻、大豆等专业研究机构。同时也要根据我国自然区划的特点,有重点地建设区域性的和专业性的研究中心。

2. 研究落实技术政策

在"四人帮"的干扰破坏下,技术政策长期以来无人过问,如在种子问题上,优良品种没有专门机构登记、鉴定,确定其适宜推广的区域。良种繁育体制不健全,推广速度慢。我国农业科学工作者培育出不少优良品种,得不到大面积推广,与社会主义大农业的发展有些不相适应。因此,需要尽快提

(原载1978年3月30日《人民日报》)

出与之相适应的种子计划。

3. 迅速培养建设一支宏大的农业科技队伍

加速农业科学技术现代化，必须有一支数量足够、专业配套、拥有世界第一流科学家的队伍。因此，培养人才刻不容缓。全国重点农业院校不应是一所、两所，因为农业的地域性强，应当每个大区都有。另一方面，要通过在职提高，抽调干部进修，提高现有干部的业务水平。

4. 搞好重大农业科研项目的协作研究

目前，我国农业生产上还有一大批重大问题需要解决，如南方麦类赤霉病的问题，1973年仅江、浙、沪三省市就损失20亿斤麦子；东北每隔几年就要发生一次低温冷害，造成粮食产量在百亿斤上下的幅度波动。这些问题应该组织有关力量，早日获得解决。

5. 重视农业科学的基础工作和理论研究

新中国成立以来，我们针对农业生产上存在的问题，加强了基础研究，如对蝗虫生活习性和发生规律的研究、对黏虫的研究等，使蝗灾、黏虫得到了有效控制。但在杂交育种方面，还需注意遗传规律和种质来源的深入研究，以避免盲目和重复，提高科研成效。

6. 农业科学研究必须保持相对稳定

鉴于农业科学研究的特点，一是实验周期长，育成一个品种，即使采用加代繁殖，一般也需要三四年时间，家畜、果树周期更长；二是农作物和畜禽生长发育受各种外界条件影响，因素复杂、地域性强；三是研究对象是活体，认识生命活动规律比非生物要困难得多。因而农业科学研究更加需要注意机构、课题和人员的相对稳定。

会后，人民日报全文刊载了这六项建议。这些建议，在以后的几年内也陆续得到了采纳。

五、为"六五"到"九五"攻关改善科研条件而奔波

农科院各下放研究所陆续收回来之后，开展农业科学研究面临的最大问题是，科研条件太差，仪器、设备严重不足，试验地不能满足需要。

对此，金善宝认为，试验地是农业科学、种植业试验研究的命根子，离开了试验地，种植业的科学试验研究就无从谈起，要改善科研条件，首先要解决试验地的问题。

中国农业科学院院内和东、南、北三面，原有土地近3 000亩。"文革"中，试验地被北京食品总厂、照相机厂、地铁、总后等多家单位无偿占用了大部分，农科院自己仅留了118亩。1972年，总后又将其占用的600多亩土地转给外语学院。后来，农科院自己保留的100多亩试验地也逐渐被农民占用了。得知这些消息，金善宝的心像被刀割一样难受。也就是从这个时候开始，他比以往任何时候都更加关注试验地，并为收回和扩大农科院的试验地，作出了不懈努力。

1973年，邓小平主持中央工作时，召开了全国科技会议，会议指出："科研机关应以研为主……已撤销的农业试验场地等，应根据需要和可能条件逐步予以恢复。"根据这一精神，金善宝立即通过院革委会向农林部反映，要求收回被外单位占用的试验地，经过反复交涉，国务院批准收回了外语学院占用的600多亩试验地，其他单位占用的试验地，因为已经有了基本建设，无法再收回了。至于被农民占用的试验地，农科院与海淀区几经交涉，都没有结果。金善宝只好写信给王震同志，要求收回被农民占用的试验地，经王震同志批转北京市委，这块试验地也收回来了。

可是，仅仅依靠这几百亩试验地，还是远远不能满足农科院各个研究所完成国家六五到九五攻关的需要。

譬如，作物所是与农科院建院初期同时成立的五个基础所之一，1978年收回时，一贫如洗，既没有试验仪器，也没有足够的试验地，行政办公室和有关试验室都是用木板搭的防震棚，难以深入开展研究。为此，他们提出在昌平购买1 000亩试验地的要求，但因种种原因，与农业部有关方面不能达成共识。金善宝看在眼里，记在心上。1982年12月，他向王震副总理汇报三江平原考察情况时，特意让作物所的三位所长一起去，亲自向王震副总理汇报了作物所的困境。王震副总理表示，尽快通过农业部给予支持。

1986年，农业部副部长何康受美国农业服务基金会委托授于金善宝永久荣誉会员金牌

1983年春节的大年初二，主持农业部的何康副部长来给金善宝拜年，金善宝打电话让吴景锋（曾任金老秘书，时任作物所副所长）通知作物所所长李奇真一起到家里来。在互贺新春的喜庆气氛中，何部长说："作物所要求征购的1 000亩试验地，和计划修建的实验办公楼，我们考虑上世界银行第二期农业科技教育项目，用国内配套经费买地、盖楼，贷款中有较大比重的经费可以直接从国外购进一批仪器设备……"临别时，他握着金善宝的手说："老人家，请放心吧！作物所的事，我们一定抓紧办好。"

春节后不久，何部长亲自带领部、院几位领导，到作物所已多次联系过的昌平县马池口公社，踏看预征购的试验基地，并同县里明确了征购行文等事项。两年后，5 000多平米的实验办公楼交付使用；世行贷款项目正式实施，购买的仪器设备陆续到货，投入研究应用。科研条件的迅速改善，为作物所"六五"至"九五"各项国家科研项目的胜利完成奠定了物质基础，有效地培养了一批中青年人才，使作物所在加快恢复的基础上有了新的发展。

然而，随着北京城市规划的不断发展，农科院东门外的试验地又面临"覆灭"的危险。90年代初，北京马路不断扩充，新开辟宽达50米

1993年5月23日在北郊农场看中麦9号，尹福玉（左）、金善宝（右）

的皂君庙路，从试验地中间穿过。到了1993年，农科院仅剩东圃场和北圃场300多亩试验地了。此时，北京市城市规划局又将东圃场120亩最好的试验地，全部划进了双榆树地区集中供暖热力中心建设的蓝图，已决定年内动工。金善宝得知此事后，心急如焚，他清楚地知道，这块试验地每年都承担着国家作物育种攻关项目、"863"课题和国际合作研究任务；而且许多年事已高的专家不便远行，要进行相关的农业科学试验离不开这里。为了国家农业科学创新长远利益和目前实际工作的需要，他写了一封信，邀集6位院士一起签名，上书中央，恳请保留这块试验地。当时任国务院副总理的朱镕基，将信批转给北京市政府，并指示要尊重中国农业科学院专家们的意见。

为了解决这个问题，5月26日，由北京市副市长胡昭广主持，在海淀区政府召开了座谈会。当时正值麦收前，北京气候炎热，上午金善宝去北郊小麦示范田，观察新品种的长势，午餐后未能休息，就驱车直接赶到会场。在鲍文奎院士发言后，金善宝又详细陈述了中国农科院必须使用这块试验地的理由，指出，在美国、印度的大城市中，迄今都保留有城市建设初期开辟的农业试验地。几位院士和有关负责人发言后，胡副市长表示市政府根据专家们的意见，要进一步慎重研究供暖中心的选址问题。

6月28日，首都规划委员会办公室，函复金善宝等几位院士，并附有（93）首规办秘字第107号文"关于双榆树地区集中供热锅炉房选址问题的报告"。主要内容是，市领导对双榆树地区集中供暖选址问题十分重视，考虑到这块地从1940年起就已成为科研试验地，新中国成立以来为我国农业科技发展做出了贡献，"八五"期间，一些农业科研项目还要在此地出成果，经市规划系统联席会议研究，一致认为，只有多花钱另选地址，不再占用农科院的试验地。至此，中国农业科学院的试验地，在首都的建设规划中，作为一块永久的绿地被明显地标注出来。

金善宝在杭州茶叶所考察（原载《中国茶叶》封面1987.1）

在改善农业科学院的科研条件方面，还有一件事，一直憋在金善宝心头，久久不能释怀。

那是在1965年，一个日本农业考察组来我国访问，在中国农业科学院的大楼前拍了一张照片，嘲弄地说："这还是我们华北农事试验场的大楼呢！"回国后，他们将这张照片发表在他们的专业刊物上，并注明："这是华北农事试验场时期的大楼，现为中国农业科学院。"这件事，深深地刺痛了金善宝。他请求农业部，无论如何，我们也要盖一座比这座旧楼更好的大楼。此意得到了时任国家科委副主任范长江的赞扬和支持，列入国家计划。然而10年动乱，国民经济到了崩溃边缘，该计划也就无从谈起了。

80年代金善宝夫妇和孙辈金晓滨（左1）金小卫（右1）

粉碎"四人帮"后，当中华大地迎来了科学的春天时，金善宝的心愿又提上了日程。国家批准了中国农科院请北京建筑设计院提供的建楼方案，但因面积超过了当时建委规定的最大限额，难于动工修建。为此，金善宝写了一封信，在中国科协召开的1981年学部委员年会上，亲自递交万里副总理。万里在主席台上看信后，深为这位老人的爱国激情和事业心所感动，当即批给国家建委，并告诉金善宝，让农科院去找韩光主任。1982年，盼望多年的中国农业科学院办公图书大楼终于动工了，第一期工程9 000多平方米，第二期工程13 000多平方米，至1987年中国农业科学院建院30周年之际全部竣工。至于那栋日本侵略者占领北平后，为掠夺我国华北农业资源和产品建起的旧楼，曾在日本专业刊物上一再吹捧的建筑，在庆祝抗日战争和世界反法西斯战争胜利60周年的声浪中，已被移为平地。

六、华国锋同志来到中国农业科学院

20世纪80年代第一个春节的大年初一（1980年2月16日下午），时任党中央主席的华国锋同志来到了中国农科院，同农科院的30多名农业科学家一齐座谈，如何进一步加速我国社会主义现代化建设的步子。

会上，华国锋同志说：

今天是大年初一，是中国人民的传统节日，我和任重同志一齐来看望大家，同大家一齐欢度春节。更重要的是，来听听你们对加速农业现代化的想法，请大家谈一谈，到本世纪末，我国农业现代化到底能搞到什么程度？我国那时候的农业情况会变成什么样子了？

华主席认为：中国是一个人口众多的国家，农业是我们国民经济的基础，要加速我国社会主义建设的步子，农业这个基础必须要搞好，农业现代化搞得不好，对工业、国防和科学技术三个现代化建设关系极大。为此，对今后20年的农业要发展到什么程度？应该有个设想，这很重要，这样，我们心里就有数，才能明确今后5年或10年里，我们重点应该抓住一些什么问题……

根据华国锋同志提出的问题，与会专家们纷纷畅所欲言，各抒己见。有人认为，要实现农业现代化，首先要促进农业科技进步，加大对农业专业基础科学研究的力度，促进农业现代化的耕作方式、高效化肥、优质品种等研究；有人认为，要改革农业经营方式，扩大农业生产规模，推进农业向商品化、专业化、现代化转变；有人提出，要以现代工业武装农业，工业要为农业提供农业现代化发展所需要的先进设备；还有人提出，要发展小城镇，以推进农村城市化的道路等等。金善宝也根据多年来农业科研与农业生产实践中的体会，补充了一点看法，他说，农业生产的发展，在很大程度上依赖于农业科学技术的提高，但是，多年来的实践又证明了，农业科学技术能否发挥作用，和农业生产本身的发展，在很大程度上又取决于国家的政策。为此，他认为国家必须加强对农业的保护和引导，对农产品价格进行补贴，为农业发展提供政策、资金、信息等，以确保农业发展的稳定性和持续性，为农业现代化创造先决条件……

听了与会专家的建议，华国锋同志频频点头，表示赞许。

新中国成立以来，党和国家的领导人曾多次莅临农科院指导工作，如国家主席刘少奇、人大委员长朱德等。但是，作为党中央主席、国务

金善宝

1980年大年初一，华国锋主席（左）来到中国农业科学院

院总理，特别是选在中国人民的传统节日——大年初一，来农科院向广大科技人员拜年、共商国家大事的国家领导人，华国锋同志还是第一人！这充分说明长期担任县委书记、省委书记的华国锋同志，十分重视农业，关心群众生活，心里装着国家和人民。他深知发展农业生产对发展国民经济的重要性，深知农业科学技术对实现农业现代化巨大作用，因而才能在中国人民的传统节日，深入农业科学技术人员之间，礼贤下士，共商国家大事。

国家领导人对农业科学的重视和关心，给了金善宝等农科院的科技人员极大鼓舞！他们不会忘记，1976年9月，毛

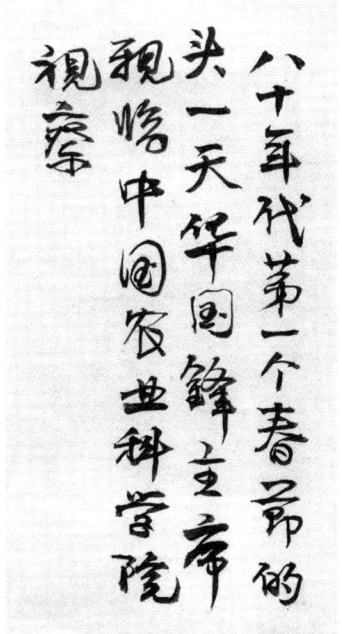

华主席照片反面，金善宝手迹

泽东同志逝世，"四人帮"加紧了夺取党和国家领导权的阴谋。中国向何处去？摆在党和人民面前！在这历史转折的重要关头，是华国锋同志，同"四人帮"进行了坚决斗争，在叶剑英、李先念等中央领导的支持下，采取断然措施，一举粉碎"四人帮"，翻开了党和国家事业发展新的一页！这才有以后一系列的平反冤假错案！才能将横遭四人帮灭顶之灾的农科院、农业院校从重灾户中解救出来，迎来了科学的春天！才有了今天的改革开放……

为了贯彻、落实华国锋同志的指示，金善宝院长与院党组研究决定，1980年3月5日～9日在京召开全国各省农业科学院院长会议，传达了华主席在中国农科院的讲话，讨论了我国农业现代化等一系列问题。根据会议讨论总结，同年11月，中国农科院通过反复研究，提出了"关于加速我国农业现代化的设想"，上报国务院总理华国锋同志。

七、"小麦是我的宝贝"

有人说，金善宝的一生是和小麦打交道的一生，他将自己的一生都献给了我国的小麦科学事业。此话一点不假。

"每当春小麦生长季节，在北京西郊，中国农业科学院东门外的小麦试验田里，经常可以看见一位鬓发皆白的老人在碧绿的麦海里走走瞧瞧，有时还带着7岁的小外孙，一起跨越田间的沟沟坎坎，有时弯腰仔细观察，有时在笔记本上记点什么……"这是1972年中国新闻社记者在《大公报》上的一段报道。凡是中国农科院的职工，一看这段报道，就知道这位老人是他们的老院长，小麦育种家金善宝。

金善宝培育小麦良种，就像母亲抚育婴儿一样，十分认真、仔细，几十年如一日，在农科院内传为佳话：

一个冬天的夜晚，他刚刚入睡，忽然刮起了大风，他被窗外呼啸的寒风惊醒，立刻想到这么大的风，温室里的春小麦材料会不会受冻，温室的窗户关严了没有，万一出了问题，今年的试验就全部失败了。想到这里，他再也躺不住了！瞒着老伴，悄悄下了床，摸着黑、顶着风，一

小麦是我的宝贝（1988年8月农科院小麦试验地）

脚高、一脚低地向温室走去，忽然一脚踩了空，一个跟头摔倒在沟里，他忍着痛从沟里爬起来，又继续往前走。当他看见温室的窗户已经关好，温室内的小麦在日光灯的照耀下，安然无恙时，心里的一块石头才落了地。

1976年初夏，正当小麦生长发育处于灌浆阶段，半夜里下了一场大雨。一夜的雨水会不会把试验地的小麦泡倒了？这一夜，金老的心一直嘀咕着，没有睡好觉。第二天，天刚蒙蒙亮，他就穿着胶鞋赶到试验地，顺着麦垄，一行一行地检查小麦的倒伏情况，鉴定每一个品系的抗倒伏能力。当春麦研究室的同志来到试验地时，他已经把试验地的小麦全部检查完了，正迎着朝阳返回宿舍。大家看到他两只脚上沾满了泥泞，满头银发在晨风中飘拂，很受感动，异口同声地说："金老，您早！您不要太累了！"

老伴见他天天去试验地，担心他的身体，劝他说："不是年轻时候了，80多岁的人了，为什么每天还要往试验地里跑呢？"金老听后，对老伴打趣地说："我们的小外孙寄托在邻居家里不是很好吗？你为什么还要天天去看呢？因为小外孙是你的宝贝，而小麦呢，是我的宝贝，我也要天天去看！"老伴拿他没有办法，只好笑笑了事。

八、踏遍了山山水水

金善宝的老伴曾多次对他的助手们说，今后再有关于小麦高产的消息，千万要瞒着他一点，他只要听说哪儿有小麦高产经验，就控制不住非去不可，他年岁大了，会吃不消的。

但是，谁也说服不了金老。据助手们统计，仅 1966 年以来，他先后到过山东胶东半岛、山西雁北地区、内蒙古阴山地区、宁夏灌区、太湖流域、河北坝上地区、太行山区、西北黄土高原、西南云贵高原、广东海南岛以及东北三江平原等地，为制定我国春小麦育种方向，发展小麦生产和提高育种研究水平，踏遍了祖国的山山水水。

1976 年 1 月，金老去云南查看春小麦南繁情况，由于旅途劳累，到了元谋县就病了。第二天还坚持要去试验田看小麦，助手考虑到试验田分散在两个小山村，山路崎岖难走，劝他休息一天，他坚决不肯。在元谋县逗留的几天里，他走遍了每块试验田，仔细听取了汇报，还参观了附近社队的麦

1976 年 1 月，金善宝在云南元谋考察

田，调查了当地种植小麦的情况，并与有关领导和科技人员进行座谈。他这种不怕苦，不怕累，深入实际调查研究的工作精神，给当地的干部和群众留下了深刻的印象。

1980 年 6 月，金老刚从呼和浩特、集宁、丰镇和雁北地区考察小麦归来，还没来得及休息，又突然接到山东省莱阳县良种场的邀请电报，电报称，大面积小麦亩产突破千斤。小麦一直被称作是低产作物，大面积亩产上千斤，这是个破天荒的纪录，对于一辈子从事小麦研究的金老来说，这真是一个天大的喜讯。他控制不住内心的激动，为了弄清楚千斤麦的真实情况，立即带领助手们，风尘仆仆地踏上了开往济南的夜车。从济南到位于胶东半岛的莱阳县有 350 多公里，为了能在沿途多参观学习一些小麦高产的经验，他提出改变原订的旅程计划，不乘火车，改乘汽车前往。一路上，他不顾疲劳，边赶路，边参观学习，认真听取各地

1980年6月，金善宝（左1）与贺致平（左4）在山东莱阳视察丰收小麦长势

小麦经验介绍，马不停蹄地奔波在胶东大地上，如饥似渴地向胶东人民学习，把这些宝贵经验点点滴滴地汇集在中国小麦育种和栽培科学的宝库中。

他这种对小麦科学孜孜以求、老骥伏枥的精神，深深感染了周围的同志，该院情报所高级编审郭哉善赋诗赞曰：

　　　登攀更上一层楼，壮志凌云忘白头；
　　　雁北遍栽春小麦，塔尖放眼望丰收。

"天苍苍，野茫茫，风吹草地见牛羊"的内蒙古自治区草原，金老先后去过5次。第一次是1963年8月，他和林山等人去内蒙古自治区哲里木盟，考察农业；第二次是1973年6月，考察呼和、集宁地区丰收小麦长势；第三次是1983年9月，和秘书尹福玉一起去呼和草原所考察；第四次是1988年8月，代表九三中央参加九三学社内蒙自治区区委第二次社员代表大会；1991年8月，96岁高龄的金老第五次来到内蒙古的昭和草原考察草原所，并应邀参加内蒙首届"那达幕"大会。作为一个农业

1991年8月,96岁高龄的金老第五次来到内蒙古昭和草原

科学工作者,他热爱祖国的每一块土地,热爱祖国建设的巨大成就。就拿内蒙来说,1963年时的哲里木盟,农业很少,而1973年再去时,那里的小麦已经大丰收了;原来的呼和浩特,十分荒凉,现在处处高楼林立。无论是农业,还是城市建设,都有很大变化。昭和草原"那达幕"大会的盛况,蒙古族健儿的热情骁勇,使他进一步领略了草原的风土人情,更加热爱这片大草原了。

1992年8月,金老已是97岁高龄,在儿子金孟浩的陪同下,来到新疆维吾尔自治区(以下称新疆)的首府乌鲁木齐,第二天就驱车前往位于石河子新城的新疆农科院,农科院的同志拿出新疆最甜美的哈密瓜、水晶葡萄,热情招待这位京城飞来的老寿星;在石河子农学院任教的原南京农学院毕业生许秉钊、王必强,闻讯后立即赶来看望他们的老院长;扎根新疆25年、著名棉花专家冯泽芳之女冯紫云也怀着惊喜的心情来看久未谋面的金伯伯,使这位年近百岁的老寿星,在祖国的大西北,不仅尝到了从未尝过的鲜甜水果,也尝受到人世间最美好的师生情和亲友之情。在新疆农科院同志陪同下,他参观了该院的小麦试验田,看见试验田里的小麦长势很好,又听说他们培育的"新冬号"冬小麦品种,种植面积约占新疆冬小麦种植面积的1/3左右,十分高兴。从石河子返回,

1992年8月，97岁的金老来到石河子的新疆农科院。左起：金孟浩、许秉钊、金善宝、冯紫云、王必强

他登上海拔1 900多米的天山，看见那雪峰环峙，形似葫芦，宛如一面镜子的天池，映照着周围青山雪峰的倒影，真是"碧山玉岭翠满池，浓绿直到眉目边"，面对祖国如此壮丽的河山，使他深深感到新疆的可爱，祖国的伟大。

九、不断献计献策

作为一代农业科学家，金善宝热爱祖国的农业，时刻关心着祖国的农业生产，并以发展祖国农业为己任，不断献计献策。

早在新中国成立初期，他就多次深入农村灾区调查，提出了抗灾救灾措施，挽救了苏北灾区上亿亩农田的损失。

"大跃进"时，全国刮起了浮夸风。他坚持科学真理，深入农村调查，将农村的实际情况，向中央作了如实汇报。

1973年，我国黄淮流域、西北和东北小麦普遍发生叶锈病，山东省受灾面积3千万亩，损失小麦7亿多斤；长江流域赤霉病蔓延很广，江苏省损失小麦10亿斤。金善宝立即给周恩来总理写信，汇报了多年来各

1979年3月,金善宝(右2)在浙江农科院小麦地里

种锈病对小麦生产造成的危害,提出:当前条锈病、秆锈病的威胁依然存在,而叶锈病和赤霉病的危害特别突出,如不及早预防,叶锈病将会蔓延成灾,成为我国小麦高产稳产的障碍。他建议:

1. 加强锈病测报工作,恢复锈病测报网,与气象部门配合开展锈病中期预报。

2. 组织有关省区联防协作,特别是对早发病地区和病源基地,要集中力量尽早消灭,以防蔓延。

3. 加强防锈育种和其他抗锈措施的研究,特别要加强抗叶锈病种的选育工作,经常要有5%的接班良种取代感病品种。做好良种繁育、防止抗锈性退化,改善栽培管理,品种合理搭配。对于抗锈、抗赤霉病药剂的研究、生产、储备,要安排落实。

这个建议,得到了周总理的大力支持,农牧渔业部及时召开了全国小麦抗锈防病电话会议,各省区都成立了抗锈防病领导小组,协同作战,使各省区叶锈病、赤霉病得到了有效控制,保证了全国小麦生产。

1974年2月,他和林山、梁勇、李君凯等人去广东省调查小麦生产。从2月17日—3月1日,先后查看了广州、湛江、佛山3个地区的广州郊区、花县、湛江市郊、廉江、遂溪、南海六个县(市郊)共18个大队

1987年10月，金善宝在深圳农业科学研究中心

和单位的小麦，两次到省农科院召开了干部、工人、技术人员座谈会，对广东的小麦生产作了重要指示。他说：

　　过去有一个概念，广东是水稻区，小麦不多，现在看了一下，小麦面积很大，长得也很好。从广东大面积种植小麦的实践和广东的气象资料分析，广东这里发展小麦大有前途，不仅可以种小麦，而且可以高产，潜力很大。但在布局上不要强调一致，如雷州半岛，温度高，历史上种冬薯，现在种小麦，可以薯、麦间作，烟、麦间作，或者花生、麦间作、套作。要注意的是，小麦在高温条件下，容易早衰。

对小麦育种研究和生产上品种的安排问题，他认为：

　　生产品种不要单一化，以防一种新的锈病出来，一下子蔓延，损失就大了。所以，一个地方有几个品种，虽然产量有高有低，但都要种，要搭配，可以起到相互隔离的作用。

关于进口麦种的问题，他说：

　　我是不主张大量进口外国种的。西方人为了做生意，会把一些带病的种子卖给我们，把我们本地种子染了病，这个要注意。要根据洋为中用的原则，可以少量引进外国种，先经试种，逐步在生产上使用。重

1984年5月，金善宝（左2）、尹福玉（右1）在河南新野考察

要的是，要把外国种作为材料，经过改造，选育出适合我国种植的新品种……

广东种小麦主要是什么问题？他说：

广东扩种小麦，搞两稻一麦，主要是肥料问题。种一季麦，消耗地力三分之一，但只要补上地力，产量就可以上去。要广辟肥源，养猪积肥经验很好。南海盐步公社九村生产队，170多亩小麦，估产在500斤以上，肥料从哪里来？主要是养猪。花县和广州郊区准备小麦收获后，养两次红萍，增加肥料，这就可以补充小麦消耗的地力了……

1977年2月，当他了解到安徽、山东、河南、江苏等省干旱，造成小麦大面积缺苗，将严重影响小麦的产量时，立即向农林部部长提出"抓好麦田移苗补栽的建议"。他写道：

……我们推算了一下，在3亿多亩冬麦中，如缺苗面积按1%～5%计算，就等于少种300万～1500万亩小麦。如果能将缺苗、断垄的地方，把苗移栽补齐，每亩地以200斤计算，就等于增产小麦6亿～30亿斤。据生产和科学实验证明，北方小麦一般在春季土壤化冻后，乘早移栽补苗，亩产也可以达到700～800斤，过稠的麦苗也容易造成倒伏减

1988年,金老(右3)在河北农大小麦地里

产。因此,间挖一部分过稠的麦苗,将它移栽到缺苗的地方,不仅能减轻过稠麦苗倒伏减产,还可以避免缺苗的损失……

河南省是我国小麦的主要产区,50年代以来,他多次去河南省考察,对该省小麦几次品种更换、栽培技术改进方面提出了很好的意见。1981年6月,当他看到《国内动态清样》第1239期、美国堪斯州农场主认为我国河南的农业有三大缺点时,就给时任副总理的方毅、万里和农业部部长林乎加写信,就河南的小麦问题,谈了一点意见,供领导参考:他认为,品种单一,存在着病害发生和流行的潜在危险,为了防患于未然,他建议:

1. 加强选育综合性状好、多抗的小麦新品种(中国农科院植保所选育的784、791,经混合接种鉴定,抗小麦三锈、兼抗白粉病,在河南、湖北试种显著增产,应加速繁殖种子,以供生产需要),逐步替换现在种植

1982年8月,金善宝(左)在院呼兰甜菜所

的外引品种。

2. 有计划、有组织地开展品种区域联合试验，克服盲目引种和品种单一化可能出现的危险……

1982年8月，金老受王震副总理的委托，和作物所吴景锋所长一起去三江平原考察。从8月10日到19日，在黑龙江省农垦总局、红兴隆管局、建三江管局、友谊农场、洪河农场了解情况，参观了友谊五分场、红河农场，并同省农科院、农垦科学院、合江地区农科所和省农垦总局的同志进行了座谈。他认为：

三江平原土地多，地势平坦，肥力高，作物生长季节长，雨量较多，地下水资源丰富，发展农业具备一定优势。但由于地面坡度不大，河槽窄而浅，泄水能力差，加之四周封闭，大部分为黏质草甸土，因此，垦荒时必须妥善治水，不仅要排水治涝，还要蓄水防旱，营造防护林。

1982年，金善宝（右3）、吴景锋（左1）在黑龙江友谊农场

从黑龙江垦区20多年的统计资料分析，由于涝、旱或早霜三大自然灾害的影响，使各种作物年度间的单产相差很大。为保持各种作物产量的稳定性，对已垦多年的耕地应该投入必要的农田基本建设资金。凡属开垦荒地，都纳入国家计划，开一块，保一块，垦建结合，逐步建立起三江平原优良的农田、森林、草地、湖泽和江河的生态系统……

1983年3月,金老(右3);杜振华(右1)在福建考察

1983年,金老已是88岁的老人。他从3月25日开始,在福建省进行了为期11天的农业考察,参观了6个科研单位,1个高等院校,1个县良种场,还有3个生产大队,行程共1 000多公里,对发展福建农业提出了很好的建议。他认为,发展福建农业,要根据福建的特点,从经济效益上着眼。他对福建省农科院的研究人员说:

福建是八山一水一分田,山多海阔,潜力很大。"民以食为天",粮食很重要,在福建尤其要把水稻生产与科研搞上去。要根据福建的特点,在摸清农业资源的基础上,认真做好区划和规划。果树、茶叶、桑树等在哪里发展,发展什么品种等,都有大量的工作要做,有大量的科学技术问题要解决,如橘柑黄龙病问题,荔枝成年树不结果的问题,都要好好研究。

1995年,在全国第二次科学大会上,把"科教兴国"战略定为我们国家的国策,这让已过百岁之年的金老十分欣慰。他认为,科教兴国既然作为一项国家战略,那么对不同学科,就应该根据各自的特点,区别对待才好。譬如,对一部分应用科学,可以放开搞活;而对某些基础科学、农业科技,因为研究周期长,短期内不能看见经济效益,国家就应该积极扶植,增加投入。

怎样增加农业科技的投入呢？1996年3月18日，他在《光明日报》上提出了建立农业科技发展基金的建议。他说：

1977年10月，金善宝（左2）在柳州园艺场考察

千方百计地增加农业科技投入，是迫切需要解决的一件大事。为此，我再次建议国家主管部门，认真研究一下，可以从农业税、农林特产税和种子经营效益中，每年提取一定比例的金额，作为农业科技发展基金，用于支持农业科技的进步。在农业生产和有关的商品经济发展中，农业科技的作用一般要占三分之一以上，所以，从总收益中提取一定比例是合理的，而且也不影响大局。这在国际上许多国家都有行之有效的范例，可供我们借鉴……

1977年10月，金善宝（左）和大侄金孟肖摄于南宁

这些建议，表达了一个为祖国农业科学奋斗了一辈子的老人，期望祖国农业科技事业迅速发展的一片赤子之情。

十、主编小麦理论著作

1961年，金善宝主编了《中国小麦栽培学》，这是50年代末我国首次以作物栽培为主题，组织知名专家学者集体撰写的，是第一本反映当时我国栽培科学水平的专著，起到了开篇启后的作用。

《中国小麦品种志》是对我国农业生产上使用的小麦品种的历史记

述,共出版三集,均由金善宝主编,农业出版社出版。第一集入志的品种623个,为我国1962年以前生产上曾经使用和正在使用的品种,1964年出版。第二集入志的品种472个,为1962—1982年生产上使用的品种,1986年出版。第三集入志的品种413个,主要是1983—1993年在生产上大面积推广的品种,1997年出版。三本《中国小麦品种志》探讨了我国小麦品种的渊源,分析了30年间我国小麦品种的选育途径和在品种推广、利用上创造的一系列经验,既是我国小麦品种的重要历史文献,也是农业科学上的重要著作,对我国小麦生产和育种起了重要的推动作用。

1983年,金善宝主编了《中国小麦品种及其系谱》,该书总结了我国近30年来小麦品种演变历史、种质资源利用情况、亲本选配经验及育种成果,它不仅填补了我国在作物育种方面,进行全面系谱分析的空白,而且对于进一步提高小麦育种水平也有重要意义。这本58万字的书,充分体现了中国自己的特色,受到了国际同行专家的好评,1984年获得全国科技图书一等奖,1985年获农牧渔业部科技进步一等奖。

1984年,金善宝任《中国农业百科全书》副主编,邀集了全国知名的农作物专家学者,组成了以他为主任委员,庄巧生为第一副主任委员和李竞雄、卢良恕、黄佩民、杨守仁为副主任委员的农作物卷编委会,组织有关专家、教授和科技人员,历时7载,撰写出第一部包含多种农作物、多种学科领域、辞书性质的《中国农业百科全书·农作

金善宝主编的部分小麦理论著作

物卷》,这是列入国家图书出版骨干工程中的大型工具书,也是农业部重点项目之一,是一部集古今中外传统农业知识和现代农业知识的经典之作。1991年4月出版。获1997年全国优秀科技图书一等奖。

金善宝在主持《全国小麦生态研究》课题时,对完成第一轮试验、

已通过技术鉴定的研究报告，挑选了 64 篇加工整理，汇集成册，定名为《小麦生态研究》，1990 年出版。1991 年又出版了《中国小麦生态》，获全国首届"兴农杯"优秀农村科技图书荣誉奖。在此基础上，加上 1988—1990 年的试验研究，经过分析整理，又汇编成《小麦生态理论与应用》，1992 年出版。

1989 年 9 月，金善宝受农牧渔业部和中国农业出版社的委托，组织全国从事小麦科研、教学和生产与管理方面的专家学者，组成了以他为主编，庄巧生为第一副主编的《中国小麦学》编辑委员会。全书编写历时 5 年，在总结全国各地小麦生产技术经验、科研成果和借鉴国外先进技术的基础上，全面论述了我国自 60 年代以来，特别是近 10 年来小麦生产的发展、育种、栽培和有关学科的研究成就以及国外在这些领域的新进展。是一本立足国内、洋为中用、具有中国特色、理论联系实际、体现国家水平的小麦科学专著。1996 年 8 月中国农业出版社出版，获 1997 年第 8 届全国优秀科技图书二等奖，1998 年第 11 届中国图书奖。

老当益壮——1992 年五一节，97 岁的金老与孙金晓滨登上慕田峪长城

十一、主持"小麦生态研究"重大课题

金善宝在半个多世纪小麦育种研究的过程中，深刻体会到气候条件、

地理环境，对不同小麦类型生长发育的影响。我国是一个幅员辽阔、气候、土壤、生物资源极为丰富多样而又复杂的国家，小麦品种类型丰富，生态环境类型齐全而独特，为研究小麦生态提供了世界上少有的宝贵条件。他认为，深入探讨我国不同地理、气候条件下，不同品种类型小麦的生长发育特点，科学地划分小麦品种生态型，对于科学地制定全国小麦区划具有十分重要的意义。为此，他在春小麦育种研究取得了初步成效后，就向国家科委申请，将"小麦生态研究"这项基础理论性的课题，列入国家重大科研项目。

1980年1月，当他接到国家科委批准"小麦生态研究"列入国家自然科学基金课题的通知时，十分高兴。为了课题研究的需要，他又积极争取，得到了中国农科院院长基金的资助，为开展课题研究创造了条件。在他主持下，1982—1985年，在北纬49°26′至北纬23°08′，东经86°34′至东经127°21′的我国范围内，布设了从海拔8.9米至3 836米的42个试验点，以中国农业科学院作物栽培研究所牵头，农业气象研究所配合，组织了全国41个农业科研单位和农业院校，开展了三个试验年度的小麦生态联合试验。用代表不同类型的31个参试品种，按照统一

1982年3月，金善宝（中）在广西省农业科学院

的设计原则,采用分期播种以补充创造不同光温条件的方法,系统调查小麦生长发育过程的有关特性,并联系相应的气象资料,进行整理分析,获得了丰富的试验资料和大量的试验数据,从中提出了一些新观点,揭示了一些共同规律。

在此基础上,1988—1990年再次进行了小麦生态联合试验。试验研究仍以田间分期播种为主要研究手段,在全国14个试验点进行秋、冬、春播试验,并辅以室内试验。通过两个试验年度的联合试验、研究和总结,进一步丰富了六五期间的研究内容,充实了小麦生态基础理论。

此项集体研究成果,获1995年国家自然科学三等奖。

十二、为现代农学家立传

1982年年初,湖南科学技术出版社委托金善宝主持编纂《中国现代农学家传》一书,他觉得这是一件十分有意义的工作,欣然接受了这一任务。

他认为,我国是一个历史悠久的农业大国,古代历史上出现了贾思勰、王祯、徐光启等著名的农业科学家,在人类文明史上占有重要地位。20年代以来,许多爱国的知识分子为了报效祖国,探索现代农业科学技术,为我国现代农业的发展,做了许多开创性的工作。新中国成立以后,很多农业科学家虽然受过一些不公正的待遇,可是他们热爱祖国、热爱人民,不论在任何艰难困苦的条件下,献身祖国农业的决心始终没有动摇,并为之作出了重要贡献,这是十分难能可贵的。对于这一切,我们都应该牢牢记住。当前,我国要进行四个现代化建设,需要有许许多多的科学家、发明家,要实现农业现代化,需要有更多的农业科学家献身于这项伟大的事业。为此,编纂一本现代农学家传是十分必要的。从这本传记里,可以追寻老一代科学家奋斗的足迹,了解他们走过的艰难历程,以激励和教育后人。

为此,他同副主编吴景锋一起讨论了这部传记入选人员的专业范围和基本条件。确定入选人员的专业包括农业、林业的各有关专业,入选人员的条件主要是两条：一是爱祖国、爱人民，二是在农业、林业科学上有卓越建树、治学严谨、联系实际的专家学者。其中特别强调，在日寇侵华期间，凡是丧失民族气节、为日本人做过事的人，不能入选本传记。

约稿信发出后，经有关方面推荐，一共收集到120多位农（林）学家的传记材料，历时6年，完成了审稿和定稿工作，先后分两卷出版。列传人中，既有20年代以来，为祖国农业建设作了重要贡献、已故和健在的农业科学家、教授，也有目前正在农业战线上担负重任，为建设农业现代化做出新成绩的后起之秀，以其内容涉及农业领域的广度，和2/3世纪的长度，客观上构成了中国现代农业科技和教育史的一个重要部分。对于追溯我国20世纪20年代以来农业科技教育发展过程，具有重要的参考价值。

《中国现代农学家传》第一卷于1985年8月出版；第二卷于1989年8月出版。出版后，受到广大读者的欢迎和好评。

大地回春

第十章

——

情系母校

一、剪不断的情缘

如前所述，1958年金善宝调到北京。人虽然调离了南京农学院，但是，他的心一刻也没有离开这个培育他成长的母校，一刻也没有忘记这块和自己一起饱经沧桑、历尽风雨的园地。在南农，有他青年时代一起同窗共读的老同学、共度患难的老同事，还有他师生情谊很深的众多学生，他的南大2419小麦良种，正在长江流域大面积推广；他的《中国小麦的种类及其分布的研究》，正在南农的试验田里紧锣密鼓地进行着……南京和北京千里之遥的距离，剪不断与南农千丝万缕的情缘！他几乎每年都要抽空到南农去走走看看，每次到南农，都要先去试验田里看小麦，和课题组成员一起探讨研究中的问题；也忘不了去看看农业遗传研究室的研究人员，对他们的工作成绩总是满腔热情的鼓励，对他们反映的问题，也总是积极向上汇报、想方设法予以解决。

金善宝调到北京之后，就开始了缩短小麦育种年限的设想，但因没有科研助手，无法开展工作。是南农的老战友，在他孤立无援、一筹莫展的时候，给了他极大支持。1964年创立了中国农业科学院南京农学院小麦品种研究室，由吴兆苏、沈丽娟、刘大钧教授主持，成员有薄元嘉、卢践琨、周朝飞、夏穗生、邵学芝等20多人，从1966年开始，先后到黄山、庐山、井冈山、云南元谋等地寻找夏繁基地，进行冬小麦夏播试验，获得成功，对实现金善宝异地加代，加速育种进程，缩短小麦育种年限的设想起到了积极作用。令金善宝不能忘怀的是，当时如果没有千里之遥战友的支援，单靠金善宝一个孤立无援的老叟，和一位助手杜振华，是绝不可能完成如此艰难、繁重的任务的，缩短小麦育种年限的设想，也就只能停留在设想的阶段，不可能实现！是千里之遥的战友，为他的设想打开了通向成功的大门！才有以后一年繁殖3代小麦的成功，才有京红1～9号小麦育成的喜悦！

二、母校的厄运牵动着赤子之心

10年动乱中,"四人帮"一伙疯狂破坏教育、迫害知识分子,农业院校遭到了空前未有的大破坏。1972年1月,南京农学院被迫迁到了扬州,与江苏农学院合并,搬迁时,很多仪器设备被砸烂,书籍资料散失无存,损失惨重。搬迁后,由于南京农学院师生员工人数大大超过了江苏农学院,江苏农学院原有的教室、宿舍、实验室根本无法容纳,以致学生没有教室上课,教师无法教学,科学研究更是无从谈起,搬去的仪器设备也无处存放,只好放在露天里,任凭风吹雨打,损失惨重。有人形容这种合并方法,就像把一个大瓶子装进一个小瓶子,是根本不可能的。唯一的办法是,把大瓶子砸烂,才能把大瓶的碎片装进小瓶里。这就是说,南京农学院与江苏农学院合并,实际上是砸烂了南京农学院,取消了南京农学院。原来南农的校舍、场地、农场都被强行分割、霸占……

母校的厄运,牵动着赤子之心!

金善宝听到这个消息,十分痛心,也十分无奈!

1977年8月,金善宝在"科学与教育工作座谈会"精神的鼓舞下,想到了被砸烂的南京农学院,显然,这种砸烂南农的做法完全违背了"科学与教育工作座谈会"的精神!他当即写信给南京农学院的沈丽娟教授,希望他们到北京来,把南农的情况直接反映给中央,争取早日恢复南京农学院。

沈丽娟教授收到信后,立刻和南农原来的校长、教务主任、教授们商量,起草了一份报告,详细陈述了南京农学院与江苏农学院合并以后的种种弊端,要求恢复南京农学院。他们到北京的当天晚上,住在农业部招待所,第二天,金善宝就在农科院招待所内为他们安排了住处,和他们一起研究了报告内容,作了一些修改和补充。报告一式3份,分送农业部、教育部和江苏省委。农业部、教育部的领导分别接见了他们,对他们反映的意见十分重视。与此同时，他为南京农学院的复校问题，给邓小平同志写了一封信，信件草稿如下。

敬爱的邓副主席：

最近先后收到江苏农学院部分教职工（原南京农学院职工）要我转呈给您的两封来信，信中谈了林彪和四人帮反党集团及在江苏的代理人摧残农业教育，恣意拼、砍原南京农学院的罪行及其恶果，和他们渴望恢复该校的请求。现随信送上，请审阅。

我在南京农学院及其前身工作了多年，因此，对南农亦较了解与关心。南京农学院在文化大革命前是农业部领导的重点高等学校，这个学校既是被四人帮的爪牙所破坏，现在就应该恢复，和北农大等院校一起，作为农林部重点院校，为国家培养农业技术骨干和农业科研人才，如有需要，仍可招收一些留学生。

金善宝给邓小平同志的信（草稿）

这个学校历史较久，师资图书设备等较好，过去在培养农业技术人才和科学研究等方面都有一定贡献，今后在农业现代化工作中也必将有所贡献。

以上意见，如您同意，可否批复农林部办理。

顺致

敬礼

金善宝

1977.9.20

信件上呈之后，久久没有回音。这是因为，农林口是"四人帮"极左路线的重灾户，"四人帮"虽然倒台了，极左路线的流毒却仍然阴魂不散，在相当长的时间内影响着人们判别是非的能力，复校的阻力很大。

　　在此期间，金善宝多次找到农林部的何康、郝中士、邹秉文、杨显东等同志，反映南农的情况，力陈南农复校的必要性，得到了他们的大力支持。直到1978年12月，党的十一届三中全会召开后，开始全面拨乱反正，纠正极左路线的错误，1979年1月2日，中共中央终于做出了恢复南京农学院的英明决定，并由中共中央办公厅给农林部、江苏省委发出《关于南京农学院复校的电报指示》。1月11日，农林部、江苏省委又发出《贯彻执行中共中央关于南京农学院复校的指示》。至此，南京农学院在被砸烂了整整9年之后，全校师生员工终于如愿以偿地复校了！复校后，校址仍为南京市卫岗。

　　南京农学院复校后不久，金善宝怀着十分复杂的心情从北京赶到南京，看望久别的母校。他看见刚刚复校的南农，被砸得支离破碎，元气大伤，原有校舍被5个单位占用，江浦农场、卫岗农场也分别划归江浦县和南京市农场，归还工作十分艰巨。全校师生员工的工作和生活条件十分艰苦，文革前86个实验室只恢复了一半，教师一家3代住在一间房间内，可是全体师生员工没有一句怨言，精神状态很好，信心十足，决心团结一致度过难关，恢复学校面貌。对此，又让金善宝看到了南农恢复和发展的希望，颇感欣慰。

　　后来在南京的一次会议上，他遇见了时任江苏省委书记的许家屯，他指着金善宝的鼻子说："啊！金善宝，南京农学院的事，原来是你在捣鬼啊！"

　　恢复南农拆并创伤的工作是十分艰巨的！学校经过努力，通过各种渠道呼吁和交涉，各单位占用南农的校舍从1979年开始迁出，直至1983年才按协议归还了部分土地和房屋（个别单位一直拖到1986年）。1984年，学校又新盖了一批教学和生活用房，学校面貌才开始转机。1984年7月，经教育部、农牧渔业部同意，南京农学院改名为南京农业大学。在国家改革开放方针的指引下，从此走上了蓬勃发展的道路。

这个时候的金老，已经年逾90，他离开南农已经30多年，他和南农的科研合作也早已告一段落，应该说，他和南农已经不会有什么联系了。可是，他和南农这种与生俱来、血浓于水的深情，不但没有中断，反而与日俱增。20世纪80年代以来，他每次去南方出差，总要绕道经过南京，去南农走走看看，每次去，都看到南农有很大变化；每次去，都发现南农有很大进步，他感到极大的欣慰！

1986年10月，他怀着十分兴奋的心情来到了改名以后的南京农业大学，学校在大礼堂举行了全体师生员工的欢迎大会，会上，党委书记费旭，请金老坐着给大家讲讲话，可92岁高龄的金老坚决不肯，一定要站着讲，这一讲就讲了两个多小时，他回忆了南农建院、从城内迁到城外卫岗、复校等问题，勉励大家努力把南京农业大学办得更好，越来越好，一定要把南京农大办成世界一流、现代化的农业大学，为祖国农业科学教育做出新的贡献……

讲话中，他的言谈笑语、字字句句无不透露出这位老院长对南京农大的一片挚诚，对祖国农业科学教育的无限热爱，对莘莘学子寄予的厚望，还有他老骥伏枥、锲而不舍的精神，给全校师生员工留下了深刻印象。

1986年10月28日，金老在南京农大全体师生员工大会上讲话（高俊供稿）

在农艺系主任张荣铣（左）陪同下，金老满怀欣喜参观南京农业大学（高俊供稿）

三、喜见桃李满园

1985年7月2日是金善宝的九十寿辰，九三学社中央、中国科学院、中国科协、中国农业科学院联合举办了"热烈祝贺金善宝教授从事农业科学、教育65周年暨九十寿辰"茶话会。8月，他在全国各地的83名学生，利用暑假，从全国各地纷纷赶来，在中国农业科学院灰楼小食堂为他们的恩师举办了热烈的庆贺会。

金老亲自授课的学生大都毕业于20世纪30—40年代，他们之中年纪大的已有70多岁，最小的也已60开外了。在这炎热的夏季，他们冒着酷暑，不远千里，风尘仆仆地从各地赶到北京，不是为了别的，只是为了祝贺他们当年的老师九十寿辰！世界上还有什么比这种师生情谊更可贵的呢？

当金老健步走进灰楼小食堂时，全体同学一致起立，鼓掌欢迎，金老和同学们一一握手、问候。这里有安徽农业大学教授、水稻育种学家李洪模和夫人徐静雯教授，李是解放前代表中央大学地下党联系金老的

1985年7月2日，九十寿辰庆贺会上

负责人，他的夫人徐静斐是著名画家徐悲鸿的女儿；有异源八倍体小黑麦新物种的创始人，荣获1978年全国科学大会奖的中科院院士鲍文奎；有40多年来一直从事我国稻种资源研究，国内有名的稻种资源专家俞履圻；有半个世纪以来一直追随金老学习和工作的，南京农业大学作物育种学教授、博士生导师吴兆苏；还有著名遗传育种学家、中科院院士徐冠仁，棉花专家黄滋康、蒋仲良，农业害螨研究专家罗毓权，兽医专家胡祥璧……

接着，徐静斐等人捧出一幅油画，揭开上面盖的红色丝绸，展现出在蓝天白云下，一片金色的麦浪中，一位老者正在仔细观察小麦的生长。画上写着："祝贺金老师九十寿辰"。原来这是40名学生联合出资，请著名画家徐悲鸿先生当年的学生，中央美院戴泽教授替金老画的肖像。当金老接过这份珍贵的礼物时，无比激动地说："这是我的学生对我一生从事科学、教育事业的最高奖赏。"

于是，金老用最古老、简朴的方法接待了他的学生。他吩咐家人杀了几只鸡，买了几十袋方便面，请大家吃鸡汤长寿面。寿宴虽然简单，大家却吃得十分开心，仿佛又回到了20世纪40年代同窗共读的时光。金老望着自己的学生，很多人也已经是白发苍苍，不由思绪万千。当年，他们都是风华正茂的热血青年，都拥有一颗振兴中华、报效祖国的赤子之心，现在几十年过去了，他们把自己的青春献给了祖国的农业建设，献给了祖国的农业科学、教育事业，为振兴祖国农业作出了重要贡献，其中很多人已成为国内外知名的专家学者。作为一名辛勤耕耘的园丁，能亲眼看到学生们的成就，看见学生们青出于蓝而胜于蓝，他自然

献画——祝贺金师九十寿辰（1985 年 8 月）

是无比的欣慰；可是，他也同样看重、挂念那些扎根祖国边区建设，把自己的青春、才华，无私奉献给祖国边区农业建设的学生们。当他每隔几年来到内蒙古、东北垦区、西北青海等地考察时，发现这里的农业发生了天翻地覆的变化，他就会想起当年那些自愿报名来到这荒凉边区的学生们，是他们，改变了这里的一切！是他们，用自己的青春和汗水，

敬洒——祝贺金师九十寿辰（1985 年 8 月）

祝寿会后聚于金师家中

默默地无私奉献，才使祖国的粮食年年增产！才使一片片黄土地披上了绿装！才使祖国的江山变得分外妖娆！他为自己拥有这样的学生感到无比的自豪！

事后，各地因故未能来京参加祝寿的学生，纷纷来信来电向金老师表示祝贺。其中，有远在昆明的西南林学院教授、林业学家徐永椿、曹

祝寿会名单

诚一夫妇，浙江农业大学教授、兽医专家蒋次升，福建农学院教授、水稻专家卢浩然，东北农学院教授、农机专家余友泰，水稻专家杨守仁，大豆专家徐豹，以及献身东北、内蒙古兴安盟扎赉特旗边疆40余年的高级农艺师程建平等28位校友。南京农业大学小麦遗传研究室吴兆苏、卢前琨等22名教师送来一面锦旗，引用范仲淹《严先生祠堂记》的结语来赞颂金老："云山苍苍，江水泱泱，先生之风，山高水长。"河北农业大学8位教授送来一张中国古画"凌霜傲雪一枝春"，上写着："高山仰止，景行行止，虽不能至，心向往之。"

南京农业大学刘大钧院校长暨全体师生员工寄来一封热情洋溢的祝贺信，全文如下。

敬爱的金善宝老院长：

欣逢您老九十寿辰，我校全体师生员工谨以热烈崇高的敬意，向您老祝贺，恭祝您老健康长寿！

您老毕生从事农业教育和农业科研，治学严谨，德高望重，为发展我国农业、培养农业科技人才呕心沥血，作出卓越贡献，是我们农业教育工作者的良师，也是农业科技工作者的楷模。

1952年全国院系调整，成立南京农学院，您老出任我们的首任院长，对学校的建设、师资的培养，莘莘学子的教育，不遗余力，奠定了学校发展基础，树立了办学良好风尚。之后，您老应农业科研发展需要，调任中国农业科学院院长，虽然离开学校，但仍然关心学校，事事处处为学校着想，特别在重要问题上的评论、指点，使我们受益匪浅。10年动乱，南农被撤，遭到严重破坏，您老痛心疾首；"四人帮"被粉碎，南农重逢春天，您老又是何等喜悦！在复校过程中，给了我们最大的支持，从复校方针，到整治学校，无不谆谆指导，尤其在遇到难以解决问题的时候，您老竟忘记自己的高龄，不辞辛劳，亲自奔波，务必于成；去年学院改为农业大学，您老热情洋溢为它祝贺，关怀备至。凡此种种，我们是永铭于心，无时或忘。

数十年来，您老在农业科研方面勤勤恳恳，栉风沐雨，始终不懈，所作贡献,影响深远,不愧是我国老一辈科学家中的典范。您老的专著、论文,是极为重要的科技文献,给我们后辈莫大启迪。尤其是新中国成立以来,在执掌我校期间,对研究小麦品种的演变历史及在利用国内外品种资源和选配亲本方面的基本经验,填补了我国在品种系谱分析方面的空白,至今成为我校科研工作中所遵循的重要途径。

您老为人刚正不阿,论是非不论利害,论功过不论权势,对党无限热爱,一片忠诚;在事业上,不畏艰难,坚韧不拔,勇往直前。您老是我国现代农业科研和农业教育的先驱,您老的一生值得我们讴歌、学习,您老的一言一行,都将激励我们热爱祖国,热爱农业,勇于为农业现代化献身。

"云山苍苍,江水泱泱,先生之风,山高水长"

此致

崇高敬礼

南京农业大学
校长刘大钧暨全体师生员工
1985 年 6 月 30 日

四、欢度 80 周年校庆

1994 年 10 月,刚过完百岁华诞的金老,接到了南京农业大学庆祝 80 周年校庆的请柬,十分高兴。

对金老这次外出,中国农业科学院的领导十分重视,除了金老的秘书胡海涛陪同随行之外,还派了卫生所王秀璋大夫和金老的女儿一同前往。

飞机到达南京机场,南京农大党委书记费旭、金老早年的学生沈丽娟教授等人前来迎接,双方见面,热情握手问候,并给金老献上鲜花。在车上,费书记告诉金老,这次校庆活动,校庆筹备组分两处接待贵宾,一处是校外的宾馆,另一处是学校的招待所,筹备组将金老安排在校外宾馆。金老一听,马上说:"到南农来,就是来看南农的!住在宾馆干什么？费书记解释说，学校招待所的条件不太好。金老说："我自己家里也没有什么好条件！只要和大家联系方便就行了！"于是，汽车直往南京农业大学开去。

到了南农，吃过午餐，稍事休息后，果然，老朋友们就陆续来了，他们大都是金老40年代的学生。第一个来的是沈丽娟、朱立宏夫妇，沈丽娟毕业后曾经给金老当过助教，是金老的入党介绍人，也是研究小麦的，工作上和金老有过多次合作，朱立宏已是全国有名的水稻专家了，50多年来师生双方一直保持着密切的联系；接着来的是王业遴、曹寿椿夫妇，王业遴是果树专家，他的夫人曹寿椿是园艺专家，最近因参加建设南京市"菜篮子工程"，成绩突出，荣获"南京市科技功臣"称号，并获10万元大奖；此外还有潘家驹、沈守愚等人，潘家驹是棉花专家，沈守愚是研究法律的，著有多本著作。谈起40年代在校学习的往事，大家还记忆犹新。潘家驹说："我原来是学医的，因为得了肺病，才转到农艺系来，到农艺系以后，经常到试验地里去操作，呼吸大自然的新鲜空气，我的身体慢慢好了起来，要不是学农，恐怕早就不行了，所以我一直很庆幸选择了农科专业。"金老的女儿在旁插话说："我发现学农的人没有一个发胖的，年纪大了走起路来，还像年轻人一样灵活、矫健，这大概是大自然的恩赐吧！"说得大家都笑了，金老也高兴地说："学农好！学农好！学农让我们健康长寿。"

20日上午，南京农业大学操场上，举行了80周年校庆庆祝大会。在大会休息厅里，金老见到了江苏省省长郑斯林、江苏省政协主席孙颔，还有从台北来的校友虞兆中教授等人。

大会开始，金老被引到主席台中央坐下。只见台上鲜花满座，台下红旗飘扬，执行主席宣布庆祝大会开始，乐队奏起南京农业大学校歌，伴随着优美的旋律，五彩缤纷的焰火在空中绽放，鼓号、鞭炮齐响，2 000只汽球随风飘起，2 000只白鸽展翅飞翔，整个会场变成了一个欢乐激动的海洋。

盖钧镒校长首先致词，他代表南京农业大学全体师生员工，热烈欢迎来自海内外、全国各地的校友来校参加80周年校庆，热烈欢迎农业

1994年南农大80周年校庆,金善宝(右)和台湾中央大学校友会名誉会长虞兆中(左)亲切交谈

部、江苏省的领导在百忙中莅临指导。他还特别提出,热烈欢迎南农的首任院长、百岁老人金善宝老先生不远千里赶来参加这次校庆盛典。在讲话中,他简短地介绍了南农的历史,南农现有的发展规模,取得的主

1994年10月20日,金善宝(左2)在南京农大80年校庆大会上讲话

1994年10月20日,江苏省政协主席孙颔(左)在校庆大会上宣布"在南京农业大学设立金善宝农业教育奖学金"

要成果之后,表示一定要把南农办成世界第一流的农业大学,为早日进入国家211工程而奋斗。接着是农业部代表、江苏省、南京市领导以及来自海内外的来宾、校友代表讲话,一致祝愿南京农业大学办成第一流的农业大学,为中国农业的腾飞做出更大贡献。江苏省政协主席孙颔,在会上宣布,为了奖励优秀学子,培养跨世纪人才,在南京农业大学成立金善宝农业教育奖学金基金会的决定,博得了全场热烈的掌声。最后,盖校长请金老也说几句,金老接过扩音器,激动地说:

今天,我很高兴能和大家一起庆祝南京农业大学八十周年校庆。我是1917年进入南京农业大学的前身,南京高等师范农科学习的,是大家的老校友了。在南京农业大学八十周年校庆之际,以我的名义,在南农成立农业教育奖学金基金会,奖励优秀学子,培养跨世纪人才,我感到十分光荣,十分高兴……

他鼓励年轻的朋友、同学们,肩负起祖国农业教育、农业科学研究的重担,衷心祝愿南京农业大学不断发展壮大,祝愿在座的农业教育、科技工作者,和未来的农业教育、科技工作者们,青出于蓝而胜于蓝,为祖国的农业现代化做出更大贡献。

大会讲话稿

庆祝大会结束后,金老在食堂遇见了南京林业大学的周慧明教授,她高兴地对金老说:"金老,告诉您一个好消息,我给光荣(她的丈夫周光荣,旅居泰国)写信,要他为金老的农业教育奖学金捐款1万美元,他回信说,要捐款2万5千美元呢!"大家听了都很高兴。令人感动的是,其实周慧明并不是金老的学生,她是著名林业科学家梁希的学生,因为金善宝和梁希是挚友,而梁老和周虽

1994年10月,金老(右)和周慧明(左)在南京农大

是师生,却情同父女,周也就视金老为自己的师长了,因而金老和周虽不是师生,却情同师生!久别重逢,金老见到她又未免想起她那坎坷、凄婉的人生。40年代初期,风华正茂、飒爽英姿的周慧明和周光荣,双双从英国留学归来,在重庆沙坪坝中央大学喜接连理;抗战胜利后回到南京,丈夫远走台湾,从此杳无音信,又遭丧子之痛,幸有恩师梁老相依为命;1958年梁老去世后,孤独一人,历经磨难,坚贞不屈,为祖国林业科教事业作出了重要贡献!改革开放后,虽然和丈夫有了联系,但是早已物是人非,一切的一切已成过去……这样顽强的知识女性,是值得文人墨士大书特书的!

12名校友来看金师。右起:颜若良、计矗、俞世蓉、裘凌沧、何祥泰、胡永霖、金善宝、谢福祥、周祖澄、马文瑜、骆文达、陶益寿、宁顺庆

午饭后,原南京农学院农学系52届、53届毕业的12名学生一起来招待所看望他们的老院长。几十年来,他们奋战在祖国的四面八方,为发展祖国农业献出了自己的青春,现在都是颇有名望的专家学者,师生久别重逢,欢声笑语不断。

此时此刻,金老不禁浸沉在深深的幸福之中,世界上还有什么能比一个辛勤耕耘的园丁,看见桃李满园、硕果累累时更加欣慰的呢?他清

1959年南农校友聚于青海。右起：曾光华、苏彬彦、金善宝、戴自谦、郑葆明、曹以勤、陈梦宜

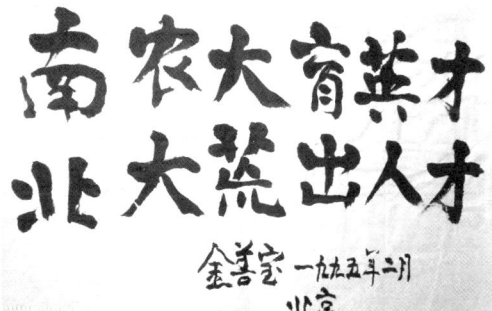

南农大育英才
北大荒出人才
金善宝 一九九五年二月 北京

金善宝手迹

楚地记得，新中国成立初期，原中大农艺系毕业生徐豹、何宁来看望他，托他写信给黑龙江省省长冯仲云，推荐他们两口子去东北工作，他俩来到了吉林省公主岭，一干就是几十年，成为全国有名的大豆专家；他也不会忘记，1959年去青海考察时，在那里见到了南农的毕业生、自愿来青海工作的陈梦宜、郑葆明、曾光华、曹以勤、戴自谦、苏彬彦6位同学，一晃35年过去了，他们现在怎样了？虽然久未联系，但是，当年和他们一起合影的一张小照片，他一直珍藏着，这6位学生的名字牢牢地刻印在他的心头。作为他们的师长，他相信他们一定能在平凡的岗位上，做出不平凡的贡献！还有扎根北大荒垦区40年、为改变北大荒面貌作出突出贡献的高级农艺师程建平等28位同学……他们都是祖国的骄傲！

1989年5月,师生共赴蚌埠看小麦。左起:吴兆苏、金善宝、李燮和

此时此刻他也更加惦念在历次政治运动中遭受迫害、一生不幸的学子们,每次来南京,他都不会忘记去看望那位被划右之后,一直瘫痪在床的女学子,作为一名辛勤耕耘的园丁,对挚爱的学生,就像自己的孩子,不在乎他们拥有多少荣誉、财富,只盼他们能为祖国的农业科学、教育,贡献一技之长,一生幸福,学子们的厄运,是他心中永远的隐痛……

下午3点,江苏省九三学社南京农业大学支社为金老召开了欢迎茶话会。早在1939年,金老就参加了自然科学座谈会,1945年又参与了发起成立九三学社的全过程,半个多世纪以来,和九三学社结下了不解之缘,他个人的命运是和九三学社的命运紧紧联系在一起的,加之南京是他的第二故乡,南京农业大学是他的母校,因此,他和南京农业大学"九三学社支社"自然有一种特殊的感情,他的心和全体社员的心是相通的!坐在全体社员之间,令他感到有一种难以言表的亲情!

晚上,盖钧镒校长召开了盛大宴会,招待来自海内外各地来参加校庆的来宾和校友。宴席上,灯火辉煌、喜气洋洋,盖校长身着西服,风度翩翩,为各位来宾、校友们祝酒,共同祝愿南京农业大学不断发展壮大。

21日上午，应学生会的要求，金老接见了学生会的代表。

——金老，您在校庆大会上说，您是1917年进入南京高等师范农科学习的，您当时为什么要选择农科这个专业呢？

——我从小生长在农村，出身农家子弟，亲身感受到农民世世代代的困苦生活，对农业有深厚的感情，所以一看见南京高等师范农科招生，马上就去报名了，我没有任何其他的选择。

——从1917年到现在已经有70几个年头了，在这70多年里，您遇到过多少困难？有没有后悔当初的选择？

80年校庆，金老和南京农大青年学生在一起

——我这一生遇到的困难和挫折已经数不清了，可是有一点可以肯定，不管遇到什么困难，我献身祖国农业的决心从来没有动摇过。

——您经常到试验地里去劳动，到农村去调查，学农这个专业，是不是很苦很累？

——世界上要做成任何一件事情，都要付出艰苦的劳动，没有苦，哪来的甜？当我们经过几年努力，终于培育出一个新品种，为农业增产作出一点贡献的时候，我们的心里就会有一种说不出来的甜，感到人生过得很充实、很幸福。对于这一点，你们现在可能还没有体会，等你们参加工作之后，就会有体会了。

——金老,您是农业界的老前辈了,您能给我们提点希望吗?

——中国是一个12亿人口的大国,"民以食为天",任何时候,农业都是我们国家的头等大事。你们能立志务农,献身农业,我感到十分高兴。你们是祖国的未来,实现祖国农业现代化的任务寄托在你们身上,希望你们勤奋学习,努力工作,担负起这个光荣的历史重任。

右起:刘大钧、金老、沈守愚、费旭摄于南京农大招待所(1994.10)

最后,学生代表要求金老为他们题字留念,金老在他们的笔记本上分别写了"腾飞"二字,希望南京农业大学腾飞,发展成为世界第一流的农业大学,希望青年学生们腾飞,将来成长为跨世纪的专业人才,为发展祖国农业作出新的贡献。

23日上午,盖校长和金老一起参观了南农的校园和校史展览,他们沿着整齐的林荫小道,穿过宽阔的草坪,遥见秀丽的假山、清彻的湖水旁边坐着三三两两埋头攻读的学子,苍松翠柏丛中耸立着一座座现代化的建筑,教学楼、实验楼、培训楼、图书馆、电化教学楼依次排列……盖校长告诉金老,学校在浦镇点将台设有分部,在江浦县有实验农场,校园占地总面积约有8 000余亩,校舍建筑面积约25万平方米,在校学生人数5 000余人,教职工2 700余人,其中,各类专业人才1 700余人。设有8个学院和研究生院、社会科学部等,共含21个系,70多个本、专科专业方向,18个博士学科、35个硕士学科和一个博士后流动站,此

在校庆展览会上，金老为南京农大 80 周年校庆题字

外还有 20 个研究所，110 个实验室……形成了既是教育中心，又是科研中心的基本格局。

听了盖校长的介绍，金老无比振奋、无比欣喜。无论从学校规模、专业设置、师资力量、培养学生人数方面，过去的南京农学院与现在的南京农业大学都是无法比拟的。时过 40 多年之后，今天的南京农业大学，以她崭新的姿态有力地证明了当年金善宝力排众议，将南农迁至卫岗新址的举措是多么的正确和明智！

金善宝手迹

在校史科研成果展览会上，金老看到了自改革开放以来，全校共取得了 350 多项科研成果，其中，有 200 多项达到了国际、国内先进水平，创造了百亿元以上的经济效益。在开展国际交流方面，学校已经先后与 10 多个国家的 20 多所大学与科研机构建立了联系，并且与联合国粮农组织、国际水稻所等国际机构保持着良好的合作关系。看完展览，金老又高兴又激动，深深感到，时代在前进，南农在前进，岁月悠悠，征途漫漫，经历了80年风雨的南京农业大学，正以崭新的姿态，奔向21世纪。

左起：沈丽娟、金老、盖钧镒校长在校庆展览会上

在校庆活动间隙期间，南京农业大学前校长刘大钧教授，请金老到南京古迹夫子庙游玩。离别南京30多年，虽然金老曾多次来南农，但却从未来过夫子庙，印象中破旧的夫子庙、污臭的秦淮河早已不复存在，展现在眼前的是，一排排重重叠叠的明代建筑，古典的大屋顶，覆盖着白色的墙围，错落有致。当日暮降临，古典建筑群的灯光，大放异彩，将它们的倒影，投映在清澈的秦淮河上，衬托出美丽的秦淮河分外妖娆！

饱览了夫子庙美丽的夜景之后，刘大钧教授又请金老去明末爱国名妓李香君故居吃点心。李香君故居的点心种类之多，品味之香甜，都是

1994年10月20日，刘大钧（右）陈佩度（左）陪金老共游南京夫子庙

南京农大盖钧镒校长（右）和金老临别留念

绝无仅有的，以至过了好几天之后，还令金老这位百岁老翁回味无穷！

这次参加南京农业大学校庆，在南京一共住了5天。临别，南京农业大学和南京市政府都要求金老题字留念，金老欣然提笔，为南京市政府的题字是："依靠科学技术，加快南京经济发展"；为南京农业大学的题字是："八十年育英才，跨世纪展宏图，励精图治、真抓实干，早日进入国家211工程"。

五、最大的心愿

时光匆匆，又过去了两年。到了1996年，金老已是101岁的老人，虽然身体状况不如以前，可是仍然牢牢记着两年前给南京农大"……早日进入211工程"的题字。这个题字，不仅表达了他对南京农大母校的期望，也是一个农业教育家关心农业教育的心愿。消息传来，全国已有几十所高等院校进入"211工程"了，而南京农大却一直没有音讯，金老焦急得有点坐不住了！此时，适值南京农大翟虎渠校长来农科院拜望老院长，金老问起进入"211工程"的情况，翟校长表示，进入"211工程"有很多困难，也许是学校本身的工作还不够，也可能是下情没有及

金老给李副总理的信

时的上达之故……金老说：既然是这样，你们回去好好检查一下学校的工作，对照"211工程"的要求，看看哪些方面还不够条件，一定要尽快赶上去！另外，你们可以把南京农大的情况写一份材料，我托人送呈上去，试试看，如何？于是，翟校长很快送来一份南京农大的情况介绍，金老当即将此材料送呈国务院主管教育的李岚清副总理和朱开轩主任，并用他颤抖的笔写了一封亲笔信。信中，他概括介绍了南京农业大学办学的综合实力、人才培养、科学研究和产业开发等方面，均名列全国各农业院校前茅之后，满怀深情地写道：

……南京农业大学是我的母校，我在这个学校学习、工作了将近40年，出于对南京农业大学的关心和我国高等农业教育的热爱，考虑再三，特此提笔，向领导反映，请领导在百忙中对南京农业大学"211工程"部门的预审问题予以关照。

谢谢！

专此函达，盼予示复。此致敬礼！

这封信，虽然字体写得歪歪斜斜，却表达了一位世纪老人对农业教育事业的一片赤诚。

国家教委给金老的回信

此信送呈后一周左右，金老家中就接到国家教委"211工程"办公室的电话，被告知：金老给李岚清副总理、和朱开轩主任的信收到了。经研究，已经同意南京农业大学进行"211工程"部门预审。请金老放心！7月初又收到国家教委"211工程"办公室的正式回函和批文。

至此，南京农业大学申请进入"211工程"预审之事，如果从农业部1995年同意申请上报开始计算，历经一年之久的多方努力，终于大功告成。金老心中的一块石头总算落了地！完成了他生命中对南农最后的一点奉献！

1994年7月，南京农大校友聚于中国农业科学院
左起：沈贵银、夏祖灼、金善宝、周邦任、司洪文

有人说，金善宝和他母校的关系，形同母子，胜似母子。母校培育他，从一个山村农娃，成为大学教授、一代农业科学家、教育家；他用自己的一生回报了母校，辛勤耕耘，培养出一批又一批青出于蓝而胜于蓝的农业科技人才；有人说，金老和南农的关系，如同亲人，胜似亲人。他的心脏随着南农的兴衰而跳动！他的血液，随着南农的发展而沸腾！这不仅仅因为他是南农的首任院长，更主要的是，出于一个农业教育家热爱农业教育的心怀，出于一颗热爱祖国、盼望祖国农业发达的赤子之心！因为他知道，一个人的生命是有限的，一个人的贡献再大，在历史

1994年11月,中大农艺系37届毕业生探望百岁金老在园中留影。左起:罗景德、黄淑芳、金老、程保民、罗淑德、金人一

发展的长河中只是沧海一粟,只有依靠一代又一代人的努力,才能使祖国长治久安,繁荣富强。这就是金善宝一生最大的心愿!

而金老早年的学生、河南农业科学院的柯象寅、何家泌、赵德芳、黄肇曾、张庆吉、王植壁6位教授给金老师九十寿辰的祝贺信中,也道

中大校友来贺金老跨入101大寿之年(1996年6月3日)

出了全体学生对金老师最真挚的感情。

尊敬的金老：

您以孺子牛的步履，为党和祖国的农业科研事业做出卓越贡献之后，迎来了不平凡生涯的第九十个寒暑。作为敬仰您的晚辈和学生，谨向您表示最真诚的祝贺。

金老，您的一生是向往真理、追求光明、为人民服务的一生，无论是风雨如磐的昔日，还是浩劫罕见的昨天，您总像刚强的松柏，怀着赤子之心，毫不动摇地向着光明……

金老，您的一生，是在科研和教育岗位上，忘我工作、潜心钻研、取得卓越成就的一生。小麦研究就是您的生命！为此，您可以不惜身体、不顾家庭、不计个人荣辱、披荆斩棘、呕心沥血，为国家培育出了一个个优良品种，撰写出一部部科学论著，浇灌出代代桃李。您像人梯一样，为祖国的四化建设，托起了一根根栋梁！

金老，您的一生，是谦虚谨慎、严以律己、高风亮节的一生。您身为领导，又德高望重，却没有"官"的作风，您用党和人民的最小给予，对党和人民作出了最大贡献！

敬爱的金老啊！在此千言万语难尽之时，仅用以下几句，表示我们的心意：

功德福全民，桃李遍天下；
春秋九十载，高寿享天年；
更期逾百岁，龙跃在人间；
区区此祝贺，馨祷献尊前。

金善宝

桃李满园

第十一章

———

山高水长

一、"长江后浪推前浪"

作为一代农业教育家,金善宝十分重视农业科技人才的培养。在四个现代化建设的高潮中,他经常想的是,10年浩劫,大量的农业科技人才流失,要实现农业现代化,当务之急,是培养一支世界一流的农业科学技术队伍。1978年在全国科学大会上,他提出:"迅速培养一支宏大的农业科技队伍"的建议。在他任中国农业科学院长期间,亲自兼任研究生院院长,关心青年成长,主张不拘一格培养人才,为年轻人创造条件,充分发挥他们的聪明才智。

原华北农科所的宋槐兴同志,1955年响应党的号召,自愿支援西藏,到拉萨后工作几经变动,1965年调到西藏农科所,1973年回到中国农林科学院,1978年才回到作物所。1982年评定技术职称时,他未能晋升。金善宝了解情况后说:"他虽然是农业中专毕业,但在西藏那样困难的条件下,深入实际搞农业技术推广,有苏武牧羊那么长时间,很不容易!他还选育出拉萨1号蚕豆品种,是有一定技术水平的,不能只看学历,要重视实际工作能力………"宋槐兴同志晋升高级农艺师后,工作热情更加高涨,无论是担任科研处副处长或所办公室主任,都尽心竭力做好科研管理工作,在管理岗位上作出了贡献。

作物所的助理农艺师赵广才,1973年毕业于北京农校。参加工作后,他一面工作,一面刻苦自学,几年来,他先后自学了高等农业院校的土壤学、作物栽培学、植物学、植物生理学、田间试验和统计方法、生物化学等10多门功课。1983年,他参加了中国农业科学院研究生院招考研究生的考试,以总分324分的成绩名列第三,达到了研究生录取标准。可是他却因为没有大学文凭而落榜了。这件事,通过秘书尹福玉反映给了金善宝,他认为录取研究生不能光看学历,要看实际水平,不能以"学历不符合要求"简单地处理。但考虑自己不便明确表态,只好含蓄地在该考生的材料上批了半句话:"自学还能成才,何况成绩……"

供决策者参考。后来，研究生院不拘一格录取了这位研究生。

在金善宝的一生中，热情关心年轻一代，扶植青年成长，主动为他们排忧解难、创造条件的事例是很多的。

长江后浪推前浪
一代新人换旧人

金善宝手迹

1962年，刚从大学毕业的杜振华，被分配到金善宝办公室当秘书。金善宝告诉这位年轻人，日常事务我自己会做，你正年轻力壮，不要把专业荒废了，还是多搞点研究好。于是，杜振华就专心致志地从事春小麦育种研究，一干就是几十年，从金善宝的得力助手，成长为中国农业科学院的研究员，作物所副所长、麦系研究室主任，小麦育种学家，为我国小麦育种事业作出了贡献。

1980年，吴景锋从北也门农技专家组回国，被选定为金善宝的专职秘书。开始，他担心自己是搞玉米的，金院长是小麦专家，以后自己的专业可能要扔掉了。金善宝知道他的想法后，明确地告诉他仍可以抽时间参加玉米研究，并亲自打电话给玉米专家李竞雄，请他支持吴景锋参加所里的玉米研究工作。吴景锋在金善宝身边工作两年多，在处理好秘书工作的同时，对从北也门带回来的玉米材料，进行了深入研究，选育出中单306、中单3211优良单交种，通过两省一市一区和国家审定，应用于生产，为我国的玉米育种事业作出了贡献。

金善宝不仅关心农科院内青年人的成长，也同样关怀全国农业科技战线上奋发有为的年轻一代！

中国科学院院士、小麦遗传育种学家、2006年国家最高科学技术奖获得者李振声说：

在我从事小麦远缘杂交刚刚取得一些成绩的时候，在"文化大革命"中受到批判的时候，在工作走向深入、开始小麦染色体工程研究的时候，都得到过金老亲切的指导、鼓励和教育。我虽然不是金老的正统学生，也没有跟随金老做过研究工作，但在我心目中，金老，是我最尊敬的恩师，学习的楷模……

1994年7月2日，扎根东北垦区数十年的程建平（右）来看望金师

原江南大学毕业的高级农艺师程建平在"恩师情意深"一文中，深切怀念金善宝老师：

1976年，金老引进国外小麦种质32份，在我所在的农科所建立试验基地。当时金老年逾七旬，了解我是江南大学毕业的，就让我负责这个国家课题，并介绍我参加九三学社。金老对待工作认真负责，严于律己，经常来东北垦区和试验基地田间调查，在金老的鼓励和关心下，经15个春秋，才培育成中图1—3号春小麦新品种，目前，已在全国大面积推广应用。金老百岁华诞，党

原载1986年10月30日《浙江农大校刊》第23期

和国家领导人亲临祝贺，当天中午，我在他家红楼合影留念，这是我终身难忘的情景，永远、永远……

早在1979年，金善宝在杭州参加中国原子能学会成立大会时，在会上就热情洋溢地鼓励年轻一代说：

参加这次会议的，有像我这样的一些老人，更多的是一些青壮年同志，我们这些老人愿把有限的晚年献给祖国建设四化的宏伟事业，我们更寄希望于广大青壮年科技工作者，希望你们树立攀登科学高峰的雄心，立下实现四个现代化的大志，勤奋学习，努力钻研，牢记马克思的名言：

"在科学上没有平坦的大道,只有不畏劳苦沿着陡峭山路攀登的人,才有希望达到光辉的顶点。"

他还列举了创立太阳系学说的哥白尼,发现机械运动三大定律的牛顿,创立生物进化的达尔文,创立相对论的爱因斯坦,以及中国古代科学家张衡、祖冲之、李时珍等,都是经过个人勤奋钻研,才有所发现,有所发明。他要求中青年科技工作者,努力掌握基础理论知识,掌握现代的科学技术,熟练地掌握一门外语或数门外语,培养严谨的科研作风和实事求是的态度,忘我工作,勇猛攻关,立志赶超前人。他的讲话赢得了广大与会科技工作者的热烈拥护。

1982 年党中央提出了干部年轻化。这一年,金老已经 87 岁了,按照干部 60 岁退休计算,他已经多干了 27 年。为此,他多次要求中央组织部、农牧渔业部推荐年轻的同志来担任农科院院长。直到 12 月份,他才接到国务院总理

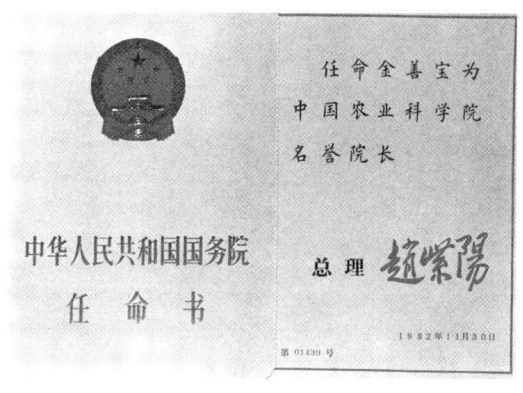

任命书

赵紫阳任命他为中国农业科学院名誉院长的任命书,中央组织部部长宋任穷同志同意他退居二线的复信,并告诉他将调江苏省农业科学院院长卢良恕来接替他的职务,他十分高兴。卢良恕到任后,他热情欢迎,积极支持,并执意把自己兼任的农科院学术委员会主任和研究生院院长的职务,也让位给卢良恕同志。

《人民日报》记者就此事采访他,问他是怎么想的?他说:

长江后浪推前浪,这是历史发展的规律,老年人要为新一代着想,让位给新人,新陈代谢在科技界也不例外。老年人不下来,新人上不去,这样会给四个现代化建设带来不利的影响。

记者问他担任名誉院长有什么想法?他若有所思的在纸上写了"实者虚之,虚者实之" 8 个字,解释说:

过去,我虽然身任院长,其实我只醉心于科学研究,醉心于小麦育种,至于全院的工作,上有党委,下有各部门职工,并不需要我操心,所以实际上我只是一个"名誉院长";现在退居二线,真正做了名誉院长,职位虚了,却能干一些力所能及的实事,如春小麦育种研究,不仅能培育出一批增产优质的小麦良种,还可以带出一批春小麦育种的人才来,这才是我一生最大的乐趣。

二、跨越世纪的友情

金善宝不仅对年轻一代关怀备至、积极扶植,对自己患难与共的同窗、亲友们也一样以诚相待,热情相助,共同度过了一个世纪的风风雨雨。虽然他们之中有的人在风雨中倒下去了!却丝毫也没有动摇这群爱国知识分子的赤子之心!虽然他们之中很多人遭到非人的折磨、无可名状的苦难,仍然不能阻挡他们热爱科学、追求真理的步伐!正是这种难能可贵的精神,这种共同的坚定信念,造就了他们淡如水、浓于血的君子之交!成就了他们跨越世纪的友情!

先从著名棉花专家冯泽芳谈起吧!

1931年,金善宝(左)冯泽芳(右)摄于美国康奈尔大学研究生院

高高的个子，白净的脸上戴着一副黑边眼镜，说话慢条斯理、带有一口浓重的义乌口音，无论是穿长袍还是中山装，清洁而又齐整，一个儒雅、庄重的知识分子。这就是我国农业科技教育界对著名棉花专家冯泽芳的印象。

冯泽芳1921年南京高师毕业，1931年攒了一些钱，在亲友的资助下，远赴重洋到美国康奈尔大学研究院深造。在这里，他遇见了昔日的同窗——金善宝，他们两人都来自浙江农村，有共同的追求，共同的生活习惯，不会跳舞、不会唱洋歌、不会游泳、不会打牌、也不会开汽车，两个土包子只会专心致志地学习，废寝忘食地工作。艰苦的经历，记录了两个土包子怀抱科学救国的理想，百折不挠、顽强学习的意志，也成就了两人患难中颠扑不破的友谊。

1933年两人先后回国，又先后到中央大学农学院任教，无论是抗日战争时期在重庆，胜利后回到南京，两家都住在农学院宿舍内，相距甚近，交往甚密。其间，冯是棉花专家，金是搞小麦的；在重庆，冯是农学院院长，金是冯手下的一名教授；新中国成立后，金当了南农院长，冯却做了南农科研部主任。专业上的不同，职务上的转换，丝毫也没有影响两人之间纯真的友谊。多年来，冯尽心尽力做好科研部工作，为南农的成长。发展，立下了汗马功劳。

1958年，中国农科院棉花研究所成立，农业部领导欲派著名棉花专家、南京农学院教授冯泽芳担任所长。从冯泽芳的学识与经历来说，自然是最佳人选。可是，这时候的金善宝，虽然也已调离了南农，心里仍然有个"私"字，他对上级领导说：冯泽芳调走后，会影响南京农学院的教学力量，棉花所的所长人选，最好另行考虑；又劝冯泽芳：棉花所设在安阳白壁乡，那里生活艰苦，冯师母能适应吗？你要好好想想！可是，一心扑在棉花事业上的冯泽芳，全然不顾老友的劝告，自愿离开居住几十年、生活优越的江南名城——南京，率先带领家眷来到这个设在河南农村—安阳白壁乡、条件十分简陋的棉花所担任所长，在棉花所创建时期，他虽已年近花甲，仍和大家一齐调查研究，参加劳动，白手起家，为发展棉花事业，呕心沥血，献出了一颗赤诚的心。

遗憾的是，这颗赤诚之心，并不被"头头"赏识。他的才干、他的学识，一级教授的待遇，都受到某些人的嫉恨。1958年大跃进！在"人有多大胆，地有多大产！"的鼓动下，中华大地普遍刮起了亩产万斤水稻、万斤小麦的浮夸风，棉花所也不甘落后，提出了亩产万斤棉的口号。对这种反科学的浮夸之风，冯泽芳身为一所之长，却无能为力，但他实事求是，坚决抵制。他说："最多只能亩产660斤，

1990年12月，金老（左）看望原农业部副部长杨显东

1991年10月7日，看望生病的林山同志（左）

再多，决不表态"。这句话，更加激怒了那个"头头"，只等时机到来，进行打击报复。

时机终于来了！

1959年反右倾，冯泽芳对棉花研究、科学实验实事求是的态度，被指责为"右倾保守"，对棉花事业的孜孜追求，被指责为"白专道路"，"头头"发动群众开会拔掉这面"白旗"。冯泽芳知道后，左右为难。一方面，为了维护科学的尊严，为了祖国棉花事业的发展，他不愿屈从于这个压力；但又不知道应该如何面对这个压力？此时此刻，正值冯师母在北京观看小女儿参加的全国大学生运动会比赛，在河南白壁乡的农村，只剩冯泽芳一个人，身边没有一个亲人、没有一个朋友，有苦无处诉，有事无人商量。可是，他的心里却有一条基本准则，这就是，为了维护

科学的尊严，绝不在暴力面前低头！士可杀，不可辱！真理不容歪曲！1959年9月22日，这位在国内外享有盛誉的棉花专家，大义凛然，用自己的生命，捍卫了科学真理，对中华大地这股反科学的浮夸风，表达了最严正、最强烈的抗议……

冯泽芳去世后，所内召开了批判大会，把他定为反党分子……

金善宝回忆这段历史时，十分痛心地说：这个突然变故，真是五雷轰顶，周围的朋友都很难接受。这一年，冯泽芳刚刚60岁，按他的身体条件，起码可以再多活20年。这20年，他可以为祖国的棉花事业多做多少贡献啊！

1979年冬天，在全国纠正了一大批冤、假、错案之后，冯泽芳教授的子女，冯一民、冯紫云和他们年迈的母亲，分别从南京、新疆赶来北京，要求为他们的父亲1959年的冤案平反昭雪。为了照顾好冯师母的起居，金善宝夫妇邀请冯师母住在自己家里。

冯泽芳的冤案平反昭雪后，他的子女冯一民、冯紫云去安阳寻找父亲的遗骨，只见棉田茫茫，当年土堆的坟墓，早已荡然无存，一代棉花专家冯泽芳的遗骨，永远深埋在他毕生耕耘的棉花地里。

1980年1月9日，在北京八宝山革命公墓为冯泽芳举行了追悼会。金老到会致了悼词，对冯泽芳一生作了高度评价。他说：

半个多世纪以来，人们提起冯泽芳，就会想到棉花；提起棉花，就会想到冯泽芳。冯泽芳的一生，是为祖国棉花事业奋斗的一生，他为祖国棉花事业献身，万古长青，他为祖国棉花事业创造的光辉业绩，将为后人永远铭记……

一个个子不高，圆圆的饱经沧桑的脸盘上，带着慈祥的微笑，满头白发，穿着一套皱巴巴的中式棉袄、棉裤，脚踏一双旧布鞋，一个活脱脱的老农民形象。这就是我国著名的农业昆虫专家，被誉为"植物医生"的吴福桢教授。

认识吴老的人，都知道吴老性情淳厚、朴实。但在吴老淳厚的性格内，蕴藏着一种常人所没有的意志，他献身科学事业，从不畏惧困难，即使身处逆境，依然不屈不挠，永远乐观地面对人生。

1958年，吴老被划右派之后，降二级处分，下放到风沙迷漫的塞外——宁夏回族自治区工作，跟随他一起去塞外的只有和他相依为命的老伴。但他在逆境中既不怨天尤人，也不灰心丧气，仍然用满腔热忱对待国家交给的任务。他在宁夏辛勤劳动了22年，采集了大量昆虫标本，编绘了《宁夏农业昆虫图志》两集，建立了拥有22个目，176个科的1 500种昆虫针插标本和5 000多瓶幼虫标本的标本室。宁夏枸杞闻名世界，可是很少有人知道为了研究宁夏枸杞实蝇的发生情况，当年，正是这位年近古稀的老人，冒着生命危险，多次带领科研人员乘羊皮筏子往返于滔滔黄河之上……

1981年落实知识分子政策，吴老才调回北京，虽已84岁高龄，仍然是一边带研究生，一边坚持科学研究。

1985年7月，吴老（右）来贺同窗好友90寿辰

对于吴老这段坎坷的经历，金老十分同情；对吴老身处逆境，百折不挠的坚强意志，金老十分钦佩。因此，这两位同窗老人之间的友谊，也就愈老愈笃了。每年春节，金老都要去吴老家拜年，吴老没事也总喜欢到金老家坐坐。每次见面，吴老总是习惯地问一句："您好吗？"金答道："我好的，您好吗？"吴回答："我也好的！"于是，俩人相视而笑，片刻，即起身紧紧握手，互道保重告辞。这种交往，在年轻人看来，似

乎不可理解，而在他们两位老人心中，却是一种默契。因为1920年南京高等师范农业专修科毕业的24名同班同学中，现在只剩下他们两个人了，他们能相见一次，看见对方实实在在地活着，就是最大的安慰。

1994年7月，金老百岁华诞时，吴老送来一盆巴西木，巴西木翠绿的长叶，象征着两位老人长青的友谊。1995年，得知吴老尿血，住进了305医院，金老去305医院看望；不久，听说吴老转院了，他又去西苑中医院看望……

有一次（也是最后一次）正值五一劳动节，金老在家人的陪同下，走进吴老的病房，只见吴老面色灰白，躺在床上，见了同窗好友，脸上没有一丝表情，金老也没有说一句话，两人默默地对视着。此时此刻，二位老人已经不能相互问好了……

1991年摄于中国农业科学院。右起：吴老、金老、邓景扬夫妇

面对同窗好友孤零零的病床，一个幽默风趣、乐观的老人，被病魔折磨得没有了一点生气，不免让金老想起吴老被誉为"植物医生"的荣誉。可是，有谁知道，在这荣誉的背后，他那坎坷的一生，尝受的艰辛和苦难！即便在他最辉煌的日子里，吃的也是粗茶淡饭，穿的是老农民

的衣衫，他家只有阴暗的房间，简陋的家具，陈旧的被褥，除了几个书柜和大量昆虫标本之外，完全是一个城市贫民的蜗居；他这一生心里想的只有人民，只有祖国的农业科学、治虫事业，唯独没有他自己，想到这里，一股浓浓的酸楚涌上这位世纪老人的心头……

吴老活到 97 岁去世了，过了 3 个月，与他同年的老伴也随他而去。这个噩耗，金老的家人一直没敢告诉他。金老闲暇时，总喜欢静静地欣赏客厅里那盆苍翠的巴西木……

金善宝和水利专家汪闻韶、严素秋夫妇的友情，起源于汪闻韶的父亲畜牧专家汪德章。抗战时期在重庆，金善宝和汪德章同为中央大学农学院教授，汪德章学识渊博、教学认真，是畜牧学界的老前辈，金善宝对他十分敬重。胜利后，两家都住在南京丁家桥中央大学职工宿舍，汪德章的儿媳严素秋经常到金善宝家来玩，和金师母关系甚好。1951 年夏天，汪德章突然病逝，他的儿子汪闻韶正在美国留学，因种种原因无法立即回国，致使一直在家侍奉公公的严素秋，带着一双儿女失去了唯一的经济依靠。正当她哭叫无门的时候，金善宝主动找到严素秋，了解她的困难，知道她原是扬州中学的高材生，字也写得很好，就设法给她介绍了一份小学教师的工作，支撑着她一家三口渡过了几年难关。这个雪中送炭的义举，让汪闻韶、严素秋夫妇一直记在心上。

50 年代末期，两家在北京重新相聚。金师母体弱多病，子女们都不在身边，严素秋就以"干女儿"的身份和丈夫汪闻韶一起来看望，每逢年节、或是金老、金师母的生日，金师母都会习惯地等待着这位"干女儿"的到来！每当他们夫妇一来，金善宝的住宅里，就充满了爽朗的笑声，给孤寂的金善宝家带来无限的欢乐！

时光匆匆，到了 90 年代，有一段时间没有看见汪闻韶夫妇了！金老就让女儿陪同，一起去水科院看看他们，谁知一开门，站在面前的严素秋，整整矮了一大截！原本一米六七的高挑儿，忽然变成了一米四左右的矮墩儿！走起路来，原本十分轻快的她，现在只能一步一步慢慢往前挪动了！这是怎么回事啊？原来汪闻韶因病住院一月有余，严素秋守护丈夫操劳过度，以致头昏眼花摔了一跤，两只小腿骨折，没去医院就诊，在家里躺了一个多月,就变成了这个样子!当来访者焦急地追问:为什么不去医院接骨呢?回答是:"老了!没关系的!接骨要花多少钱啊?不需要了!"在回家的路上,金老十分感叹地说:汪闻韶家在苏州有30多间祖屋,新中国成立后,全部捐献给了国家,自己摔断了腿,情愿变成残疾,也舍不得花一点医药费去医院治疗,这是一种什么样的精神啊?!

汪闻韶、严素秋夫妇来拜年——1993年春节

多年后,汪闻韶去世,他的妻子严素秋,一个没有任何收入的家庭妇女,竟然把一生省吃节用的50万元人民币,全部捐献给了国家,自己却过起了"吃低保"的贫困生活……

这就是金善宝和他几个朋友之间的君子之交!古人云:"君子之交淡如水"。从表面看,他们之间的关系是淡淡的,没有任何物质上的交往,可是,在他们的内心,却蕴藏着血浓于水的深情,在长达一个世纪的风雨人生中,他们的心愿是相同的!这个心愿就是,无论风云变幻,他们对祖国、人民的一颗赤子之心,永远也不会改变!

三、情牵海峡两岸

新中国成立以来,金善宝时刻心系台湾农学界的老朋友、老同事,盼望祖国早日统一。他多次通过报纸、广播电台,向台湾农业科技界的朋友们表达自己的心声。1954年,他在《大公报》上发表了"给在台湾农业科学工作者的公开信",满怀热情地说:"台湾农业科技界的朋友们,祖国怀念你们!祖国的农业科技工作者怀念你们!"1955年7月18日、1957年3月6日,他在中央人民广播电台两次发表了"对台湾农业科学工作者的广播讲话",热情洋溢地介绍了祖国大陆经济建设特别是农业建设方面的伟大成就。1958年8月13日,他在南京广播电台又发表了"对台湾农业科学工作者的广播稿,"极其详尽地介绍了祖国农业生产方面取得的成绩。

1986年12月,美籍华人、著名烟草专家左天觉(右)来访

"文革"期间,由于动乱的干扰,使他无法表述自己的心怀。改革开放的春风吹遍了祖国大地之后,有一次,他从一份海外邮来的报纸上看到,他的一位朋友游日月潭后写的文章:"白云深处是吾家"。他很希望这位海外游子和台湾农业界的朋友能回到"白云深处"的故乡来探亲访友,了解祖国农业建设方面的新成就,看一看大江南北的大好春光。1980年新年前夕,他写了一篇"向台湾科教界朋友贺新年"的文章,字里行间充满了对台湾友人的怀念之情,他写道:

我们阔别31年了,南北遥隔,人各一方,每逢佳节,倍增遥想,从

白雪皑皑的长白山,到郁郁葱葱的阿里山;从千里冰封的乌苏里江到碧波荡漾的日月潭,尽管气候是那么的不同,但是我们的心田中却有着共同的愿望,那就是过新年了,大家都惦念着团圆,希望家人、亲友团聚。我们和台湾科学、文教界的朋友们,虽然长期隔绝,但是我们的深情厚谊是任何力量也隔断不了的。你们有亲友在我们中间,我们也有一些同学、故旧远在台湾……

我今年已经84岁了,我十分渴望祖国的统一局面早日到来。那时,台湾的科学文教界朋友们到北京参观、访问、探亲、访友,我一定陪同你们参观大陆上的农业新成就,欣赏祖国多娇的河山,我也一定要亲自去台湾,交流农业技术的经验,饱览岛上的风光……

1995年4月,美国明尼苏达大学中国问题研究中心刘君若教授(左)专程来京拜访最年长的老校友

这篇文章发表在1979年12月27日香港的《大公报》上,不久,《文汇报》、澳门的《澳门日报》以及美国纽约的《华侨时报》都转载了。它打动了多少海外游子的爱国之心,引起了多少台湾老朋友的思乡之情,其中一位金善宝的学生读了老师的文章后,心潮澎湃,感慨万千,在给金善宝的信中写道:

"近读吾师在香港《大公报》发表的'向台湾科教界贺新年'宏文，更为感人，台湾各界希望祖国统一者当不乏其人。惜主政当局仍无动于衷，引为怅怅。该文在台一般人士无法读到，生原拟影印寄台，恐有不便，乃以邮简抄录数节，寄××兄，当可到达……读到祖国的报章杂志，对祖国的进步情况得悉大概……身居海外，甚愿见祖国统一能早日实现，而旅美学人向往祖国统一者众。倘国内能制定办法鼓励学人回归，为祖国尽一份职责，则定能踊跃响应，于四化当有补益。"寥寥数语，道出了海外赤子热爱祖国、热切盼望祖国早日统一，愿为祖国四化建设贡献力量的迫切心情。

这种浓浓的思乡之情，在金善宝与海外亲友的交往中，随处可见。

金善宝早在40年代毕业的学生，现在台湾农业科学方面的著名学者王启柱，十分关心祖国农业的发展，经常通过金师，了解祖国大陆农业科学的成就，虽然不能亲自回来参加农业建设，但他每完成一本著作，总要寄一份给金师，希望能为祖国的农业科学贡献一份力量。几年来，他先后寄来的著作有：《中国农业起源与发展》上下册，《牧地改良与管理》《饲用作物学》《蔗作学》等，金善宝理解这位爱国学者的心意，就将他的著作送给中国农科院图书馆，以便于两岸学术交流。王启柱知道

旅台学者王启柱（右）来京看望久别的金师

后,十分高兴。当他知道金师,因未去过台湾引为终身遗憾时,就托人捎来一本介绍台湾农业的精致画册《核心农业与精致农业》,金善宝看了这本画册后,高兴地说,我虽然没有去过台湾,看了这本画册之后,也就不遗憾了!

另一位中央大学1946年的毕业生黄嘉,出生北京,7岁离开故乡后,四海漂泊,直到头发花白。几十年来,北京的胡同、四合院、一草一木,都令他魂牵梦萦。1995年9月,这位游子终于冲破了重重阻力,回到了阔别60多年的故乡。到了北京,他做的第一件事,就是去看一看自己童年时代的故居;第二件,是拜访大学时代的恩师、百岁高龄的金善宝。

他告诉金老,去年老师百岁华诞时,就想来给老师祝寿,结果没有来成,今年终于来了!金善宝在农科院灰楼小食堂设便宴,招待了这位久别的学生黄嘉,以及和他同来的胡笃融、张新理、张广学、陈迪一行5人。席间,黄嘉侃侃而谈,十分兴奋,叙述了这次北京之行的种种观感,言谈话语之间,流露出对北京深深的眷恋之情。黄嘉回台北后,给老师来信并寄来了照片,信中谈到希望常常听到北京的消息云云。看得

离别半个世纪的学生黄嘉从台北来京拜见金师——1995年9月。左起:胡笃融、张新理、金善宝、黄嘉、张广学、陈迪

出,这次北京之行在他的一生中有多么重要……

四、九十三岁贺"九三"

半个多世纪以来,金善宝和九三学社结下了不解之缘,为九三学社的发展、壮大做出了不懈努力。作为一个九三学社的老社员,他在农业科学、农业教育事业上所做的一切努力,他的每一项成就、每一点贡献,都是和"九三"紧密不可分的!他热爱"九三",积极完成"九三"交给的各项任务,在社内赢得了崇高的声誉。1950年12月,当选为九三学社第二届中央理事会理事;1952年9月,和1956年2月,先后当选为九三学社三届和四届中央委员会委员和常务委员;1979年10月和1983年12月当选为六届和七届九三学社中央副主席,年过耄耋之后,仍然积极参加九三学社的各项活动和领导工作。

1983年9月3日,九三学社内蒙古自治区工作委员会筹委会成立,88岁的金善宝代表社中央到会祝贺!他在致贺词中说:

1983年,金善宝当选九三学社七届中央副主席。前排左起:金善宝、严济慈、周培源、许德珩、潘菽、茅以升,后排:赵伟之、安振东、柯立、孙承佩、徐采栋、郝治纯

1983年，金善宝在九三学社中央全会上讲话

1988年9月，金善宝在九三学社内蒙古自治区第二次社员代表大会上致词

今天是9月3日，是第二次世界大战、也是全世界反法西斯侵略战争伟大胜利38周年纪念日。我们九三学社之所以命名为"九三"，就是为了纪念这一伟大胜利。我社内蒙古工委筹委会今天成立，也具有深远的历史意义……

他说：在党的三中全会路线指引下，今后社员们各自的工作的岗位，就是我社社员为四化服务的主要阵地！几年来，各级组织在推动社员做好岗位工作的同时，面向社会，发挥智力团作用，开辟了许多新的领域，做出了有益的贡献……

他希望：内蒙古自治区工委筹委会在党的领导下，进一步打开为四化建设服务的新局面，贯彻党中央关于"种草种树，发展畜牧，改造山川，治穷致富"发展西北的战略方针，同心协力，为建设大西北贡献力量……

1988年9月3日,九三学社内蒙古自治区第二次社员代表大会开幕,金善宝又以93岁的高龄,再次到会祝贺。

他说:中共"十三大"以后,我们要在社会主义和爱国主义两面旗帜下,广泛团结高中级分子,促进科技、教育和社会生产力的发展,促进改革开放,当前我国处在经济、政治、文化全面改革的攻坚阶段,我们要为民服务、为国分忧,要为改革开放和维护社会主义的安定团结作出贡献……

同年10月,九三学社江苏省委召开第二次社员代表大会,金老从呼和回京后,没过几天,又风尘仆仆地赶往南京。在会上,他十分风趣地说:我很高兴能来南京参加这次大会,我今年93岁了,正好代表"九三"中央来向江苏省九三学社的换届大会表示热烈祝贺……金老的讲

1988年10月,在九三学社江苏省第二次代表大会上讲话。前排左起:高觉敷、金善宝

话博得了全体代表热烈的掌声。大会期间,许多南京的老同志、老朋友都来招待所看望金老,省委的韩培信、孙颔;省政府的顾秀莲、陈根兴;省委统战部的沙人麟、尹法声;省农科院的高亮之、金钛、江枫;南京农大的刘大钧;还有画家李汝骅等。江苏省委书记江渭清专门设宴招待,

并即席口占一首七绝,贺金老:

即席贺金老

九十高龄是我师,老当益壮凌云志。
激情不减少年时,松柏常青郁郁姿。

江渭清　1988年10月26日于南京丁山宾馆

临行,金老接受了《江苏社讯》记者的采访,畅谈了在南京学习、工作了40年的经历和感受,他说:南京是我的第二故乡,虽然离开多年,但一有机会,就想回来看看,这次来觉得变化不小,绿化很好,花园城市,名不虚传。另外,市场活跃,商品丰富,宾馆服务的态度也很好。

关于"九三"的思想建设问题,他说:解放思想,转变观念。按发展商品经济和建设社会主义民主政治的要求来看,我社的现状和形势的要求是不适应的,不是一般的不适应,是很不适应。长期以来,我社是关起门来搞"自我教育",对政治漠不关心,缺乏参与意识。我们必须增强政党意识,才能有效地参政议政。

当记者要求他为《江苏社讯》的两千多名读者,全

1988年3月,金善宝(右)在湖州为梁希陵园开幕剪彩

省的广大社员提点希望时,他笑了,接着说:好吧,我说一点,作为一个社员,要讲民主与科学。做工作,要积极,要争取贡献。在社会上,在生活中,遇到有不公正的事,不能袖手旁观,大至国家的命运,小至他人的冷暖。这样,也提高了九三的威信。

1992年12月,"九三"中央主席吴阶平来访

最后,他应记者的要求,为"九三"南京分社题字留念。

"科学结硕果,民主开新花"

1989年,94岁高龄的金善宝,主动辞去了九三学社中央副主席的职务,让位给年富力强的同志担此重任。在1989年和1992年"九三学社"全体社员代表大会上,当选为八届和九届"九三学社"中央名誉主席。

1989年1月,"九三学社"第五次全国代表大会通过了给金善宝同志的致敬信,全文如下。

敬爱的金善宝同志:

我们参加"九三学社"第五次全国社员代表大会的全体同志,怀着崇敬的心情,代表全社三万七千社员,一致拥护您,担任九三学社名誉

金善宝（左）许德珩（右）在"九三"中央会议主席台上

主席，并向您致以崇高的敬意和亲切的问候！

您是著名的政治活动家和科学家，是我社德高重的领导人。近半个世纪以来，您高举民主与科学的旗帜，领导我社与中国共产党风雨同舟，亲密合作，为新中国的建立和发展，为"九三学社"的建立和发展，做

1989年10月，祝贺"九三"中央名誉主席许德珩百岁寿辰。左2起：许德珩、金善宝

出了不可磨灭的贡献，赢得了全社同志的衷心爱戴和社会各界的广泛尊敬。您的伟绩将永远铭刻在我们心里。

数十年来，您满怀炽热的爱国之情，为中国的富强和人民的幸福无私奉献了自己的一切，为中国的社会的进步和科技事业的发展，立下了不朽的功绩，您伴随着时代的步伐不断前进，成为中国知识分子的杰出代表。您的崇高精神境界和思想风貌，将永远激励和教育我们不断前进。

如今，为了九三学社事业的发展，您又以无私的精神，主动让贤，竭诚支持比较年轻的同志承担重任，这种高风亮节，全社同志无比钦敬。我们全体代表满怀深情向您致敬，并殷切期望您今后继续指导社的工作。

敬爱的金善宝同志，请您放心，我们一定会沿着您所开创的道路继续前进，推动"九三学社"的事业不断向前发展。我们要继承和发扬我社爱国主义的光荣传统，积极投身改革开放、建设有中国特色的社会主义的伟大事业，为统一祖国和振兴中华的宏伟大业不断做出自己的贡献！

此致
崇高的敬礼！

九三学社第五次全国代表大会
1989 年 1 月 8 日

五、为"人民的儿子"默哀送行

自 1976 年以来，在党和国家领导人中，最令金善宝钦佩的人之一，就是党的前任总书记胡耀邦同志。

为什么说是 1976 年以来呢？因为在此之前，耀邦同志一直在团中央工作，与从事农业科学的金善宝相距甚远，他对胡耀邦的了解，还是听女儿说起，1956 年在北京曾听过团中央书记胡耀邦的报告，知道耀邦同志口才很好，是一位年轻、资格老、工作能力强、很有魄力的领导干部。除此之外，没有别的印象。

1975 年，祸国殃民的四人帮正盘居台上，极左思潮的阴霾还笼罩着祖国大地，中国科学院和全国的知识界一样，受到 10 年动乱的严重摧

1990年7月2日，中科院院长周光召（左）祝贺金老95寿辰

残，百业凋零，知识分子政治地位低下，生活没有保障，科学研究更是无法开展……在这种情况下，胡耀邦临危受命主持中国科学院工作。短短4个月，起草了科学院工作汇报提纲，在全国第一次提出了"科学技术也是生产力"的观点，要求"科研要走在前面""要推动生产向前发展"，认为"没有现代化的科学技术，也就不可能有工业、农业、国防的现代化"！他从关心科研人员的生活入手，解决了科研人员长期不能解决的"五子登科"问题，即妻子（两地分居）、儿子（上学）、房子（居住条件）、炉子（煤气罐）、票子（科研经费）问题。使被压抑、被凌辱了10年之久的"臭老九"们，在经受了思想专制、科研专制的严冬之后，第一次感受到春天的气息。科学院这一范例，给全国科教界带来了希望！也让金善宝从一个全新的角度认知了这位党的著名领导人胡耀邦同志！

然而，他只做了4个月，就再次被打倒了！对此，金善宝很不理解。他大声疾呼："胡耀邦在中科院工作时间不长，解决了长期以来大量没有解决的问题，受到了科学院广大科技人员的衷心拥护和爱戴，为什么要批判他？为什么？为什么？"没有人能回答他这个问题！

"四人帮"倒台后，1978年胡耀邦上任中组部部长。上任伊始，即以大无畏的气概，大刀阔斧地平反了新中国成立以来一大批冤、假、错案，使一大批革命老干部得到了平反解放，一大批右派、"反革命分子"从精神炼狱的无底洞中解救出来，重见天日。1982年9月，胡

在老科技工作者茶话会上，方毅（中）、雷洁琼（左）向97岁的科技界老寿星金善宝拜早年。（原载1993年2月17日《科技日报》）

耀邦担任中共中央总书记，坚决从人民的利益出发，主持了有关"真理标准的大讨论"、"思想解放运动"；推动农村改革，主张分田到户、联产承包，大大提高了农民的生产积极性；他主张城市改革，落实人民的自主择业、自主创业的基本经济权利，加快了人民致富小康的步伐；他主张的科技改革，首先将知识分子从"臭老九""夹着尾巴做人"的禁锢中解放出来，大大激发了广大科技人员投身于科技研发的热情；他狠抓的防腐倡廉，得到了广大人民的衷心拥护……所有这些举措，都让这个平头百姓、爱国知识分子的金善宝心悦诚服，他认为，胡耀邦虽然身居高官，却有一颗赤子之心，对社会底层的疾苦，能够时刻感同身受，具有深切的同情和挺身而出、匡复正义的火热情怀，这就说明胡耀邦真正是人民的儿子！从胡耀邦身上，使金善宝看到了党的希望！中国的希望！

可是，好景不长！和金善宝与广大人民的意愿相反，1987年，胡耀邦又被指责为反对自由化不力，而被迫辞职！对此，作为一个平头百姓的金善宝，还是一百个不理解！他四处询问："这样好的总书记，为什么辞职了？为什么？为什么"？仍然没有人回答他！

胡耀邦辞职后，他常常向人打听："胡耀邦在干什么？"有人告诉

1995年5月，蔡冠深博士（右）来访

他："胡耀邦在看书？""看什么书？"答曰："马列主义著作！"又问："他情绪怎么样？"被告曰："很沉默！"老叟急了说："告诉他要好好保重身体呀！人民需要他！"金善宝的心情和广大人民一样，盼望胡耀邦再次复出，做党的总书记，为人民办实事！

令人遗憾的是，金善宝等来的不是胡耀邦的复出，而是胡耀邦突然逝世的噩耗！噩耗让他感到一阵阵雷轰、电鸣，为祖国、为人民，失去了这样一个优秀的领导人无限哀痛！

至此，他想起胡耀邦1988年所作的诗词：

"科学真理真难求，你添醋来我加油，
论战也带核弹头。
核弹头，你算科学第几流？
是非面目争自由，你骑马来我牵牛，
酸甜苦涩任去留。
任去留，浊酒一杯信天游。

回味诗中的韵味，才深深体会到，作为总书记的胡耀邦，为民申冤、伸张正义、在全国推行真正的改革所经历的艰难，最后，终于丢了乌纱

1983年8月摄于中国农业科学院红楼207

帽,甚至献出了自己的生命,成为一代人心中永远的伤痛……

和金善宝老人一样,胡耀邦同志的突然逝世,给全国人民带来了极大震动!据说有位诗人在返京的列车上,听到这个噩耗,禁不住心潮澎湃、百感交集,当即赋诗一首:

> 头顶一个天,脚踏一方土,
> 风雨中你昂起头,冰雪压不服。
> 好大一棵树,任你狂风呼,
> 绿叶中留下多少故事,有乐也有苦。
> 欢乐你不笑,痛苦你不哭,
> 撒给大地多少绿阴,那是爱的音符。
> 风是你的歌,云是你的脚步,
> 无论白天和黑夜,都为人类造福。
> 好大一棵树,绿色的祝福,
> 你的胸怀在蓝天,深情藏沃土。

这首诗被谱成歌曲"好大一颗树"到处演唱,唱出了全国人民、也唱出了年过九旬金善宝老人的心声。他在歌声中,面对八宝山方向,低头默哀,为党的总书记送行!默默念着:"耀邦同志,你是人民的好儿子!人民永远怀念您!"

六、一身正气,两袖清风

熟悉金老的人都知道,他不抽烟、不喝酒,常年穿着一套中山装,脚踏一双旧布鞋,待人谦和、平易近人,但对强权者绝不屈从。

这里有一段农科院花园内偶遇的对话:

年过百岁的金老,常由女儿陪同去农科院的花园散步,在花园里碰见一些老职工,他们都会热情地向金老问候。一次,一位农场的老工人冯国民师傅和金老亲切问候之后,对金老的女儿说:"我们都很敬佩金老,金老真是一身正气,两袖清风"!金老的女儿听到对父亲这么高的评价,未免一怔,她笑着问:是吗?他有这么好吗?冯师傅一脸严肃地

1995年春,金老与核不育专家邓景扬(左)在园中相遇(侯艺兵摄)

说:"有啊!当然有了!"于是,他就一五一十地说了起来……

你看啊,咱不说远的,单说"文革"期间吧,上面来了一个大头头到农科院来"拆庙",把科技人员通通轰到农村去蹲点,我们工人也要跟着一起下去,那个时候,谁敢说个不字呀?嘿,金老就敢站出来公开反对这个头头,反对"拆庙",你说这是一种什么精神?这就是一身正气呀!

那个时候,院里高音喇叭天天哇哇叫,今天斗这个,明天斗那个,大家都提心吊胆的,还搞什么研究呀?嘿,只有金老一个人整天东奔西跑的,找试验地呀,找灌溉设备呀,找试验的工人呀,还经常到外地去搞试验,有人骂他,讽刺他,诬蔑他,他都满不在乎,结果,他的试验真的搞成功了!你说,这是不是一种正气?

> 贺金善宝同志行将九旬高寿
>
> **七绝一首**
> （一九八五年二月）
>
> 脑清体健 (1) 九旬翁!
> 科教赤忱献与农!
> 雪后劲松横翠碧 (2) !
> 篇篇锦绣唤东风!
>
> (1) "三种人"窜传金老糊涂有病,故正之。
> (2) 金老既经过十年反革命大动乱的冲击,又受"三种人"的无情折磨,始终坚持正气。

注:作者曾任中国农科院党组书记

百岁老人下楼送客（1994年3月）

听到这里,她想起一段往事,插话说:当年我考大学时,原本想继承父亲事业报考农科院校的,可是,检查身体时查出了双眼患有红绿色弱,不能报考理工农医,班主任责令修改志愿,我流着泪,问父亲怎么办?父亲坦然地说:"什么志愿都好,行行出状元。"结果,我只好胡乱填了几个"志愿"了事。我想不通的是,我的眼色弱,是父亲遗传的,为什么他能当小麦专家,而他的女儿却不能学农?其实身任南农院长的父亲,只要我的高考分数够了南农的录取线和南农招生委打一个招呼就行了。可是,父亲宁可让女儿终身遗憾,也不愿打这个招呼!

冯师傅听后,正色道:你不能埋怨你父亲,这正是金老的一身正气呀!随后,他又问:听说金老在南京时住的是一套花园洋房,到北京后却住在一套不足 90 平米的宿舍内,这一住,就住了 40 年,房子越住越旧了,他却越住越有感情了,领导几次劝他搬家,他都没有同意,是不是?

她说:是的,快 40 年了,从来没有修过。父亲说住到院外离农科院小麦试验地太远,去看小麦不方便,坚持不愿意搬。最近因为楼上邻居

斯是陋室 唯吾德馨
——写在金善宝院士百岁华诞之际

本报记者 王亚芬

这是一座50年代修建的宿舍楼内的一套普通住房,它的主人自1958年从南京调到北京起,就一直住在这里。可以想见,这座宿舍楼无论从设计结构还是在室内采光度上,都难以与今日的建筑设施相比,听说农科院对此房子修补好几回了。它的主人就是中国农科院名誉院长、九三学社中央名誉主席、中国科学院院士金善宝。

原来,金老刚搬到北京时,农科院要将他家对面的一套住房腾出来给他用,金老说啥也不拿钥匙,党委书记上门做工作,金老诚恳地说:"只要住得下就行了。"后来农科院陆续盖了不少新住宅楼,但金老就是不搬,他的理由是:"楼盖得再多,也比不过人员增得多啊!"

有一次,金老以九三学社中央副主席的身份到宁夏参加一个会。晚上,自治区的负责人到宿舍看望金老时,发现金老和他的助手住在一间没有卫生间的普通客房,当即批评了工作人员,并指示为金老调房,安排小灶。金老摇摇头,就是不肯挪地方,说:"我是来参加会议的,是向宁夏同志学习来的。"

1985年,金老退居二线,担任农科院名誉院长,中央组织部通知农科院,金老的一切仍按副部级待遇,秘书把申请配车的报告交给金老,金老一言未发,先拿起毛笔在报告上打了两道叉,然后才说道:"我不需配车或高档车,有车坐就行了。"

——这位我国小麦科学研究的奠基人、一生培育出许多小麦新品种的农学家,在许多麦区农民因为得益于他的新品种,早已过上富裕生活的时候,他自己的生活却始终如此俭朴。

原载《中国科学报》1994 年 7 月 1 日

暖气出了喷水事故,他的卧室里下起了"大雨",天花板大面积破裂,正好在他睡床的上面,一旦掉下来砸着他怎么办?所以我极力劝父亲,刚刚搬进了新居。有意思的是,住惯了旧房的父亲却很不习惯,常犯糊涂,老问我:"我们什么时候回家?"他还以为这个新搬的家是宾馆呢?

说到这里,大家都笑了!冯师傅又问:

还有金老用的汽车呢?我们都知道,金老是农科院任职时间最长的一位院长(1964—1982 院长,1982—1997 名誉院长),他的前任院长、

1994 年 7 月,金老和秘书胡海涛(左)司机郭殿基(右)摄于农科院

后任院长、历任党委书记都有专车,唯独金老没有,嘿!他一点也不在乎。听说有一年金老的秘书想为他申请一辆好的专车,被金老在申请书上打了一个大叉叉,有这回事吧?

她笑着说:是的,父亲说,只要有车坐就行了,何必一定要专车呢?两年前,领导为父亲配了一辆车,不过,父亲已经很少用了……

对于金老的评价,他的众多学生都称他是"耿、介、廉、正的代表,教书育人的典范";中国农科院的科技人员认为他"艰苦朴素,平易近人,待人处世,论是非不论利害,论功过不论权势";工人师傅们则异口同声地赞扬他:"一身正气,两袖清风。"

金善宝

山高水长（石社民摄）

第十二章

百年沧桑

一、一个"乡下人"的感情

一辈子和小麦打交道,一生信奉"民以食为天"的金善宝,在日常生活中十分珍惜粮食,容不得半点浪费粮食的行为。50年代他在南京农学院任院长时,有一天,他到学生食堂,看见饭桌上、地面上,到处洒着吃剩的饭菜和馒头,十分生气。作报告时,他一改以往对学生谆谆教导的和

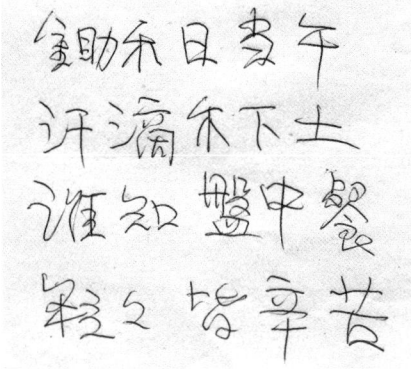

金善宝手迹

蔼态度,声色俱厉地斥责道:"粮食是广大农民日夜劳作,辛辛苦苦种出来的,他们自己常常吃不饱,把粮食供给了城里人,饮水思源,我们应该十分爱惜粮食才对,浪费粮食是一种罪过!一个学农的人更是不应

家宴(一)庆祝爷爷九十寿辰

家宴（二）祝贺父亲百岁华诞

该！"这几句严厉的批评，深深震撼了那些浪费粮食的学生，以后再也不敢随意浪费粮食了！在家里，他也常常用唐代诗人李绅的诗句"锄禾日当午，汗滴禾下土，谁知盘中餐，粒粒皆辛苦"，教育孩子们。他的孙辈们至今还记得童年时代爷爷讲过的一个故事：

家宴（三）恭贺太爷101大寿

从前有一家人不爱惜粮食，吃完饭后，碗里还剩有很多饭粒就去洗碗了，吃剩的饭粒随着洗碗水流到阴沟里，一个邻居将这些阴沟里的饭粒捞出来，洗净晒干后贮存起来，久而久之，存了一大缸。后来，这个浪费粮食的人家败落了，饿得快死了！这个邻居就把阴沟里捞出来的一大缸饭还给了他，救了他一家的命！

金老用这个故事，教育他的儿孙，浪费粮食是一种罪过，爱惜粮食是一种美德。吃饭时一旦饭粒掉在桌上，他总是嘟囔"罪过、罪过"，要求孩子们拾起来吃掉。为此，老伴常开玩笑地对孩子们说："你们的爸爸是个乡下人！"金老听了，假装生气地拿了一碗饭，板着一张脸，走到老伴面前说："乡下人怎么了？没有乡下人种粮食，你们城里人有饭吃吗？"又扯扯老伴的衣服说："没有乡下人种棉花，你们城里人有衣服穿吗？"这两句既朴实又富哲理的话语，和他那风趣的表演，引得全家人都信服地笑了。在笑声中，这一切都牢牢地刻印在子女们的脑海里，一辈子也没有忘记！

而对金老来说，他怀着一个乡下人的感情，以一个乡下人为荣！

作为一个"乡下人"，他能急农民所急，想农民所想。

1950—1951年，长江下游、苏北地区连续两年遭受水灾和冻害，上

专程来京给爷爷拜年

亿亩良田遭受损失。他心急如焚，多次亲临灾区，提出一系列防灾、救灾措施，大大减少了农民损失。

1958年，全国刮起了浮夸风，农村经济濒临破产，广大农民遭到饥饿、死亡的威胁。他忧心重重，心如刀绞，深入农村调查，将农村的实际情况，向中央作了如实汇报。

作为一个"乡下人"，他十分看重农民的发明创造，多次撰文宣传农民的生产经验。

在"我国农民选种家在育种上的成就"一文中，他满怀欣喜地介绍了全国劳模陈永康选育的水稻晚粳"老来青"，山东农民选育的花生良种"复花生"，黑龙江农民选育的大豆良种"荆山林"，以及河南农民选育的小麦"内乡5号"等。"在总结农民经验的基础上，提高我国的农业科学"一文中，他热情洋溢地介绍了河北农民创造的马铃薯双季栽培法，淮北地区农民利用猪粪尿改良沙矸土的方法和碗豆麦的栽培方法等。

原载《光明日报》1981年10月23日

作为一代农业科学家，"国以民为本、民以食为天"这句古训，贯穿于他一生科学研究的工作中。

根据我国现有耕地中，高产、稳产田，只占1/5的实际情况，他提出：解决粮食问题最重要的途径，是提高单位面积产量，大面积的中产、低产田，是今后增产粮食的主攻方向。他要求农业科技人员既要总结高额丰产的经验，也要研究低产变高产的经验，研究高原地区的农业生产，充分发挥这些地区的生产潜力。并带领课题组选育出一批耐迟播、抗病性强的"中字麦"小麦新品系，为解决黄淮地区因小麦晚播造成低产的问题，闯出了一条新路……

"民以食为天"，这个"乡下人"竭尽了全力，"咬住青山不放松"，奉献了自己的一生，整整一个世纪！

二、60 年情缘

20 世纪 80 年代以来，金师母的双眼因患白内障影响了视力。刚开始时，医生们说等白内障成熟了以后再动手术。可是到了 1984 年，当金师母的双眼几乎失明之后，医生们又说她年岁大了，不敢动手术了。金师母原来是一个很开朗的人，双眼失明之后，她的心情十分烦躁，这种烦躁情绪严重影响了她的健康，1984 年上半年，曾先后两次心肌梗塞，经医院抢救后，才脱离危险。从此，她一直病卧在床。

9 月 14 日早晨，金师母起床上厕所，突然呼吸急促，女儿闻讯赶来，请来了卫生所的医生护士，经过半个多小时的观察输氧，病情不见缓解，就急忙送往海淀医院急诊室治疗。在急诊室里，医护们有条不紊地接待着每一位病人，眼看着母亲生命垂危的女儿，却束手无策，内心有如翻江倒海的巨浪，感到特别的无助！特别的无奈！好不容易等到母亲吸上了氧气，挂上吊瓶以后，才稍稍安稳一些，可是没过多久，又见母亲大口、大口地喘起气来，情急之下，她不顾一切地趴在母亲身上，嘴对嘴地给母亲做人工呼吸，几分钟后，母亲的呼吸终于渐渐平稳了……过了一小时左右，医生见病人病情稳定了，决定送往病房。当女儿跟随护士将母亲的病榻从医院走廊缓缓地推往病房时，突然间，母亲的呼吸又急促起来，这一次，人工呼吸已不起任何作用了……在那一刻，当医生宣告病人呼吸停止了！从未经历亲人生死离别的女儿，就像整个天都塌下来了一样！禁不住扑在母亲身上号啕大哭！引得走廊里的人们都围过来观看！怎么办呢？好心的护士把金师母的遗体推到一个空房间内停放，以便亲人来告别。这个时候，悲痛欲绝的女儿知道自己已经没有时间在这里悲痛了！还有许多事情要等着她去做！首先，要给母亲擦洗，换上新衣；年过已九旬的父亲在家里还没有吃中饭……

于是，她只好让随同的保姆陪伴已经闭目的母亲，一个人急急忙忙奔回家中去取为母亲准备好的衣服，和毛巾等物，看见父亲一个人孤零

金善宝夫妇和他们的子女（1957年春节摄于南京）

零地坐在书桌旁发呆，她不敢马上将这一噩耗告诉父亲，因为此时此刻，她没有时间陪伴父亲，更不忍心让父亲一个人孤零零地尝受悲痛的折磨，为此，她不能让父亲看见自己悲伤的脸，只好拿了一桶饼干放在书桌上说："爸！中午没人给您做饭了，您就吃几块饼干吧！"说完，就拿着一大包衣服昏昏沉沉地骑着自行车走了。在医院，她含着泪给母亲擦洗了全身，换上了全新的丝棉衣裤之后，又骑着车昏天黑地的来到魏公村邮局，给在成都、上海的姐弟发了报丧电报。这时，已是下午一点多钟了。她想，现在可以陪父亲去医院向母亲作最后的告别了！又想到，年过九旬、刚刚遭受人生重创的老父亲，必须找辆汽车去医院才好！可是此时正是午休时间，农科院车管科里没人接电话，故而她没有直接回家，却来到了离家附近的小红楼，这里住着经常为父亲开车的司机王济罗师傅，王师傅一家刚吃过午饭正在院里聊天，看见金老的女儿来了，就亲切地问道："金，有事吗？"金欲言又止，呜咽着说不出话来！王师傅惊讶地问：出什么事了？金才断断续续地说：母亲去世了，想请王师傅送父亲去海淀医院向母亲作最后的告别。王师傅十分诚恳地安慰她说"你快去医院陪伴母亲吧,这里一切交给我了!"于是,王师傅马上通知了院办有关负责人。

当金老一个人在家静静地等候着,盼望老伴能像前两次一样,转危为安,回家团聚的时候,有人来敲门,进来的是农科院院办的几位同志,他们,缓缓地告诉金老,他的老伴经医院抢救无效,已于上午10点30分去世了!虽然老伴的离世在金老思想上早有准备,可是当噩耗一旦来临,他的心灵仍然受到很大震动,一下子从头到脚全身的血仿佛都凝固了!他木然地跟着他们,来到海淀医院,看见老伴换上了全新的丝棉衣裤,躺在床上,已经安详地闭上了双眼!虽说生老病死是人的自

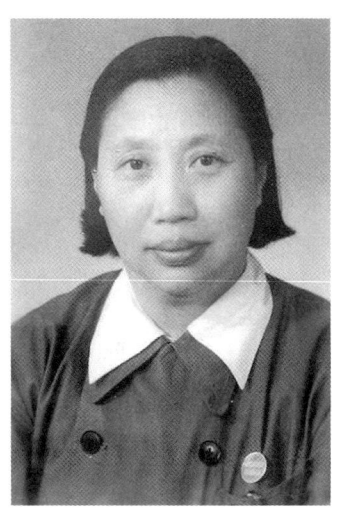

20世纪50年代,姚璧辉女士任南京市婴儿院副院长时摄影

然规律,老伴活到84岁也算是长寿了,可是面对亲人的永诀,谁又能平静自如?!此时此刻,不由使金老想起和老伴风风雨雨、患难与共的60年。60年来,俩人相濡以沫,一个以城里人自居,一个以乡下人为荣,在乡下人辛勤耕耘的园地里,献身小麦科学的田野上,这个城里人为他撑起了半边天!现在转眼之间成为永别,他的心被撕裂了!

后来,金老在回忆文章中记下了他人生道路上最悲痛的一页:

自1924年和璧辉结婚以来,璧辉就把她自己的命运和我的命运紧紧地连在一起了。结婚初期,她听从我的安排,放弃杭州城内舒适的生活,只身一人来到我的故乡石峡口,做了一名山村义务女教师,一边教书,一边侍候婆母,完成了我支持家乡教育、孝敬母亲的心愿;1930年,我出国留学,原单位停发了工资,她忍着失去长子的悲痛,一边工作,一边抚养两个女儿,以微薄的工资维持了一家3口的生计;抗战爆发,我随学校迁往重庆,她带了4个孩子回到诸暨老家避难,苦度时光;1940年,在战火纷飞中,她又冒着生命危险,带着4个孩子,绕道8 000余里,来到重庆,全家团聚;到重庆后,她终于积劳成疾病倒了,在病床

上她仍然没有忘记照顾我的生活；解放后，我满怀热情投入新中国建设，璧辉也毅然走出家门，担任南京市婴儿院副院长，她工作积极，热爱孩子，日日夜夜守护在孩子身边，救活了不少弃婴的生命，从一个侧面支持了我的工作；1958年，我调到北京，她辞去工作，全心全意照顾我的生活。60年来，我们相依为命，我喜欢吃她做的饭菜，喜欢穿她织的毛衣，习惯于在她的唠叨中生活；在生活中遇到不顺心的事，只有她能听我倾诉，分担我的忧愁；遇到高兴的事，我也总是第一个告诉她，让她分享我的欢乐。我们之间，没有那么多爱情语言，有的只是多年来的相濡以沫，是夫妻心灵共鸣的一种默契。这种默契，给了我力量，给了我温暖，使我能义无反顾地投身到我所热爱的小麦育种事业中去。如果说，我对祖国的小麦育种事业做出了某些贡献，那么，璧辉啊！在我的军功章上，有我的一半，也有你的一半！

60年情缘

金师母走后，红楼207室就剩下金老孤零零的一个人了。女儿遵照母亲生前嘱咐，搬来与父亲同住，一心一意照顾父亲的生活。女儿的孝顺，渐渐抚平了金老失去老伴的伤痛。

三、难忘故乡一草一木

每个人对自己出生的故乡都有一种特殊的感情,唐代诗人李白的著名诗句"床前明月光,疑是地上霜。举头望明月,低头思故乡"形象地描绘了这位古代诗人对故乡的思念之情。

金善宝不是诗人,他对故乡的思念,是深深埋藏在心底的!他不会忘记,是故乡的一方水土将自己养育成人,培养成为一代农业科学家;当祖国的家园遭到日寇侵扰、全家面临危难时,又是故乡的山水保佑了他一家大小平安无恙。为此,多年来每当他去浙江开会、考察农业时,总要顺便去故乡石峡口走一走,看一看。故乡的一草一木、一砖一瓦,都使他这个大半辈子远离故乡的游子感到十分亲切。

早在抗战之初,当金善宝把家眷送到家乡避难,看到石峡口的乡亲们仍然是以造土纸为生,回到南京,在随中央大学内迁重庆前,他听说战争爆发后可能会造成纸价暴跌,担心家乡人民生活遭受困难,就汇了100银元给梓山小学有关人员,让他们集体买些种子,发展粮食生产,以应战时之需。抗战胜利后,1947年一二月间,有一位诸暨老乡来南京,对金善宝谈到抗战期间,因造纸业停滞,石峡口生活很苦;抗战胜利后,纸价狂涨,村民生活大为好转。金善宝听了,立刻引起了探望离别10年故乡的愿望,到石峡口后,果然如其所说,他看见村里的造纸业十分兴盛,竟有80余家作坊,许多家都在兴建住宅,邻近山村卖柴的也都挑往石峡口来卖,与邻近山村相比,石峡口比较富裕,繁荣,竟有"小上海"之称,梓山小学的学生很多,经费也没有什么困难,他感到十分高兴。

1958年大跃进,金善宝作为浙江省的全国人大代表,来到浙江省考察。阔别故乡又是一个10年!他想,在大跃进的形势下,石峡口一定变化很大!为此,到达杭州后,他满怀欣喜、迫不及待地第一站就来到了石峡口。没有想到的是,石峡口迎接他的不是欣欣向荣的大好形势,而是一片破落、衰败的景象……几百年来全村人赖以生存的手工造纸作坊被取缔了！世世代代祖传的蚕桑、缫丝业没有了！红红的柿子树、青翠的竹林被砍光了！奇怪的是，中午时分家家农户烟囱上的缕缕青烟也消失得无影无踪！"快到中午了，乡亲们怎么还不做饭呢？"他问陪同的村干部，被告知曰："现在都吃大食堂了！各家各户不用做饭了！"于是，他又被引领到村里的大食堂前。在大食堂，金善宝看见，面黄肌瘦的乡亲们排着长长的队，每人拿着一个大盆等着打饭，得到是的却只是一勺红薯加野菜的稀粥……这一勺稀汤里晃荡的粥，怎么能够一家人吃饱呢？金善宝的心沉重了！想起报上粮食亩产几千斤、上万斤的报导，作为一个农业科学家固然不敢相信，却万万没有想到，报道和实际之间的差距竟会如此之大！所谓的大跃进，竟然给故乡人民带来这么大的灾难！而作为一个从小立志务农、改变农村落后面貌的农业科学家，对此却毫无所知，知道了也丝毫无能为力！一种严重的自责袭上心头，让他感到又难受又气闷，只能闷闷地在村里走着，一句话也说不出来！临别，他遥望着被砍得光秃秃的山峰，不无感慨地说了一句："石峡口的变化，

1979年5月，金善宝回到了久别的故乡—石峡口

就是石峡口的山变矮了一大截！"

回到诸暨招待所，县政府热情地招待他吃中饭，面对着满桌子佳肴，金善宝的心里很不是滋味。他说："我不吃这些，你们只要煮一点红嘴绿盎饭给我吃好了！"后来，人们才知道这红嘴绿盎饭，就是当时石峡口乡亲们吃的红薯加野菜的稀粥。

久别的乡亲们

1966年到1976年，国家又经历了长达10年之久的大浩劫，偏僻的石峡口山村，虽然号称"福地"，有"狮子白象守门之相"，几百年来免受兵戈之苦，包括太平天国的"天兵天将"，抗日战争中日寇的铁蹄，都未能踏入石峡口半步，可是却挡不

和乡亲们亲切交谈。左起：金德兴、金庆耀、金善宝、金绍灿

住"文化大革命"的风暴，使刚刚经历了"大跃进"之苦的小山村，再一次遭受了动乱的洗劫。幸运的是，动乱虽然破坏了石峡口的生产、经济，砸烂了石峡口的宗祠、孝友堂，烧毁了祖传1 000多年的家谱，可是，它却无法砸断600多年来石峡口居民代代相传"对家和为兴，对友和为贵，对国和为天"的"居家敦谊、亲贤睦族"之风，这种"亲贤睦族"之风，支撑着淳朴的山村农民，克服了生活中的种种困难，渡过了

一个又一个难关。而对金善宝来说，正是因为他从小受了这种"亲贤睦族"之风的教育和熏陶，才使他和这块土地，以及这块土地上生活的乡亲们，有着血肉不可分的感情！1979 年 4 月，金善宝带着这份感情再次来到了石峡口。他看到刚刚经历动乱洗劫的乡亲们，虽然生活困难，却没有任何牢骚，也没有丝毫怨言，在"亲贤睦族"之风的沐浴下，相互提携，共度难关，迎接新的生活！当他远眺青山环抱，绿水环绕，林茂竹香之时，不禁深深感叹，多么美丽的故乡、多么淳朴的乡亲、多么好的人民啊！我爱你们，我该如何回报你们的恩情呢？！

金善宝手迹

时光匆匆、岁月悠悠，金善宝已达 91 岁高龄。耄耋之年的金老，在繁忙的工作之余，仍然常常想起他的故乡石峡口，石峡口的经济状况有什么变化？乡亲们的生活是不是改善了？众多的问题，一直在他的头脑里盘旋。1986 年 10 月，中国农业科学院杭州茶叶所开会，金老开完会后，就带着这些问题去石峡口了。与以往不同的是，这一次不只是他一个人，女儿女婿正好在杭州出差，他们想和父亲一起回老家看看；二佯媳唐文淑侨居美国多年，刚刚回国定居，很想观光一下祖国山河；在上海工作的儿子儿媳，利用假日专程来杭州看望父亲；加上秘书尹福玉，一行 7 人，浙江省乡镇企业局为金老安排了一辆小面包，汽车飞也似的向诸暨方向驰去。一路上，田野里一片片绿茵茵的、黄灿灿的庄稼，令人目不暇接；路旁的柳树迎风摇曳，伴随着故乡泥土的芳香迎面扑来，汽车进入会稽山区后，只见山上青松、绿竹映衬，山下茶林、桑园环抱，山谷间，流水潺潺……啊！故乡！以她浓厚的乡土气息、特有的大自然风光，迎接远方游子的归来。汽车渐渐驶入了乐山乡，远远看见一座熟悉的山庄，像所有江南的村舍一样，黑色的瓦，白色的墙。金老的心激动起来，对司机说："下车吧，前面路不好走。"这时，村里的孩子们早已把金老的车团团围住，乡亲们也闻讯赶来，金老在众乡亲的簇拥下下了车，向村里走去。

在众乡亲中，无论是年长的，年轻的，金老一个也不认识，他们自然也不认识金老，不知道这位老人来自何方？真是"少小离家老大回，乡音无改鬓毛衰。儿童相见不相识，笑问客从何处来"。终于，从村里出来几位老者，他们远远地看见金老，就急忙跑过来，亲

金老偕子金孟浩（左）在杭州（1986年10月）

切地叫着"善宝叔"，"九斤叔"，金老和他们一一握手、问好，坐在村口的大石头上和他们亲切交谈。他们还记得金老儿子的名字，连连问孟浩来了吗？金老把孟浩夫妇叫过来拜见大哥大嫂。聊了一会家常，就一起来到金老的老宅余庆堂门口，这是一幢类似北京四合院的二层住宅，四面是屋，中间一个天井，还是金老的曾祖父朝品太公留下的遗产，算起来已有150多年的历史了，祖父启明公分到两间房子，祖父又将这两间房子传给自己的独子安普公（金善宝的父亲），金老就是在这两间房子里出生、成长，一直到1917年才离家去南京高等师范农科上学。现在这两间房子里，住的是金老的堂侄，这套院落其他东西厢房里住的，也都是朝奉太公的子孙。他走进老宅堂屋，侄孙们端来一个长条凳让他坐下，他环顾四周，见房屋虽然破旧，但收拾得还算整齐，堂屋里仍然砌着大灶大锅，堆着柴禾；走进里屋，看见他母亲当年用过的双人床、四方桌、衣柜等家具依然存在，不免睹物生情，想起自己的童年时代，想起哺育

自己的母亲在这里度过了她艰难的一生。母亲去世已经60多年了,自己也已进入耄耋之年,但是母亲养育的恩情却是永远也不能忘记的!金老默默地坐了十几分钟,直到儿女们催他到村里去看看,才恋恋不舍地走出了这所老宅。他在村前村后转了一圈,看见他孩提时代经常去抓鱼、捉蟹的小溪仍然是碧波荡漾,流水潺潺;看见他少年时代经常去打柴的后山仍然是郁郁葱葱,青竹、茶树、柿子树参差其间。村里,低矮的猪圈敞着,鸡笼的门开着,猪呀、鸡呀、四处乱窜……久违的山村景象,令金老流连忘返。有人在旁提醒他,时间不早了,该回去了!乡亲们一直把金老送到村口,连连说:"明年再来啊!不要忘了石峡口!"金老也不断地说忘不了,忘不了,我一定会回来的!等金老上了车,汽车走远了,回头望去,尘土飞扬中,还能依稀地看见乡亲们站在村口,挥手送别。

回到诸暨招待所,儿女们就议论开了。儿子说:"我们家乡怎么这么穷,这么落后啊?!"女儿说:"厕所里好脏啊!满地爬满了蛆,根本没地方下脚!"女婿说:"有的老乡家里,还是人、畜共居呢!"侄媳唐文淑说:"抗战以前我来过,怎么现在还不如抗战以前好呢?"只有金老

1986年10月在诸暨相聚

对家乡的感觉和子女们不一样,他嘴上不说,心里却在想,"比前几年好多了!虽然脏一些,最起码村民们有饭吃了!可以自己养鸡、养猪了!这就是一个好兆头!"他接受了子女们的建议,设法改变家乡贫穷落后的面貌,为家乡人民做点贡献。为此,他先后找浙江省乡镇企业管理局、南京农业大学等同志去石峡口实地考察,他们提出开发石峡口的两个方案,一是办一个镙丝加工厂,省企管局负责销路;二是,开发山区茶树资源,经营茶叶经济。但是,两个方案所需资金,都需要向银行贷款。据说,五金螺丝厂的执照和贷款批下来后,由于当时的村干部,担心还不出贷款,也就不了了之。后来,这本执照转给了临近的店口镇,现在,店口镇已经成为有名的五金汽配之乡。石峡口失去了一次改变面貌的机会。

金老这个心愿,只好深深地埋藏在心底。之后不久,他接到石峡口书记金德兴的一封信,信中述说,为了石峡口的农业用水和生活用水方便,经上级批准,正在建造石峡水库,上面拨了300吨水泥,可是只建造了3层,水泥就全部用完了,虽经再三反映,均无人理会,眼看水库

1988年,金老(中)尹福玉(左)金孟达(右)摄于诸暨五泄风景处

建设要半途而废了……金善宝接信后，立即和浙江省水利局沟通，说明家乡建设水库中遇到的困难，500 吨水泥很快就调拨到了石峡口，保证了石峡水库工程的顺利完工。

1989 年，中国水稻所在杭州正式成立，金善宝应邀参加奠基典礼。利用这个机会，金善宝又回到了日思夜想的故土。这次他看见的石峡口，是一个整洁、美丽的山村，洁净的水泥路，白色的房屋，苍翠的山峰，潺潺流水的小溪，一切还是那样熟悉、那样亲切……众乡亲们闻讯赶来，金善峰；金广仁、金孟理、金高月、阿坤婶、高才婶等，将金善宝团团围住，问长问短，述说别情。

他们告诉金善宝，村里实行了联产承包、分田到户后，生活水平有了提高，建造了自来水，重修了村口的余庆桥，生活也方便多了。他们还陪同金善宝一起观光了村容，参观了新建成的水库，重游了石峡胜景，当金善宝看到形似"蹲狮、眠牛"的石峡山景时，忽然想起了 600 多年前石峡始祖——海四公的石峡赋：

……
石峡发原剡溪，迢迢走马，自东而西。
山不童而麓鞯，势甚险而嶔崎。
蹲狮砥柱乎川流，眠牛上应乎斗垆。
鹰欲翔而呼之不来，隼欲击而依然复棲。
……
芳草萋萋，山花遍馥，野鸟频啼。
岩啸三竿两竿之竹，石穿一寸二尺之鱼
瀑泻岩前之布，露含树里之珠。
雾罩云驰，花飞六出
……

不禁深深陶醉在这美丽的石峡胜景之中。

这次回乡，让金善宝感到欣慰的是，石峡口的生活有了一个好的开

1989年,金善宝回到石峡口和乡亲们亲切交谈

端!虽然乡亲们的生活还不富裕,可是,他相信,有了好的开端,美好的前景就不再辽远了!

直到1996年8月,家里突然来了一个石峡口老乡,自我介绍说,几年来在河北做茶叶生意赚了一些钱。金老问及石峡口乡亲们的生活,他说,已有好几家做瓜子生意致富,家乡人民的生活比过去好多了!很多人家都在忙着盖新房呢?金老听了十分高兴,是国家改革开放的政策,给石峡口家乡人民带来了希望。由此,也让金老更加深刻地体会到:"发展农业,一靠政策、二靠科学",特别是对于地少人多的山区经济来说,尤其如此!故乡石峡口山村经济的历史发展,就是一个明显的例证。

四、喜迎百岁华诞

1994年的一天,金老听见秘书胡海涛在和女儿商量筹办百岁寿辰的事。他问,谁过百岁生日?他们笑而不答,问过几遍之后,女儿才笑着说:"给您做百岁生日呀!"金老说:"我还没到百岁呢!"小胡对金老说:"按中国人习惯,一般都按虚岁做寿,今年7月2日,是您百岁华

 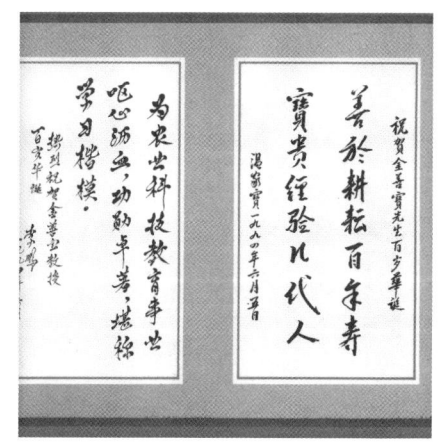

百岁贺卡

诞,院里打算替您提前做寿。"金老说:"我才97岁,离100岁还远着呢,不做!不做!"女儿见父亲态度坚决,就对小胡说,那就算了吧,不做了。可是,过了一个月左右,金老看见他们又在商量这件事了,就问小胡:"不是说过了,我还不到一百岁,不做了吗?"小胡告诉金老这是中科院、中国科协、九三中央、农科院4个单位联合筹办的,一切工作都已准备好了,已经上报中央有关领导,如果突然宣布取消,对各方面都不好交代。金老一听,既然是这样,也只好顺其自然了。

国家领导人送的花篮之一

这次庆祝百岁华诞,在成都科技大学工作的女儿作美、女婿王励生,上海交通大学工作的儿子孟浩,在南京工作的侄子金孟达、侄孙女金力平,还有南京农业大学的代表沈丽娟等人都专程赶来,亲朋好友济济一堂,十分热闹。

7月2日早晨,金老吃完早饭后,穿上新做的中山装,登上新的布鞋,在子女们的簇拥下来到农科院新建的办公大楼,先到一楼休息厅,会见了人大常委副委员长严济慈、九三中央主席吴阶平、全国科协主席朱光亚、副主席李振

1994年7月2日，走进百岁华诞茶话会会场（科技日报记者摄）

声、中科院院长周光召、统战部副部长刘延东、农业部副部长刘亦侠等领导，还有国家农委副主任朱则民、同窗好友著名植保专家吴福桢以及著名水利专家汪闻韶夫妇等。

1994年7月2日茶话会会场全景（科技日报记者摄）

在百岁华诞主席台上（光明日报记者柳琴摄）

当金老从休息厅来到6楼会议室时，来自各高等院校、科研单位的200余名专家学者早已聚集在这里，他一进门，全场就响起了热烈的掌

百岁华诞茶话会上致谢词——1994年7月2日（科技日报记者摄）

声。只见会场中央摆放着中共中央总书记、国家主席江泽民赠送的花篮,会场正中挂着国务院总理李鹏的贺词"为农业科技教育事业呕心沥血,功勋卓著,堪称学习楷模",中共中央书记处书记温家宝贺词"善于耕耘百年寿、宝贵经验几代人",还有全国政协主席李瑞环、国务委员陈俊生赠送的花篮,国家科委主任宋健以及严济慈、方毅、宋任穷等领导同志的题词,依次摆放或悬挂在会场四周。会议开始,首先是中国农科院院长王连铮致词,接着是吴阶平、刘延东、朱光亚、李振声等同志讲话,他们介绍了金老一个世纪以来不平凡的经历,高度评价了金老为祖国人民做出的贡献。听着他们的讲话,使金老仿佛又回到了那遥远的年代,回忆起那峥嵘的岁月,禁不住思绪万千。他在致答谢词时,首先感谢九三学社中央、中国科协、中国科学院和农业科学院为他的生日举办了如此隆重、热烈的庆贺会,感谢党和人民的关怀,回顾了自己一个世纪

金老的谢词

统战部部长王兆国(左)、刘延东(右)来贺金老百岁华诞

农业部副部长何康夫妇来贺百岁华诞

的经历,激动地说:

今天,我虽是百岁老人了,但我人老不服老,我还想为国家的改革开放、为实现小康目标继续努力,我将继续和中国农业科研战线上的同志们一起,为实现我国农业现代化的目标共同奋斗……

农科院王连铮院长向百岁老人金老敬酒(科技日报记者摄)

茶话会结束后，农科院在灰楼小食堂准备了十几桌便宴，招待各界来宾和新闻记者。晚上，统战部部长王兆国、副部长刘延东设宴庆祝金老的百岁华诞。

第二天，中央电视台、人民日报、光明日报、科技日报、农民日报等各大报纸，都以显著的篇幅，报道了金老百岁华诞的盛况。对于这一切，金老深感受之有愧，同时，也使他体会到，这不仅仅是他个人的荣誉，也体现了国家对知识分子的希望，在改革开放的今天，通向21世纪的康庄大道展现在眼前，知识分子大有作为的时代到来了！

五、"科教兴国是我毕生的追求"

1995年，在第二次全国科学大会上，"科教兴国"被定为中华人民共和国的国策，人民日报记者就此事采访金老，问他有什么感想，他说："科教兴国，是我青年时代的理想，也是我毕生的追求"！短短一句话，道出了这位世纪老人热爱祖国的心声，也表达了他对祖国农业科学教育事业呕心沥血、平凡而又艰难的一生。

早在1913年，经历了辛亥革命失败，风雨中成长的金善宝，在绍兴第四学堂学习期间，就初步懂得了科学技术对振兴一个国家的作用，从而萌发了"科教救国"朴实的爱国主义思想。中学毕业后，他根据"国以农为本"这句古训，选择了南京高等师范

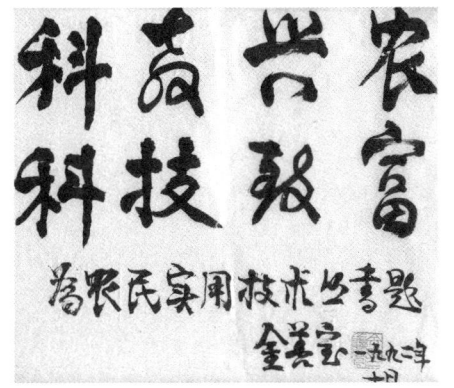

金善宝手迹

原载《北京政协》1995年10月

农业专修科,决心学好农业科学技术,为振兴祖国农业奋斗终生。

30年代留学美国,目睹西方发达的科学技术,带来的经济繁荣,国家富强,使他深刻体会到,科学技术对生产力的巨大推动作用。为此,他抱着"科教兴国"的理想回国,在长达30年之久的教育生涯中,无论条件多么艰苦,他总是一边教学、一边进行小麦科学研究,一刻也没有放松!

抗战时期在重庆,他身患重病,生活艰难,面对敌人的炮弹,特务的枪口,他坚贞不屈,坚持教学,为祖国培养了一大批农业建设的技术人才;

1994年3月,农业部刘江(左)部长来访

新中国成立后,他怀着满腔热忱,探寻农业院校的办学之路,使南农的教学水平迅速登上了全国农业院校的前列;他力排众议,在全国第一个提出了"把农业院校搬到城外去"的方案,为南农发展成为现代化的农业大学开辟了广阔天地;

"文革"期间,他已年逾古稀,目睹极左旋风对农业科学、教育事业的摧残、破坏,不畏权势、坚持真理、百折不挠、使一年繁殖三代小麦终于获得成功!

1996年春节，农业部副部长洪绂曾（右）来拜年

"四人帮"倒台后，他欢欣鼓舞，上书中央，四处奔走，为收回农科院各下放研究所、恢复南京农学院做出了不懈努力……

中外科学技术发展的历史，让金善宝深深体会到，科学技术对生产力的推动作用，在很大程度上受到国家政策、研究机构设施等外在因素的制约。建国以来，反右等政治运动对科学技术、教育的冲击，特别是10年动乱对农业科学技术、科研人员的摧残、破坏，对任何一个经历了这场大劫难的人，都是一个不可磨灭的惨痛记忆！

现在中央终于把"科教兴国"的战略，定为我们国家的国策，中央关于"发展农业，一靠政策、二靠科学"的方针，让金善宝这位世纪老人感到十分欣慰！

六、来自于人民、回归于人民

1997年7月1日香港就要回归祖国了！那些日子，中央电视台、中央人民广播电台天天倒计时地计算着，金老也和全国亿万人民一样，天天扳着手指头计算着香港回归的日子，怀着欣喜的心情，等待着这一天的到来。

在美丽的故乡

作为和香港被迫租借同一时代的世纪老人，金老和香港共同度过了一百年的风风雨雨，是这段历史的最好见证人。现在即将看到香港回归祖国，怎能不使他感到由衷的高兴呢？遗憾的是，金老终于没有能够等到这一天……

1997年3月22日，在离香港回归还有100天的时候，金老家里来了几位客人，他们手里抱了一大卷宣纸，请求金老题字。原来是北京大运河翰林文化开发中心董事长谷建华，同国务院办公厅老干部局共同承办的"庆祝香港回归历史长卷"的制作和大型书画展出活动，拟请100位老人写（画）100幅字（画），准备裱成一幅百米长的大型字画，作为庆祝香港回归的纪念。金老是他们要找的第一位老人。金老得知客人的来意后，欣然提笔，蘸上满满的墨汁，略一思索，就在百米长卷上挥笔写下了苍劲有力的"百年沧桑"4个大字。

4月13日，金老已故挚友潘菽之子潘宁堡夫妇来访，邀请金伯父参加7月13日父亲百岁诞辰纪念大会，并为父亲撰写一篇纪念文章，金老欣然应允。他认真回忆了与著名心理学家潘菽半个多世纪以来的友谊，写成"深切怀念我的挚友潘菽同志"一文。

5月3日上午，金老在女儿陪同下造访潘府，拜访潘老夫人，并亲自送上怀念挚友的文章。适逢潘老夫人去女儿家小住，遂与潘宁堡夫妇合影留念。

5月5日，新华社记者来农科院，主动为百岁老人金善宝摄影。

5月25日上午10点，原中央大学100多名校友在农科院灰楼食堂聚会，邀请金老参加，金老在女儿陪同下到会，受到全体校友热烈鼓掌欢迎。会后，在农科院花园内与全体校友合影留念。

5月26日早晨，金老的女儿出外为父亲办事，中午12点回到家中，发现父亲的裤子、沙发上染红了鲜血，当即打电话与友谊医院张恩德大夫联系，张大夫判断可能是消化道出血，应尽快送友谊医院住院治疗。但当金老在女儿和秘书处莫国庆同志的护送下来到友谊医院时，内科副主任却面有难色地说现在医院没有病床。经家属要求，他连续打电话给北京、协和等各大医院，得到的回答一律都是没有病床！金老一直坐在门诊部的轮椅上等候着，

在农科园地，金华摄

（原载《中华英才》100期，1994年第16期）

直到下午五六点钟的时候，才住进了友谊医院。晚上，开始打点滴止血针。经农科院同意，医院派来两位特护，日夜轮班守护，女儿作怡一直陪伴在父亲身边。

28日上午，金老在上海交大工作的儿子孟浩首先赶到北京，过了几天，在成都科技大学任教的女儿作美也赶来了。考虑到父亲年事已高，一致同意医院采取保守的治疗方案，婉言谢绝了农科院派人陪护的好意，

提出的唯一要求是，因农科院距离友谊医院太远，每日坐公交车往返需要三四个小时之久，为了便于照顾病重的父亲，希望能配一辆专车接送。感谢农科院领导满足了这一要求，更要感谢郭殿基师傅不辞劳苦，每日早晚两次接送，姐弟3人寸步不离地轮流守护在父亲身边。此时，病床上的金老消化道天天都在出血，他的面部表情却十分安详，当子女们忧心重重地问他："爸爸，你感觉怎么样？"他像往常一样，安详地点点头说："好的！"当九三学社中央主席吴阶平来看望他，亲切地问他："金老，你有什么事吗？"他也摇摇头说自己没有什么事。

作为一个跨世纪的老人，金老为祖国的农业教育辛勤耕耘，为祖国的农业科学呕心沥血，奋斗终生，能够亲眼看到桃李满天下，祖国一天比一天更加繁荣富强，应该说已经没有什么遗憾了。如果说还有遗憾的话，那就是还有几天香港就要回归了，他却不能看到；他一生盼望的海峡两岸统一到祖国怀抱，也不能看到了……

在辽阔的田野

6月26日，金老的消化道出血止住了。可是终因出血过多，于中午12点平静地闭上了双眼。金老走了！带着对美好生活的无限眷恋走了！

带着对伟大祖国美好远景的无限向往,走了……

金老在病重期间,九三中央委员会主席、人大常务委员会副委员长吴阶平,中共中央统战部部长王兆国,副部长刘延东,农业部副部长洪绂曾,中国科协李振声,中国农业科学院院长吕飞杰以及卢良恕、王连铮、沈桂芳等领导同志前往看望、慰问。

透视万象人间,金华摄(原载《中华英才》100期,1994年第16期)

7月9日上午10点,在北京八宝山第一告别厅举行了庄严的告别仪式,在凄婉的哀乐声中,金老身披党旗,躺在鲜花丛中。中共中央统战部、九三学社中央、中国科协、国家科委、中国科学院、中国农业科学院等全国330多个单位和个人送了花圈。中共中央书记处书记胡锦涛,九三中央委员会主席吴阶平,统战部部长王兆国,副部长刘延东以及朱光亚、李振声、刘江、洪绂曾、钱正英、陈宜瑜、吴亦侠、张玉台、何康、吕飞杰、卢良恕、王连铮、沈桂芳等领导以及中国农业科学院职工、农业界、教育界、科技界代表、金老故乡代表、学生、亲友等100多人参加了送别仪式,向这位为祖国农业科学、农业教育奋斗了一生的世纪老人,为我国小麦育种事业做出杰出贡献的农业泰斗,表示深深的敬意和哀悼。与此同时,全国各大学、科研单位、九三学社各省省委以及金老在海内外的学生、亲友等发来唁电130多封。

其中，河北农林科学院魏建民、李广敏院长等人献的挽联是：

"一生献忠贞南山松柏永苍翠
九天含笑故园桃李竞芬菲"

浙江大学北美校友会全体师生送的挽联是：

"历数古今百二岁期颐能有几
精研中外农科技学术竟无亏"

金善宝铜像（作者：潘毅群）

事后，金老的子女根据父亲一生对故乡的情结，和父亲生前曾经流露出："将来到诸暨去……"这一意愿，考虑将金老的遗骨送到诸暨去。因为在诸暨一时没有合适的地点，最后决定放在杭州南山公墓他们母亲的旁边。好在杭州是浙江的首府，金老也算是落叶归根，回到故乡了。在杭州南山的半山坡上，面对浩瀚的钱塘江，苍松绿柏中一平方米的土地下，长眠了一位来自于人民、回归于人民的大地之子，一对相濡以沫、饱经60年风雨沧桑的伴侣；一块简单的青石墓碑，表达了我国一代农业科学家、被誉为"农业泰斗""东方神农"的金善宝教授朴实无华的一生。

金善宝教授并没有离去！

他留下的小麦科学论著，不仅是我国，也是世界农业科学的宝贵财富，抚育了几代学人；

他坚持真理、理论密切联系实际，勤奋求实的精神，在他的学生和

学生的学生中,早已蔚然成风;

他的拳拳爱国之心,他的"民以食为天""以农为本",同广大劳动人民同呼吸、共命运的思想感情,他高尚的道德情操和刚正不阿、敦厚正直的品德,将为后人永远铭记……

金善宝教授一个世纪的拼搏,在中国农业、小麦科学发展史上,树立了一座永远的丰碑。

金善宝教授的精神永存!

七、子女的思念

金善宝教授离去已经15年!他一切的一切都已溶入历史的长河之中!可是,作为他的子女,父亲一切的一切依然鲜明地活在我们的心中!2012年6月26日是父亲离别15周年,为了纪念父亲,我把对父亲的思念,写成"父亲的爱"一文,献给我们亲爱的父亲!

父亲的爱
——献给我们亲爱的父亲

父亲离开我们已经15年!
15年前的今天,
我在父亲的病床前陪伴了整整一个月,仍然没有留住父亲,
1997年6月26日12点整,
亲爱的父亲永远地离开了我们!
在那一刻,
父亲离别时的情景,清晰地定格在我的脑海里,
成为我永远的痛!

纪念父亲离别15周年,
无尽的思念,又把我带回到那辽远的年代,

那是一个美丽的山村,是父亲出生的故乡,
也是我生命中开始有记忆的地方。
那里有翠竹青山,潺潺流水,还有善良淳朴的乡亲,
就是没有父亲的身影,
母亲告诉我,日寇的战火,破坏了家园,
我们在故乡躲避战乱,父亲在远方辛勤耕耘,支援抗战。
侵略者的炮火,割不断亲人的思念!
终于有一天,
母亲带着我们,走上了艰难的寻亲之路。
遥遥数千里,硝烟迷漫,
敌机在头上盘旋,
我们趴在原野上,遥望着敌机扔下一串串炸弹!
鬼子在后面追赶,
我们躲进了山洞,默听着野兽的狞笑,难友们凄惨的哭喊!

一个凄风苦雨的傍晚,
汽车在陡峭的盘山路上绕行,

我们和父亲在一起

猛然间，
车身一倾斜，掉进了万丈深渊。
深山峡谷里，一片呻吟声中，
疲惫的母亲艰难地站起来，
从血淋淋难友的体下，拽出了她的孩子，
抹干身上的血迹，又继续向前。

终于，在贵阳郊区一家小院里，
盼来了一个面目瘦削、两眼炯炯有神、头发花白的中年人，
他双手插在口袋里，微笑地望着我们，
母亲对我们说，"这是你们的阿爸，叫阿爸呀！"
啊！原来这就是我们魂牵梦绕、日夜思念的父亲！
是我们千里遥遥、九死一生寻找的父亲！
可是，父亲是陌生的，
陌生的父亲把我们安全地带到了重庆。

雾都茫茫，敌机常常来轰炸，
呜、呜、呜的空袭警报声浪，震荡着整个山城，
父亲镇定地带领我们去防空洞躲避，
面对慌乱、奔跑的人群、山路上坑坑洼洼的壕沟，第一次躲警报的小女孩，畏缩了……
一个亲切的声音在召唤："来，福妹！"
是父亲，向我伸出了有力的臂膀，用他那坚定的目光鼓励着我，
我抓住了父亲的大手，勇敢地跳过了这条壕沟，
从此，父亲不再陌生！

从此，父亲临危不惧、镇定自若的神态，像一座雄伟的大山，
给了我无比安全！
父亲有力的臂膀，和他那坚定的目光，鼓励着我，

跨越了人生道路上无数的沟沟坎坎！

父亲啊！

在那艰难的岁月里，母亲不堪生活的重负病倒了，

是您，挑起了教学、科研和家务的三副重担，

每天清晨，您手忙脚乱地为我和弟弟做好了红糖面饼，

目送着我俩快活地吃着甜饼、攀上几百个台阶的山坡去上学，

每天晚上，您独自一人在油灯下撰写讲稿、论文，直到深夜三更……

二女作美、女婿励生和父亲

为了支援前方战士，

您倾囊献出了全部所有，

自己却吃着酱油淘饭、穿着破布长衫，

全家6口挤在一间狭小、阴暗、潮湿的土坯房里。

为了小麦科学试验，

面对特务的枪口、敌机的炸弹，您坚贞不屈！

几番风雨，育成了抗病、高产的中大2419小麦，

为支援前线粮食做出了贡献。

您呕心沥血、教书育人，
当您的学生不负所望、纷纷奔赴抗战前线，
担负起祖国农业建设的重担，
您自己却因病昏倒在课堂的讲台边。
您追求真理、热爱光明，
坚持和广大爱国的青年学生一起，
为追求和平、民主、自由而斗争，
终于迎来了抗战胜利、全中国的解放。

您关心人才培养、热爱农业教育，
怀着满腔热忱，
探寻农业院校的办学之路，
为南农的发展，贡献了毕生精力。
您酷爱小麦科学事业，

儿子孟浩、儿媳慧英和父亲

勇于探索、不断创新,
为了在有限的生命里,培育出更多的小麦良种,
您倡导小麦育种南繁北育、异地加代,缩短小麦育种年限。

为了实现这个设想,您付出了太多的辛劳!
以古稀之年,爬山越岭、寻找小麦的夏繁基地,
归来后,筋疲力尽地躺在床上,大声呻吟!
父亲啊!你可知道?
听着您"吃力呵!吃力呵!"衰弱的喃喃自语,
您的女儿是多么揪心!
看见您从床上跃起,精神抖擞地投入工作,
您的女儿又是多么欣慰!

为了实现这个设想,您承受了太多的磨难!
您顶着"反动学术权威"的大帽,
忍辱负重,研究确定小麦夏繁、秋播和冬播的方案,

三女作怡和父亲

您冒着"白专道路"的危险，
千里遥遥登上庐山，开创了国内种植业夏繁试验的先河。
面对讥讽、诬陷、造谣种种不实之词，
您横眉冷对，义正词严，扫除了一切"极左"的干扰和障碍，
您坚持真理、百折不挠、使一年繁殖三代小麦终于获得成功，
随之也推动了整个种植业加速世代育种的进程！

父亲啊！我知道自己从小不受欢迎，
当父母遭受了巨大的丧子之痛，一心盼望有个男孩时，
不知趣的三丫头，却不合时宜地来到了这个家，差一点被送了人，
是父亲的爱留住了我。
从小您给我以"福"字命名，祝愿我一生幸福！
后来，又应我的要求，为我改名为"怡"，希望我永远快乐！
小时候，我经常"打摆子"，您在百忙中给我喂汤喂药，
长大后，我在北京学习、河南工作，您常常抽空来看我。
每次见到您，
都给我带来巨大的意外惊喜！
每次见到您，
我都会高兴得欢呼雀跃！向您倾吐心曲！
而您，慈爱的父亲，
总是笑逐颜开地望着我，静听我的叙述。
有人羡慕地对我说："你父亲好喜欢你啊！真是喜欢得不得了！"
旁观者的话，让我深深沉浸在父爱的海洋之中！

父亲啊！您祝愿我一生幸福！
其实，我今生最大的幸福，
就是有幸做您的女儿！
您希望我永远快乐！
我最大的快乐，就是成年之后能够回到您的身边，

陪伴您度过了 31 个春秋。
在长达 1 万 1 千 3 百多天的日子里，
每一天、每一刻，都能感受到您的爱！

您爱祖国、爱人民，爱自己的故乡，视广大劳动人民为衣食父母，
把祖国、故土，比作自己的母亲！
您爱小麦育种事业，年过耄耋之后，仍然朝朝暮暮沉醉在小麦试验田间，
小麦是你的宝贝！
您关心农业生产，踏遍了祖国的山山水水，
农业科学、农业教育、继承您事业的学生、年轻一代是您的至爱！
您爱我们的母亲，和母亲相依相伴、不离不弃，共同度过了 60 年的风风雨雨！
您爱您的孩子，期望我们奋发向上、勤勤恳恳为祖国人民服务！

父亲啊！
在和您朝夕相处的日子里，
您献身小麦科学事业，每一个动人事例，
献身农业教育难忘的桃李情，
和您一生淡泊名利、日常生活中的点点滴滴，
每一桩、每一件，都让我感受到您的精神和您的爱！
您就像是一本永远读不完的书，
给了我无穷的启迪和力量！

如果说我有遗憾，
最大的遗憾就是，
此生只能做您的女儿，却无缘做您的学生和助手，
不能继承您所钟爱的小麦科学事业。
如果说我有遗憾，

三女作怡全家和父亲

唯一的遗憾是，
身为女儿，不能为您传宗接代，
无法把你的思想、品德，留传给金氏家族的后代。

父亲啊！
您年过百岁之后，仍然坚持一切生活自理，不让女儿为您操心。
我每天早晨离家前，都要问一声："爸，您好吗？"
您总是点点头说："我好的，你走吧！"
15年前的6月26日，在您的病床边，我焦急地问："爸，您好吗？"
您依然点点头说："好的！"
直至您生命的后一刻，我含着泪问："爸，您好吗？"
您用生命中最后一点力气，点了点头！

此时此刻，
我禁不住五内俱焚，痛哭失声！

父亲呀，父亲！

您是为了不拖累我，为了安慰我，才这样说的吧？

此时此刻，

我再一次深深体会到，

父亲的爱有多么伟大、多么深邃、多么阔广！

父亲一生只知奉献，从不索取，即使对他最亲爱的女儿也不例外。

亲爱的父亲！

您离开我们已经15年，

您的音容笑貌时时出现在我们的眼前，

我们对您的思念依然无限！

今天，我用眼泪写成此文，衷心祝福父亲、母亲的在天之灵！

我要努力完成您的传记，献上一份女儿最真挚的敬意，让您的精神代代相传！

亲爱的父亲啊！

亲爱的父亲，您永远在我们心中！

您的爱永远与我们同在！您永远活在我们心中！

您的女儿　作怡敬书　2012年6月26日草拟
2012年7月2日清稿

八、人民的追怀

金善宝教授永远的离去了！但人民并没有忘记他！2006年1月17日，中央电视台"永远的丰碑"栏目播放了农业科学家金善宝一个世纪的奉献，各大报纸也都在这个栏目分别作了报道；众多的专家学者怀着敬意，纷纷撰文深切缅怀为祖国农业科学、教育、小麦育种事业操劳了近一个世纪的老人（见本书附录1追思与怀念）；荣获奥地利国家"罗斯托恩奖章"的中奥友好文化使者杜文堂，满怀深情赋诗一首，"为了人民的生存"，追怀人民的科学家金善宝教授。

为了人民的生存
——追怀人民科学家金善宝教授

辽阔的蓝天上现出一幅巨画，
烈日下站着一位白发老人。
他身边是麦浪滚滚，
他脸上是汗水淋淋。
望着眼前的一幕，
他目光里充满了欢欣，
他慈祥地望着金色的麦浪，
像一位祖父望着心爱的儿孙。

我有幸结识这位老人，
我奉你为敬爱的先辈和至尊。

金善宝

金色的喜悦

你用一生践行着"以人为本",
你用一生证明着"唯农是根"。
为献出丰硕的稻麦菽粟,
你像大舜一样俯首耕耘。
为人民,你踏遍了千山万水,
为人民,你历尽了劳瘁艰辛。

你出生在一个小小的贫苦山村,
对那片土地的爱是你生命的根。
从北方吹过来强劲的风,
"五四"的光芒照亮了你的灵魂。
你走出山村,远渡重洋,展出一片广阔的天地,
为了能把匡时济世的真理追寻。
有多少幸运儿镀金归来,春风得意,
有多少攀龙附凤者加官进爵,直上青云。

你却坚守着"民以食为天"的简朴道理，
走向田野，在农夫间田禾里迈开了征程。
有多少诱惑，五光十色，从四面袭来，
你一往无前，坚定从容，因为你有根有魂。
在日寇入侵的离乱岁月，
在暗夜如磐的黎明前时分；
你临危不惧，不屈不挠，
抗拒浊流，心向光明。
斗转星移，你也曾沧海云帆，
但你护着你的根，守着你的魂，
你最终仍回到了田野，与稻麦为伴，
你念兹在兹，为了人民的生存。

小小的麦粒孕含着生命，
埋进泥土里便会发芽生根，

诗文作者和金老

大地上一片蓬勃的新绿,
欣欣然承受着日晒雨淋。
我这样的芸芸众生只知道春耕秋收,
你的慧眼能分辨生命循环中的不同,
有的脆弱,有的顽强,
有的灵活,有的僵硬,
为了选育最优良的品种,
增强作物生长的本领,
实验田里你度过了多少个日日夜夜,
大地上哪里没有你的身影,
从燕赵大地到江淮河汉,
从天山南北到云贵八闽,
你查看那里的山川地势,
你亲历那里的雨,那里的风,
如何让心爱的禾苗茁壮地生长,
让农民的血汗化为丰饶的收成。
你倾听每一个生命的历程,
你俯视大地,仰望星空,
你亲历亲为,辨识百禾,
就像那远古的先祖神农。

每条大河都少不了险滩弯道,
浩荡神州也不总是万里晴空,
一霎时乌云翻滚,群魔乱舞,
你和亿万人民遭受到百般戏弄,
云端里浮现出百变神王,
挥魔杖召唤来天兵天将,
杀向人间,谁敢阻挡,
还要和大自然来一番较量,

俯视大地

分明是为革命出生入死，勋业辉煌，
忽然间"现原形"俱都是叛贼黑帮，
说什么科学家、理论家、文化巨匠，
不过是"垃圾堆、破烂货、魑魅魍魉"，
大地上，起高炉火光直上，
看人间，旗如海，诗画满墙，

俊杰们识时务豪情万丈，
表忠心颂"百花"下笔千行，
众元勋变"群丑"肢残命丧，
科学家成"腐儒"发配边疆。
唯有你这样的死硬派沉默对抗，
你知道这不过是噩梦一场。

历史的车轮终究不会倒转，
肥皂泡破灭后血迹斑斑，

第十二章 百年沧桑

343

试验田间

金善宝

风雨过,不少人在抚摸伤痕,
殿堂里响起你时代的强音:
真理不容玷污,
是非不容颠倒;
要重整破碎的山河,
要夺回尊严和青春。
你重聚起科学家队伍,
你迎回被驱散的友人,
要重建学术的殿堂,
让科学的列车加快飞奔。
弟子们感激你的关爱和教诲,
你身体力行,教他们坚守科学的良心,
老友们终于劫后重逢,悲喜交集,
感谢你在他们落难时不变的友情,
在你这里他们从未失去学者的尊严,
你的深情厚谊始终温暖着他们的心。

乐在麦海

永不忘高悬天际的那一幅巨画,
麦田地里站着一位白发老人。
你守护着无边无际的麦浪,
慈祥地笑着,像面对心爱的儿孙。
你为麦田几十年如一日心血耗尽,
麦田报答你是大地上丰饶的收成。
你终生怀抱着一个朴素的心愿,
为了大地上人民的生存。

杜文棠

2012 年岁末

金善宝

精神永存

附

录

附录1 追思与怀念

颂金老⁽¹⁾

朱则民

（七古一首）

七十不稀九十奇，轻装健步向期颐。
桃李满园雨露滋，良种选育硕果累。
沙坪坝⁽²⁾举抗日旗，华东土改摧封垒；
田间试验自坚持。
分类分区奠根基，《小麦栽培》君撰之。
奖掖后进迎朝曦，真理钻研不知疲。
歪风邪气冷横眉，雪后青松不老时；
南繁北育⁽³⁾创新路，精神永驻立丰碑！

朱则民（右）、杨均（左）夫妇在金老九十寿辰祝贺会上

作者注：

（1）这是1985年6月，我为祝贺金老九十寿辰而作的七古一首，现将最后两句改为"南繁北育创新路，精神永驻立丰碑！"献给《金善宝》一书，以颂扬金老一生为祖国农业科学、教育事业做出的的光辉业绩。

（2）金老抗日战争时期曾任重庆中央大学农艺系教授兼任系主任，沙坪坝是中央大学农艺系所在地。

（3）金老倡导小麦育种南繁北育、异地加代，通过北京春播，高山夏播，南方秋播，一年繁殖三代小麦，大大缩短了小麦育种年限，育出了一批京红号、中字号小麦优良品种。

（朱则民，原国家农委副主任，曾任中国农业科学院党组书记）

我国现代农业科学和教育的先驱

卢良恕

金善宝先生是我国农业界德高望重的老一辈科学家。他对党无限热爱，一片忠诚。1945年在重庆，他作为进步教授之一，受到了毛泽东同志的亲切接见。以后，无论在国民党黑暗统治下，还是在"四人帮"横行的"文革"中，他刚直不阿，始终坚信党的事业，勤勤恳恳为党工作。他酷爱小麦科学事业，不畏艰难、挫折，坚韧不拔，勇往直前。他1934年出版的《实用小麦论》一书，是我国小麦史上第一部专著，1961年主编出版的《中国小麦栽培学》和1964年主编出版的《中国小麦品种志》，是中国同类著作中的佼佼者；1983年主编出版的《中国小麦品种及其系谱》，系统总结了我国半个多世纪以来小麦品种的演变历史，以及利用国内外品种资源和选配亲本方面的经验，填补了我国在品种系谱分析研究方面的空白，获1984年全国科技图书一等奖。在实践中，他亲自选育的"南大2419"小麦品种，在我国20多个省（市、区）推广、应用，种植年限长达40年之久，推广面积最高年份达7 000余万亩；由他主持研究、育成的"京红号""中字号"春小麦品种，已在我国部分春麦区和黄淮

1987年9月，中国农业科学院院庆30周年，卢良恕院长（左）和金老（右）在一起

冬麦区大量种植。他发表的"中国小麦的种类及其分布"学术论文，获1982年国家自然科学三等奖。

新中国成立前，金善宝先生曾先后在前中央大学、江南大学、云南大学、浙江大学农学院等院校任教授、系主任。新中国成立后，又先后任南京农学院院长、华东军政委员会农林部副部长、南京市副市长、中国农业科学院副院长、院长、名誉院长，以及全国人民代表大会第一届至第六届人民代表等职。

金善宝先生是我国现农业科学和教育的先驱。他的一生值得讴歌和学习。从他身上，我们可以看到老一辈科学家为改变旧中国农业科学落后状况而奋斗的艰苦历程，从而激励我们热爱祖国、热爱农业、勇于为农业现代化而献身。在攀登科学高峰的道路上，他老骥伏枥，壮志不已的进取精神，永远是我国广大农业科技工作者和农业教育工作者的学习榜样。

（卢良恕：中国工程院院士、原中国农业科学院院长、

中国工程院副院长）

我国现代小麦科学研究的开拓者和奠基人

李振声

金老是我国农业科技教育界德高望重的老一辈科学家,是我国现代小麦科学研究的开拓者和奠基人。在20世纪50年代至60年代,当我国长江流域和淮河流域小麦生产受到条锈病等危害而减产时,金老培育的抗病、丰产小麦良种"南大2419"迅速推广,以后向北扩展到黄河以南的冬麦区,向南扩展到南方冬麦区,向西扩展春麦区,每年扩种面积最高年份达到7 000万亩,对我国小麦生产的稳定与发展起到了重要作用,做出了重大贡献!

除在小麦育种上的实际贡献外,金老富有远见卓识,非常重视长远的、带战略性的基础性的研究工作,为了开展中国小麦的分类和品种资源科学的研究,金老组织了中国小麦分类研究组,对全国2 000多个县的5 544份小麦种质资源进行了分类研究,把我国的小麦划分为5个种、126个变种,并在研究中首先发现了我国特有的小麦种——"云南小麦",对中国和世界小麦的起源、进化以及区域划分提供了重要的科学依据。

1994年7月2日,中国科协副主席、中国科学院副院长李振声(左)在金老百岁华诞茶话会上致贺词

金老在重视育种与生产实践、长远性和基础研究工作的同时，还非常重视研究成果的总结和学术思想的提升，金老自己亲自撰写或与同事一起完成了百余部（篇）著作和论文。1934年金老撰写的《实用小麦论》，是我国小麦史上第一部专著。早在我上学的时候，读的第一本小麦专著，就是金老的《实用小麦论》，它对我们这一代搞小麦研究的人，起了启蒙作用。另外，金老主编的《中国小麦品种及其系谱》，系统地总结了我国小麦种质资源研究方面的基本经验，填补了我国小麦品种系谱分析研究的空白。我为了研究生物多样性在作物育种中的应用，又重读了这本书，在这本书中介绍，南京郊区一个古老的农家小麦品种叫"江东门"，全国有9个省利用这个品种及其衍生品种与其他品种杂交育成了50个小麦品种。由此使我更深刻的认识到搜集、保存、研究和利用生物资源，在发展农业生产中的重要意义。

金老作为中国农业科学的一代宗师，不仅自己在发展科学和生产上做出了巨大贡献，而且十分关心青年人的成长，鼓励青年人的创造精神，诲人不倦。我自己就是因为多次得到金老的教诲，而明确了工作的方向、方法和坚定了工作的信心。在我从事小麦远缘杂交刚刚取得一些初步成果的时候，在文革中受到批判的时候，在工作走向深入开始小麦染色体工程研究的时候，都得到金老亲切的指导、鼓励和教育。我虽然不是金老的正统学生，也没有直接跟随金老从事过研究工作，但在我的心目中，金老是我最尊敬的恩师、学习的楷模。当金老健在时，每年春节，我出门拜年的第一家，就是金老家。这是一种发自内心的崇敬和自觉行动。

现在金老虽然不在了，但是，金老的精神将继续指引我们农业科学界和小麦遗传育种学界的同事们，为发展我国农业科学、农业生产不断做出新贡献。

（李振声：中国科学院院士、原中国科学院副院长、

中国科协副主席）

回忆金师

周慧明

　　金善宝教授是我敬爱的老师,我虽没有听过金师的课,不是他的授业学生,但他德高望重、学识渊博、追求真理、爱憎分明,使我得到的教益,不亚于我的授业老师梁希教授。兹举我亲历其境在新中国成立前后各一例来说明:

　　例一,早在 1938 年夏,我住进重庆沙坪坝中央大学的宿舍区,当时,梁希和金善宝两教授合住一间宿舍,我住在他们西头对面的一间宿舍,为此,我们见面的机会较多,对他们的思想行动、生活习惯都有所了解。两人志同道合,通过潘菽教授与新华日报社取得了联系。是年冬,新华日报登出给八路军捐献寒衣的消息,梁师、金师立即各捐献 100 元。百元之款现在看来极微薄,在那时却值千金。当时教授的薪水维持数口之家的生活都有困难,拿出百元捐款很不容易。尤其可贵和动人心弦的是,两位老师是在什么样的经济情况下捐献的呢?当时梁师患严重的关节炎,卧床不起,两腿两拳抱头缩在一起,以制止疼痛的痛苦。有一种药叫阿托方(atophan)针药,打此针就能止痛,但因药价太贵,梁师经

周慧明(右)和金老摄于南京林业大学(1986 年 10 月)

济不富裕，买不起此药，却把钱捐给八路军战士制寒衣，情愿自己忍痛受苦，这种高尚的思想品德，使我深受感动。而金师当时患有严重的胃病，一次胃大出血在课堂上昏倒，他平时没钱买药、没钱买食品，骨瘦如柴，年方四十余，就像个白头翁。他捐献的100元，是他节衣缩食省下来的。两位导师这种舍己为人的高尚形象，时常呈现在我的眼前。

　　例二，大概是1983年，我去北京时，到中国农科院看金师。是日，太阳火热，将近中午时候，适金师不在家。有位同志说，在后院里，请我稍等，他去喊金师。不久，金师出现在我面前，他满面汗水，头戴草帽，裤管卷到小腿，两脚都是泥，边笑边脱草帽，和蔼可亲地说："等久了吧？一起去吃饭好吗？"我不知所措，问金师："您累吗？要不要先歇一下呢？"我先以为金师八旬有几，而且已获1978年全国科学大会上"南大2419"的重大科技成果奖，贡献之大，人人皆知，现已退居二线，应享受晚年清福，谁料他仍然勤勤恳恳、不怕劳苦、持续搞田间工作。我想，如果全国每一个年轻、年长的科教工作者，都能像金师那样热情、认真、实干、拼搏、忠诚对待事业，那么，建设有中国特色的社会主义是不难实现的！

（周慧明　南京林业大学教授

原载《南京农业大学校友通讯》1996年1期）

金师对农业教育、小麦科学事业的无私奉献

沈丽娟

1942年，金师是中央大学农艺系教授，我是农艺系二年级学生。在我升入四年级时，金师就让我半工半读，协助他进行小麦科研工作，毕业后又留为他的助教，使我得以较长时间跟随他，不断得到他的指导和帮助。

教书育人　1942年，金师给我们讲授"作物学""麦作学"等课程，他讲课十分重视理论与实际结合，每讲一章，都要发实习提纲，要求学生到实验田间去做，并亲自手把手教我们小麦育种的技术，使我们在实践中加深了对课程的理解。他关心青年学生的成长，经常告诫我们，在祖国危亡的关键时刻，要认清形势，分清是非，爱祖国、爱人民。在旧社会，毕业就是失业，他总是千方百计帮助学生找工作。他爱学生，学生也爱他，师生感情非常深厚。金师生活清贫，患有严重的胃溃疡，常常带病上课，有一次在课堂上突然昏倒，把同学们吓坏了，大家在一起凑了一些钱，买了两个月的牛奶票慰问金师。大家认为，当时金师已经是很有名望的教授和小麦专家了，只要他对当时的统治当局，有一点点妥协、折腰之意，生活是绝不会如此贫困的。由此，又使我们对金师产生一种深深的敬意，都称他是"耿、介、廉、正"的代表，教书育人的典范。

孜孜以求　在那战火纷飞的年代，金师边教学边做研究，每年都要利用暑假去农村调查，并将他在南京选育的中大2419小麦良种移到合川、内江、泸县等地进行广泛的区域试验。在两年6个地区的试验中，均表现出比当地推广品种有更高的产量，1942年开始在四川省示范推广。新中国成立后，改名为南大2419，在长江流域迅速推广，种植面积最高年份达到7 000万亩，约占全国小麦种植面积的1/5。使用时间长达40余年，衍生品种多达100多个，是我国小麦品种改良史上少有的，对发展我国小麦生产起了重大作用。

在培育小麦良种的同时，他还十分重视小麦品种分类的基础性研究。他的《中国小麦区域》一书，就是在1943年重庆大轰炸的恶劣环境下，

冒着敌机空袭的危险，潜心研究1929年和1937年两次征集的2 834份小麦品种后，呕心沥血写成的。

金师研究小麦分类时，在云南省征集的小麦品种中，发现有一类小麦性状特殊，既与一般普通小麦的穗轴坚韧不折断有差别，也不同于斯卑尔托小麦。为了确定这种小麦的分类，1942年暑假，他带病去云南考察，走遍了海拔高达2 000多米的澜沧江流域，终于发现并确定了这是我国独有的小麦种，并将其命名为云南小麦。

永不停步　新中国成立后，金师担任南京农学院院长和南京市副市长等重要职务，百忙中，他仍然坚持小麦的科学研究。从1954年开始，主持了"中国小麦的品种及其分布的研究"课题，带领我们从全国2 000个县搜集到小麦品种5 545份，全部采用种植观察和室内分析的方法，通过多点比较观察鉴定，确定中国栽培小麦品种分属于普通小麦、密穗小麦、圆锥小麦、硬粒小麦和波兰小麦5个种及1个普通小麦亚种——云南小麦，共计101个变种。对中国小麦和世界小麦的起源、进化及区域划分做出了贡献。

1958年，金师调任中国农业科学院院长以后，仍然关心着南京农学院的小麦研究。1964年，在他筹划下，南京农学院成立小麦品种研究室，他兼任研究室主任，吴兆苏教授和我任副主任。他每年都要数次回南京指导工作，每次回来，都要把我们叫到他身边，对数千份小麦品种的典型材料进行研究，或在室内研究分析其特征、特性，或到田间观察其生长形态。1965年，为了缩短小麦育种年限，他又提出南繁北育、异地加代的设想，为选定小麦的夏繁基地，要吴兆苏教授和我陪他到黄山等地考察，在他指导下，小麦品种室和农科院的研究人员紧密协作，经过几年的不懈努力，终于使小麦育种年限从10年左右缩短为3～4年，育成了京红号系列小麦良种。

难忘师生情　金师对我工作上的信任和生活上的关心，是很感人的。1945—1946年，民主运动高涨，特务的反革命活动猖獗，为了工作需要，也为了躲避敌人的抓捕，金师主动让我到他家里去住，长达半年之久。1947年，他生病，让我代讲他的"麦作学"课程，且毫无保留地将

沈丽娟（左）和金老摄于南京玄武湖（1986 年 10 月）

手稿交给我参阅，于是代课得以顺利完成。1948 年，我和朱立宏结婚，他欣然当我们的证婚人。1948—1949 年，他休假一年，受聘去江南大学任教，将他南京宿舍的钥匙交我保管，同意我们借用他的宿舍进行地下党的活动。1949 年新中国成立前夕，他积极支持中大的护校斗争，邀我和另一位地下党同志去无锡，商谈中大反对迁校的斗争，鼓励我们一定要坚持护校，绝不让中大被迁走。1956 年，他申请参加中国共产党，要我当介绍人。1977 年，他给我亲笔来信传达邓小平同志在科教座谈会上"办好重点学校，壮大科技队伍"的指示，以及他向邓小平同志提出南京农学院复校的建议，要我转告南农有关领导，督促我们向中央各级领导积极反映复校的要求。1979 年初，经党中央批准，南京农学院才得以迁回南京原址复校。

金师对我的关怀和帮助，使我永远难忘。金师对农业教育、小麦科学事业的无私奉献，永远令我怀念，永远是我学习的楷模。

（沈丽娟：南京农业大学教授）

金师教书育人的爱国情怀

罗毓权

20世纪40年代,是我国抗日战争和世界反法西斯战争如火如荼的年代。当时的重庆,是国民党政府所在地,文教界的思想对整个社会的影响很大,国民党十分重视当时集中了科学、文化名流的中央大学,蒋介石曾亲自挂名为该校校长。当然,共产党领导的民主力量,也不会放弃这个培养人才的阵地。

我是1944年考入中央大学农艺系的。当时,学校本部设在沙坪坝,一年级新生在柏溪分校上课,两地相距约一小时嘉陵江航程。所以,金师虽然是农艺系的主任,但我们一年级学生尚少有机会见面。

1945年1月,郭沫若提出了"文化界向时局进言",反对内战、要求民主,成立包括中共在内的民主政府。沈雁冰、马寅初、柳亚子等300多人在"进言书"上签了名,这个"进言书"在报上发表后,我们看到中央大学教授徐悲鸿、梁希、特别是我们农艺系主任金善宝的名字时,内心的兴奋和激动是无法形容的。这张报纸在我们农艺系进步学生中间传阅了很久,大家十分钦佩金师在白色恐怖下,不顾个人安危,敢

罗毓权(左)来贺金师90寿辰,摄于农科院红楼207(1985年7月)

于伸张正义的胆略。我们多次上街游行，支持"进言书"，高呼"打倒日本帝国主义""全国人民团结起来"等口号，推动了抗日斗争形势的发展。从此，金师不畏强暴、刚正不阿的形象，就深深地刻印在我的脑海里了。

1945年秋，我升入农艺系二年级，搬到了校本部沙坪坝，因而有机会和金师较多的接触。他上课时，经常将共产党主办的《新华日报》上的有关消息，讲给我们听，鼓励青年学生在国家、民族存亡的关键时刻，将自己的命运和祖国的命运联系在一起。在金师的影响下，很多学生也成为《新华日报》的热心读者。后来，国民党官方禁止订阅《新华日报》，当我们知道金师所在的农艺系办公室还保留一份《新华日报》时，都悄悄到金师那里去看，他总是热情接待。在《新华日报》的指引下，我和一些进步学生更加积极地参加各种抗日救国的活动。当时，金师虽然身体很不好，但还是和我们一起参加了1946年在重庆的"一二五"反内战运动，1947年在南京的"五二〇"反饥饿、反内战、反迫害的学生运动和1948年在中央大学操场举行的纪念"五二〇"的营火晚会等，给我们留下了深刻的印象。

1948年徐淮战役之后，蒋介石知其大势已去，准备将南京的重要单位迁往台湾，中央大学也是其中之一。中央大学的师生分为迁、留两派，当时金师在无锡江南大学兼课，经常回来和我们共产党领导的左派学生一起商讨留校斗争。金师和梁希等一批进步知名教授的支持，给了我们信心和力量，使我们的留校斗争取得了最终胜利。1949年南京解放后，我们左派师生都拥护金师当南京农学院院长。

金师从事农业教育30余年，栽培的农业科学人才，遍布国内外重要农业科研和教学单位，直接或间接培育的人才更是难以胜数。金师从事农业科学研究70余年，是我国小麦科学研究的奠基人，培育了一批又一批小麦优良品种，为我国小麦品种改良和粮食增产做出了重要贡献。

金师实为新中国农业科学的开山祖，奠基人。这一崇高地位，将永垂千古。

（罗毓权：中国农业科学院品质研究所研究员）

我敬仰的金老

杜振华

1962年,我从北京农业大学毕业后到中国农业科学院工作。1963年,组织上分配我当金院长的助手,自此我有幸一直跟随金老工作30多年,有许多机会可以亲聆他的教诲。回忆往事,感慨万千,深感受益匪浅。金老是我最敬仰的长辈、领导和导师。他爱国爱民、襟怀坦荡;他心地善良,和蔼可亲;他知识渊博,又不断进取。他的许多优良品质值得我终身学习。

勇于探索 金老在农业科学研究中勇于探索的精神随处可见。例如,他广泛搜集小麦地方品种,育成了姜堰黄皮、武进无芒等小麦优良品种;他将国外引进品种潘希维尔与国内小麦品种杂交,育成了南大2419,推广面积高达7 000万亩;他搜集大量的云南、西藏野生小麦,研究小麦的家族,发现了我国特有的小麦新种——云南小麦。60年代初,他又提出小麦加速世代育种的设想,不止一次地对我们说:"育成一个品种要10年左右时间,一年一代太慢了,要发展到一年2代、3代,早一点出品种。"他让我在农科院内试验地上做夏播小麦试验,先用塑料薄膜试验;不成功以后,又从南方订购竹帘遮阳防晒。他不顾辛劳,亲自去黄

1988年8月金老(右)和杜振华(左)在中国农业科学院小麦试验田

山、庐山等地考察夏播基地，到海南岛、云南省去考察冬播基地。年过耄耋仍然经常出现在农村大田、科研试验地中。在金老的指导和督促下，我们课题组成员克服许多困难，"文革"期间也未停歇。在北京春播、庐山或井冈山夏播，再到广东湛江、海南岛的通什以及云南元谋县开展冬播小麦试验。1970年，一年收获3代小麦的试验终于获得了成功。以后许多单位也到这些地方进行加代试验，并扩大到玉米、谷子、高粱、水稻和蔬菜的异地加代育种和加速繁种工作，都简称为"南繁"。后来，农业部还在云南省元谋县建成了作物南繁试验站。我们课题组在金老领导下，通过加速世代手段，育成了京红7、8、9号等春小麦良种，获得了1978年全国科学大会奖。

高瞻远瞩 金老对课题研究很有远见。有一次，金老召集我们春麦室成员开会，专门谈小麦的品质育种问题。他指出，要先从普通小麦中筛选，再进一步做远缘杂交，并介绍了国外育成的一些优质小麦品种以及小麦近缘的高蛋白种质。他说，做这个工作要看文献，吸收国外的经验，要懂分析方法，要关注小型简单的仪器……他还明确地说："我的意思是把品质放在重要地位，鲁棉一号就是因为品质不好，影响了纺织。"当时，全国粮食生产不足，主要强调"高产"和"吃饱"的问题，众多课题组都没有把品质作为重要的育种目标，尤其是加工品质。可见，那时金老的想法就是有导向性和远见的。从此，我们研究室在小麦新品种选育过程中，特别关注了品质问题。1987年3月，国内首次召开了"优质小麦品质鉴评会"，国家科委，农牧渔业部等28个单位、84名代表出席了会议。会上，鉴评的中791和中7606两个小麦品种，就是我们课题组在金老领导下育成的。鉴评的主要结论是："提供鉴评的两个小麦品种（中7606、中791）所烤制的面包，其综合指标已接近或达到了用进口小麦所烤制的优质面包的水平。"文汇报、中国日报外文版对这次鉴定评审会都作了报道。这是我国小麦品质研究工作中具有重要历史意义的一页，它带动和推进了我国小麦加工品质的研究和应用。

关怀备至 1963年，我被分配当金老的秘书，我的办公桌和他的办公桌面对面地放着。金老见我天天到他办公室来上班，有一天就对我说：

"这里的事我自己会做,你不用天天到我这里来,你主要的任务是做好试验研究工作,有事我会叫你。"这是他有意让我有更多的时间进行科学研究,以培养我独立工作的能力。我明白了他的意图以后,更加严格要求自己,努力去把工作做好。

"文革"初期,大字报贴满墙,形势逼人。谁不写大字报,就会承受着"不想革命"的压力。我是金老的助手,不写他的大字报是过不了关的。当时我很苦恼,想不出来有什么可揭发的。有一天,金老对我说:"给我贴大字报,你不要有顾虑,你不写是交代不了的。"在这种人人自危的形势下,金老不仅不顾自保,反而关心我,为我解围,让我特别感动。在那动乱的极左年代,在我们这种上下级、老年人与年轻人之间,这种知心朋友般的真情是多么难得啊!

"文革"期间,我常去南方进行小麦加速世代育种工作。有一年我在江西井冈山茶场做夏播小麦试验时,腰疼病又犯了,金老知道后,很快派了一位同事来帮助我工作,并给我捎来治腰疼的中药和一封用毛笔写的慰问信,深切地表达了对我的关心和鼓励。当时我欣喜地反复看了这封信,尽情享受着师长的关怀,感受着亲情、友情的温暖。在那生活、工作很困难的条件下,深得金老无微不至的关怀,增加了我克服困难的勇气。

1982年冬,我还在云南省元谋县"南繁"时,突然接到一封电报,说我爱人因病住院,让我速回北京,原来是我妻子住进了北大医院的肿瘤科,疑是患了乳腺癌。当时已是87岁高龄的金老亲临病房去看望她,使她惊喜不已,激动不已,当皓首苍鬓的金老,伸出温暖的手握着我妻子的手时,她感动得热泪盈眶,心里充满了无限感激之情!金老走后,同室病友都非常感慨,羡慕我妻子真有福气。

金老光辉的一生值得我们书写,金老的美德值得我们赞誉和发扬。我崇敬的金老啊,您永远活在我的心中!

(杜振华:曾任金善宝秘书、科研助手、原中国农业科学院作物科学研究所副所长、研究员)

铭记金老平易近人、坚持真理的高尚品德

吴景锋

1980年7月，我从北也门农技援外专家工作组回国后，被院党组选定为金善宝院长的专职秘书。我是搞玉米育种的，金老是小麦专家，开始时，我担心自己的专业要扔掉了。我把这个想法如实地向金老谈了，金老明确地告诉我："好嘛！你还应该继续搞玉米，不要放弃专业研究。"并且亲自给玉米专家李竞雄打电话，请他支持我参加所里的玉米育种研究。因此，使我能在协助金老处理好日常业务工作的同时，将从北也门带回的玉米育种材料继续进行加代选系，组配出了中单306和中单321两个优良杂交种，通过省、市和国家审定，应用于生产。

后来，我在撰写金老传记时，发现金老1934年发表在《中华农学报》125期上的《近代玉米育种法》，通读之后，深感受益匪浅。文章从玉米传粉的特点到自交系的选育，从杂交种的鉴评到聚合改良，都有翔实的介绍。时至今日，仍不失为玉米育种工作者学习的重要文献。现在常被引用的美国玉米专家的经典论文，金老早在30年代初期，就已经通读并做到熟练应用了。其他在大豆、烟草、麻、马铃薯等作物方面，也发表了许多文章。可见，金老虽然是位小麦专家，但他的知识绝不仅仅限于小麦。金老作为一代农业科学家，其学识面之广，是十分令人钦佩的。

我在金老身边工作两年多，不仅业务上受到金老的大力支持，为后来的发展奠定了基础，而且金老严谨求实的治学精神，待人处世，论是非，不论利害；论功过，不论权势的高尚品德，深深的感染和教育了我。

1981年6月，密云县一个大队的三位农民技术员参观完小麦试验田，又到院办公室，要求见见金院长，请教两个问题。时近中午，我想安排他们下午去作物所小麦室交谈，不必再让金老接见他们了。当我告诉金老时，他当即从椅子上起身，到院办公室，谈了近一个小时。下午上班，金老对我说："他们进城来一次不容易，我又在，怎么能不接待呢？"这是金老对我唯一的一次批评。

一次，院领导办公会议刚开完，金老匆匆走进自己办公室，门也没关，面带不悦，连说两句："岂有此理！岂有此理！"我知道这是他最不

1982年8月金老（中）与吴景锋（右）在三江平原考察

高兴时说的话，就过去沏了一杯茶放在他面前，稍停了一会儿，他喝了口茶才说："西瓜是瓜类，这个课题的研究工作本来应该放在蔬菜所，他却一定要放在资源所，不知道是什么目的，我说了两遍，他一定要坚持。他什么都是自己说了算，听不进别人的意见，我也不会放弃我的意见。"此后不久，在太谷核不育小麦全国协作会议上，方毅副总理讲话时，就不点名的批评了那位院党组的领导："不懂农业科学，又不尊重专家，不配当领导………"

我回作物所工作后，仍然协助金老主编《中国现代农学家》和完成《中国农业百科全书·农作物卷》的各项编务工作。因此，还经常去金老办公室。1985年6月，他问我："你认识吴绍骙教授吗？"我说："全国玉米育种攻关专家组在一起开过两次会了，吴老对我国杂交玉米研究贡献很大……"金老说："他在美国读博士时，研究的就是玉米杂交优势，建国初期，就给农业部提过增产玉米的好建议。这次（指金老九十寿辰庆祝活动）他要代表河南省农业厅、农科院和农学院来，他比我只小10岁，还一定要亲自来，你要替我接、送、照顾好他。"

金老为人比较随和，平时言语不多，特别对下级十分宽容。在家里很重视亲情，对同事很重友情，对领导也很尊重，但对强权者决不违心屈从。

（吴景锋：曾任金善宝秘书、原中国农业科学院作物科学研究所所长、研究员）

深情的缅怀

尹福玉

1973年9月,我有幸调到春小麦育种课题组,在金老的指导下,从事小麦育种工作,1983年元月开始,我又兼任金老的秘书工作。在金老身边朝夕相处,从他身上学到了很多东西。他在科研上治学严谨、勇于创新,对身边的同志和蔼可亲、关怀备至,对自己严格要求,生活朴实无华,使我永不忘怀。

金老对身边工作的同志,像慈父般的关心和爱护,从不批评指责。20世纪70年代,根据南繁北育试验工作的需要,我们每年冬季都要去海南岛或云南元谋县加代繁殖小麦,金老不止一次地去看望和慰问我们。当时,粮食定量低,副食品供应紧缺,南繁工作十分艰苦,田间劳动和所有的试验工作都由我们自己承担。金老自掏腰包购买食品慰问我们,问寒问暖,关心我们的工作和生活情况。并且不顾年迈和长途旅行的劳累,亲自下试验地,仔细观察每一份试验材料,和大家一齐讨论。金老的言传身教,给了我们极大的鼓舞和深刻的教诲。

打倒"四人帮"之后,百废待兴。1983年1月,当金老知道作物所在昌平购买1 000亩试验地的计划未获批准后,十分着急。他要面见农业部何康部长反映意见和要求,叫我和农

尹福玉(右)和金老在河南新野考察(1984年5月)

业部约定汇报时间。何康部长接电话后说："天太冷，千万别让金老来，我抽空去看金老。"没有几天，正值大年初二，何康部长来金老家，给金老拜年。金老向何部长提出两件事：一是，作物所在昌平购买1 000亩试验地；二是，作物所计划建的试验楼希望部领导能尽快研究批复。临别，何部长握着金老的手说："您老提的两件事，我们一定抓紧办理，请您老放心。"那年，金老已是86岁老人，为改善农科院的科研条件，仍在时刻操劳。

1986年，金老的社会活动频繁，常去人民大会堂开会。当时，由于农科院汽车的质量和档次都比较低，有好几次，车一开进天安门广场就被拦住，金老下车后要步行一段路才能进入会场，对此，为金老开车的司机们都深感不安。考虑到金老自担任院长以来，从未配有过专车（与金老同级的干部、前后任院长都有专车），现在年事已高，社会活动依然很多，于是，我就和车管科商量，想申请一辆质量较好的汽车供金老出行方便。这原是理所应当的事，没想到，我们将申请报告写好后，交给金老审阅，金老在报告上画了一个大叉叉，并写了"不同意"3个大字。我们也曾想过，是否可以不通过金老直接上报呢？可是，仔细一想，我们在金老身边工作，不能做出违背金老意愿的事。金老曾不止一次地对我们说："我不需要什么专车，我也不管车的好坏，只要有车坐就行了。"金老这种朴实无华的作风，使我深受教育。

（尹福玉：曾任金善宝秘书、科研助手、
中国农业科学院作物科学研究所副研究员）

回忆晚年的金老

胡海涛

我1991年调到中国农业科学院办公室,担任金善宝先生的专职秘书。当时金老已96岁高龄,时任中国农业科学院名誉院长、九三学社中央名誉主席、中国科协荣誉委员,是中国科学院最年长的院士。

年近期颐的金老精神矍铄、思维敏捷、耳聪目明、步履稳健。平时除了出席九三学社、中国科协、中科院学部等举办的一些大型会议外,一般的社会活动很少参加。金老时常去自己的办公室,看看文件,在阅读过的报纸上写写毛笔字,或者同秘书处的年轻人聊聊天。

金老生活简朴,到北京工作将近40年,一直住在50年代的一座老宿舍楼里,房间面积小采光也不好。单位几次动员换房,他都执意不肯。一同生活的小女儿一家对他照顾的极为细心,饮食起居也很有规律。我一般每天早上到金老家去一趟,问金老有什么要办的事情,去金老家时常常看到他吃早餐,一般都是一杯牛奶、两片面包、一个煮鸡蛋蘸盐吃,最后再吃个水果。我还时常看到金老在喝小女儿为他煮的莲子汤、桂圆汤。通常人们认为老年人不需要多少睡眠,可金老的睡眠却非常充足。

胡海涛祝贺金老百岁华诞(1994年7月)

他每天晚上9点钟睡觉，早上7点左右起床，中午吃完饭后还要睡上一个小时。下午照例要去散步，金老总是自己上下楼，不用拐杖，不要人搀扶。所以我每次陪金老外出参加活动，都尽量把时间安排妥当，不影响老人家休息。

金老喜欢下象棋，几乎每天都要到农科院的老干部活动站找棋友们对弈。下棋时他全神贯注，思维敏捷，出棋果断，棋艺颇高，而且赢多输少，玩上两三个小时都不会糊涂。金老的棋风甚好，更为大家公认，旁人即使越俎代庖动了棋子儿、支错了招，金老也不会埋怨，总是一笑置之。用他自己的话说"我下棋只是为了活动活动脑筋，不在乎输赢。"与大家的相处中，金老总是保持这种平和的心态。那时经常有记者来采访，当问起老人家的长寿秘诀时，金老就说："人不要生气，气一气，老一老。阿Q，人家打了他，他说儿子打老子，别人气你，你不气。三国里的周瑜就是心胸狭窄被气死的。"

金老的心理年龄似乎总比实际年龄小很多。一次他过97岁生日，许多人前来祝贺，有人说"祝您长命百岁。"金老一听感觉不对，就开玩笑讲："怎么，你只让我再活三年啊？"众人听后都乐了。也就是从那次玩笑之后的几年里，谁要再问金老的年龄，他总说自己97岁。有一天我陪金老到人民大会堂开会，金老被评为"中国百名长寿老人"。当主持人宣布名单，读到"金善宝，100岁"时，金老大声说"我97岁！"，主持人听后一下愣住了。这是经全国各地推荐，有关部门严格评选的，年龄怎会有错呢？我赶忙站起来解释："金善宝先生人老心不老，说自己97岁已经说了三年啦。"听我说完，会场一片笑声，紧接着大家为金老热烈鼓掌！

金老是位经历了百年风云变幻的老人。在抗日战争时期，在国民党反动派的白色恐怖下，在大跃进"小麦密植可以亩产万斤"的浮夸声中，在四人帮横行取消农业科研时，金老从未气馁、动摇、随声附和过，而是刚直不阿，正义直言，执着地追求自己的理想和事业，在教育和科研岗位上奋斗了几十年。他办事严谨认真，实事求是的作风更是有口皆碑。金老年近百岁时，有一次某人以部领导的名义，邀请金老出席ＸＸ小麦的鉴定会,借以撑撑"门面",还为金老的行程购买了火车票,安排了保健医生。金老通过助手了解有关情况后,认为该小麦品种并不过硬,就跟我讲:"我不能去,去了就得说好话,与其到那里昧着良心说好话,不如不去什么也不说。"最后吩咐我给婉言谢绝了。知道金老去不成,对方又请金老为其题词:"种好XX麦,亩产超千斤",金老还是拒绝了。事后,我才得知这种小麦生长在河南,虽然麦秆又粗又大,并不抗倒,产量也不高,河南省没有推广。

我有幸给金老做了六七年的秘书,学到了许多为人处事的道理,也对我后来的工作大有裨益。直至今天,金老的音容笑貌依然历历在目。

(胡海涛:曾任金善宝生活秘书、
原中国农业科学技术出版社书记、副社长)

父亲是我终身学习的榜样

金作美

父亲出生在浙江诸暨一个偏僻的小山村,少年丧父,主要靠祖母养蚕维持生计,年少时经常上山打柴以补贴家用。从淳朴山村走出来的父亲,从小就培养了艰苦朴素的作风。他虽然在美国留过学,但在我记忆中,他终年穿着一套中山服,脚上踏着一双布鞋,不抽烟、不喝酒、也不喝咖啡,甚至连茶也很少喝一杯。在晚年,他唯一的爱好是下下象棋、练练书法、散散步。吃的也很简单,不论母亲做什么菜,他总是吃得津津有味,还不断地夸奖说:"好吃,好吃!"50年代,他在南京给少年儿童做报告时,鼓励孩子们说:"一个有志于科学的人,要能吃苦,耐得住清贫,白天3顿饭,晚间3块板,就可以了。"意思是说,白天能吃饱肚子,夜间有3块铺板搭起来睡觉,这就很好了。这几句话,形象地显示出父亲对科学孜孜以求,淡泊名利、朴实无华的胸怀;也激励了众多的青少年学子以他为榜样,献身于祖国的科学事业。北京师范大学霍林东教授(博士生导师)至今念念不忘上小学时听过农业科学家金善宝的报告,他深有感触地说:"40多年过去了,金老的话,言犹在耳,时时鞭

1994年7月,金作美和父亲在北京团聚

策着我前进。"

1958年父亲调到北京中国农业科学院，历任副院长、院长和名誉院长。从那时起，就一直住在农科院红楼207室一套实用面积不足70平方米的宿舍里，一住就是39年。组织上曾几次提出要将对面一套住宅也分配给他，都被他婉言谢绝了。1964年，父亲被任命为中国农业科学院院长，农业部领导曾亲自到家里来动员他搬到院外的高干宿舍去住，父亲也没有搬。他说："还是住在农科院内好，这样上下班不用小车接送，工作上大家找我方便，我常到试验田去看小麦也近便。"90年代初，我出差到北京，看见家里天花板上、墙壁上都有不少裂纹和斑斑的黄色水渍，客厅里挂的国画也有一条条的水印，惊问其故，才知道有一天清晨，楼上暖气试水发生事故，父亲的卧室和客厅里突然下起了"倾盆大雨"，顷刻之间，屋内积水就达二三十毫米深，造成了"水灾"，95岁高龄的父亲从梦中惊醒，家里既要保护好年迈的父亲，又要忙着抢救被褥、棉袄、电器等物品，弄得十分紧张、狼狈。后来，不少记者来采访父亲、或是石峡口的乡亲们来看望父亲时，都会窃窃私语："金老怎么还住在这样的房子里？"一直到父亲去世前一年，房顶的天花板快掉下来了，才由照顾父亲的妹妹主持，搬进了新居。

父亲一生最大的愿望就是中华民族兴旺发达，祖国繁荣富强。抗战时期在重庆，他在新华日报馆结识了一批共产党人周恩来、潘梓年、石西民、董必武、林伯渠等，使他找到了希望。1945年重庆谈判期间，毛主席曾在张治中公馆接见了父亲和梁希等8位社会进步人士，使他更加坚信一个崭新的中国一定会在共产党的领导下建立起来。由于父亲旗帜鲜明地反对内战，反对国民党的黑暗统治，拥护中国共产党的方针政策，他被特务记上了黑名单。1948年夏，正处于黎明前的黑暗，杀害进步人士和学生的事屡见不鲜，母亲很担心父亲的安全。有一天，母亲抱出一大摞红色书刊，对父亲说："现在时局紧张，特务随时都可能到家里来搜查，这些书一旦被查出来，正是他们逮捕你的借口，还是把它们烧了吧！"父亲平静地说："烧了？太可惜了！这些书是很不容易才得到的。"短短一句话，表达了父亲对革命书籍的深深眷恋，表现了他临危不惧的铮铮铁骨。我不愿违背父亲的意志去烧毁这些书，更不愿让这些书给父亲带来危险，我从父亲的革命精神中获得了智慧和力量，悄悄地将这些红色书籍装进了自己的大书包，分批带出了家门，安全地转移到一个可靠的中学同学家中。

我从童年时代开始，一直受到父亲革命思想的熏陶。父亲经常介绍我们看《新华日报》，阅读新民主主义论等革命书籍，还经常给我们讲一些解放区的故事，使我对"山那边呀，好地方"产生了无尽的遐想。1948年秋，我独自到上海去读书，在那里，我积极参加了党领导的学生运动，并光荣地加入了中共上海地下党。感谢父亲，是父亲引导我走上了革命的道路，父亲是我的革命启蒙人。

父亲一生情系祖国、淡泊名利、严谨治学的高尚品德，时时鞭策着我前进，也是我孜孜以求，终身学习的榜样。

（金作美：金善宝之女，四川大学教授）

爷爷一直活在我的心中

金小卫

我从小到大,印象中的爷爷,始终是一个慈祥、亲切、健康而又胡须、眉毛皆白的老人,岁月对他似乎不起作用。我出生那年,爷爷已经74岁。1992年初我大学毕业即将跨出国门深造时,老人家已经96岁高龄了。我和父亲一起去北京看望爷爷。临别时,他还不用搀扶,坚持送我下楼出家门,在寒风中与我合影留念,然后挥手与我告别。这一瞬间已成为我永恒的记忆。

爷爷从20世纪50年代末,一直在北京中国农业科学院工作,而我一直生活在上海,但这并没有影响我和爷爷的亲密接触,因为我的父母都在大学教书,他们总利用寒暑假带我去北京探望爷爷和奶奶。作为他们的小孙女,我得到特别的呵护,并在他们的关怀中逐渐长大。浓浓的亲情、加上农科院内优美的园林环境,使我每次来爷爷家的探亲之旅,都留下美好的回忆。

生活中的爷爷是个亲切和蔼的老人,每次饭后,他都要笑眯眯地分糖给小辈们吃,甜食也是爷爷毕生的爱好,始终不变。爷爷在工作中也是一个随和的人,身居领导的同时,一直坚持去试验地,亲手培育小麦

1991年夏,孙女金小卫去美留学前来京向爷爷告别

良种。在我记忆中,爷爷90岁以后仍然坚持这一习惯。有一天清晨,他独自去试验地时,被地上的管子绊了一跤,他不声不响地站起来,回家后,也不惊动家人,自己悄悄涂点红药水了事。

爷爷青年时期的求学过程是充满艰辛的。与爷爷相比,我成长在尊重知识、尊重人才改革开放的年代,学习条件的优越与爷爷所处时代不可同日而语。但在我走出国门,到美国留学之后,在完全陌生的环境中,我每天还是面临着在国内从未经历过的学习和生存的双重压力。我必须依靠打工挣钱,用以支付高昂的学费和生活费用,每天都要忙到深夜一、两点钟,才拖着疲倦的身子上床休息。周六、周日是其他同学休息娱乐的时间,但对我而言,却是必须用于打工挣钱的整段时间。更难熬的是,周围没有亲人可以倾诉。爷爷听说我在国外求学的艰难,他知道在这种时候,孙女最需要的是精神上的支持和鼓励。他展开宣纸,拿起毛笔,蘸满墨汁,写下我终生难忘的两张条幅:"学海无涯","自尊、自爱、自立、自强"。这两张倾注着爷爷期望和关爱的条幅,远涉重洋寄到我手中,不禁使我热泪盈眶。亲人的鼓励和关怀、加上自己不懈的努力,我终于在1995年初完成了学业,并取得电子信息的硕士学位。从那以后,生活就逐渐向我微笑了。我先后在硅谷3家著名的微电子公司任职,工作了10年。在此期间,我也有了自己的家庭和孩子,拥有了漂亮的住宅。来美国之初时似乎遥不可及的梦想都陆续实现了,但也因此失去了前进的动力。最近几年,我常常自问:以后的追求应该是什么?回顾国内十几年来的经济发展,我们的专业成为国内重点扶持的产业,在数次接触国内来硅谷地区招聘人才的单位之后,终于觉得,现在应该是我们返回祖国,作出贡献的时候了。2005年8月,我们全家回到了上海。目前,我和我先生都在浦东不同的微电子公司任职。

我在美国学习和工作10余载,这期间爷爷已于102岁的高龄仙逝,我再也见不到爷爷了。但是,爷爷他老人家一直活在我的心中,永远激励我前进。

(金小卫:金善宝之孙女,

芯原微电子(上海地区)有限公司经理、资深工程师)

附录2 金善宝获奖项目

- 金善宝 在我国科学技术工作中作出重大贡献，获1978年全国科学大会先进科学工作者奖
- 南大2419小麦良种获1978年全国科学大会奖
- 京红7-9号小麦良种获1978全国科学大会奖
- 《中国小麦的种类及其分布》获1982年自然科学三等奖
- 主编《中国小麦品种及其系谱》获：
  1983年全国优秀科技图书一等奖
  1985年农牧渔业部科学技术进步一等奖
  1994年第一届国家图书奖提名奖
- 主编《中国小麦品种志》获1987年科学技术进步一等奖
- 优质小麦面包专用粉研制，获1987年河南省粮油科学技术进步奖
- 主编《中国小麦生态》获全国首届"兴农杯"优秀农村科技图书荣誉奖
- 《全国小麦光温特性的研究》获1995年国家自然科学三等奖
- 副主编《中国农业百科全书》获1997年全国优秀科技图书一等奖
- 主编《中国小麦学》获：
  1997年第八届全国优秀科技图书二等奖
  1998年第十一届中国图书奖

附录3　金善宝生平活动年表

1895年
- 7月2日（清光绪二十一年闰五月初十）出生

1901—1907年
- 随父亲就读于石峡口私塾学堂

1909—1912年
- 枫桥小学高小部学习，武昌革命军兴，与三位同学考入革命同盟军开办的陆军中学，民主革命失败，陆军中学被迫解散，又回到石峡口

1913—1916年
- 考入绍兴浙江省立第五中学学习

1917—1919年
- 考入南京高等师范农业专修科学习

1920—1924年
- 南京高师农科毕业，任南京皇城根小麦试验场技术员
- 在家乡出资创办梓山小学，南京高师改名东南大学，任总场技术员，
- 选出"南京赤壳"、"武进无芒"等优良小麦品种在生产上推广，
- 与杭州弘道女子师范毕业的姚璧辉女士结婚

1925—1927年
- 回东南大学补读一年学分，完成本科学业
- 育成"姜堰黄皮"小麦优良品种，到宁波浙江第四中学任教

1928—1929 年

- 发表中国第一部小麦分类文献—《中国小麦分类之初步》
- 应聘浙江大学劳农学院任教

1930—1932 年

- 1930 年 8 月考取浙江省教育厅公费留美学生，去康奈尔大学研究院学习
- 1932 年春，康奈尔大学研究生院毕业后，转明尼苏达大学农学院研究小麦育种

1933 年

- 1 月学成归国，2 月任浙江大学农学院副教授，8 月，应聘南京中央大学农学院教授

1934—1936 年

- 出版中国第一部小麦专著《实用小麦论》
- 将"Ardito"从浙大笕桥农场移到南京劝业农场继续种植试验，命名矮立多
- 从潘希维尔 Percival 世界小麦中的"Mentana"，经混合选择种植试验命名中大 2419
- 在前人试验的基础上，将农家品种江东门，经数年精心种植，培育成一个早熟品种

1937—1939 年

- 抗战爆发，中央大学内迁重庆。将妻小送到诸暨石峡口后，只身前往重庆
- "七七"抗战周年纪念、秋天给前方战士捐寒衣，两次到八路军办事处各献金 100 元
- 通过潘梓年与《新华日报》馆取得了联系，与梁希、潘菽等人发起组

- 成"自然科学座谈会"
- 将自己多年来培育的小麦良种,送往八路军办事处,转送到延安

1940—1944 年

- 妻子姚璧辉携带四个孩子,从浙江诸暨老家千里迢迢来到重庆
- "中大2419"、"矮立多"开始在四川省推广,带病去云南考察,发现我国特有的小麦新种"云南小麦",发表《中国小麦区域》,在四川省教育学院义务兼课

1945 年

- 抗战胜利,毛泽东主席赴重庆谈判期间,与梁希、潘菽等8人,应邀去张治中公寓会见
- 九月三日,许德珩发起组织的"民主与科学座谈会"改名"九三座谈会",与梁希、涂长望等人士先后加入了"九三座谈会",后改名九三学社
- 秋,接云南大学农学院聘书,去昆明讲学半年

1946—1948 年

- 昆明讲学结束,回到重庆
- 返回南京后,"中大2419"小麦良种,继续在丁家桥农场种植试验
- "五二〇"学生运动,近百名学生被打伤、被捕、与梁希等赴医院探望,营救被捕学生
- 获准学术休假一年,受聘江南大学农学院教授兼农艺系主任

1949—1950 年

- 结束江南大学教学任务回到南京,中央大学改名南京大学,被任命南京大学农学院院长
- 中央人民政府第6次会议通过,任命为华东军政委员会农林部副部长
- 中央人民政府第10次会议通过,任命为南京市副市长

1951—1954 年

- 带领十几名专家走遍苏北淮北十多个县,调查冻害小麦的受灾情况,及时提出"适时浇水、增施肥料、加强麦田管理",挽救了一百多万亩小麦的受灾损失
- 当选为九三学社第三届中央委员会委员
- 国务院任命为南京农学院院长
- 组织南京农学院师生成立农业技术小组,与南京郊区李玉、联众、一心等农业社建立了固定联系,使教育与生产实践结合

1955 年

- 南京市第一届人民代表大会第三次会议上再次当选为南京市副市长
- 中国科学院成立学部,当选为首批中国科学院生物学部委员
- 率中国农业科学代表团赴布达佩斯参加匈牙利玉米育种会议

1956 年

- 主持"中国小麦的种类及其分布的研究"
- 当选为九三学社第四届中央委员会常务委员
- 2 月 10 日,由沈丽娟、顾民介绍加入中国共产党
- "南大 2419"在长江流域大面积推广,最大推广面积达 7 000 万亩

1957 年

- 中国农业科学院在北京成立,被任命为副院长,但遵照南京市领导指示,仍留在南京工作
- 上书聂荣臻副总理,要求南京农学院迁往城外卫岗,很快收到聂副总理批示同意
- 当选为全苏列宁农业科学院通讯院士
- 与丁颖等去莫斯科出席全苏列宁农业科学院庆祝十月革命 40 周年大会

1958—1960 年

- 奉调入京，辞去南京的全部工作，任中国农业科学院副院长
- 当选为九三学社第五届中央委员会常务委员
- 参加第二届全国人民代表大会，去青海等地考察
- 出席第二届全国人民代表大会第二次会议

1961—1962 年

- 主编《中国小麦栽培学》，与蔡旭、戴松恩等发起成立"中国作物学会"
- 去长沙参加中国作物学会第一届全国代表大会，被选为中国作物学会第一届理事长

1963 年

- 任"中朝友好协会代表团"副团长访问朝鲜
- 和林山等人去内蒙古哲里木盟，考察农业，提出哲里盟草原合理利用的建议
- 提出利用我国幅员广阔的条件，进行春小麦异地繁殖，加快小麦育种进程的设想

1964—1965 年

- 在南京农学院创办中国农业科学院小麦品种研究室，兼任研究室主任
- 任中国农业科学院院长兼学术委员会主任
- 任《中国小麦品种志》第一集主编，以后又任第二集、第三集主编
- 出席第三届全国人民代表大会（江苏省代表）
- 出席国务院召开的"全国农业科学实验工作会议"

1966 年

- 派小麦品种室薄元嘉去井岗山寻找小麦夏繁基地
- 在井冈山桐岭的垦殖分场布置了小麦杂交后代试验，并在庐山东方红公社作了同样试验，以资比较。这一年，因没有派人驻点，仅获得了

种子，没有得到详细资料
- 与杜振华去庐山植物园考察夏繁小麦基地，请植物园协助代管，得到九江市政府的支持。接到农科院"造反派"命令立即返回，回京后靠边站，在气象室"学习"

1967 年

- 在井冈山、庐山两地同时进行小麦夏繁试验
- 国庆节被邀请登上天安门城楼
- 在广东湛江、云南元谋进行小麦冬繁试验，12 月，井冈山、庐山两地夏播小麦同时成功

1968—1971 年

- 完成湛江、元谋两地小麦冬繁任务
- 先后育成了京红 1～5 号春小麦新品种
- 通过北京春播，井冈山夏播，广东湛江秋播，一年繁殖三代小麦获得成功，将春小麦育种时间，由 10 年左右缩短为 3～4 年
- 育成京春 6082 春小麦新品种

1972 年

- 春，经院核心小组同意，正式成立春麦组
- 在宁夏银川召开全国春小麦现场经验交流会
- 去南京参加南方 10 省市冬小麦育种协作会议

1973 年

- 确定春小麦育种目标除了继续面向北部春麦区之外，积极为黄淮地区服务，要求高抗小麦三种锈病、白粉病、提高产量、蛋白质、氨基酸含量之外，特别强调品种对光照反应不敏感、耐迟播等，6 月，考察呼和、集宁地区丰收小麦长势；
- 经过几年选育，将选育成的春小麦品种正式定名为京红 6 号、7 号、

8号、9号

1974年

- 和林山、梁勇、等人去广东省调查，对广东省小麦生产问题，提出了改进意见
- 京红7号、8号、9号在山东省大量繁殖，约200万亩
- 去山东莱阳参加"全国小麦高额丰产讨论会"，冬，在元谋建立春小麦冬繁基地

1975—1976年

- 出席第四届全国人民代表大会天津市代表
- 参加全国"小麦育种学"审查定稿会议，并去云南元谋考察春小麦南繁情况
- 育成优质小麦新品种中7606

1977年

- 出席邓小平主持召开的"科学和教育工作座谈会"
- 上书邓小平副主席，要求恢南京农学院，多方奔走，为收回各下放所、恢复中国农业科学院作出了不懈努力
- 去柳州出席"全国农业科技情报会议"，会后去南宁地区考察

1978年

- 出席第五届全国人民代表大会
- 出席"第一次全国科学大会"，在会上做了"为把我国变成世界上第一个高产国家而奋斗的发言，提出"发展农业科学技术的六项建议"，荣获全国科学大会先进科学工作者奖，两项重大科技成果奖

1979—1980年

- 去浙江绍兴、镇江等地考察农业，随后去故乡诸暨石峡口探望乡亲

- 当选为九三学社第六届中央委员会副主席，育成优质小麦新品种7902、791等
- 负责主持六五期间国家自然科学基金重大项目
- 参加华国锋主席同农科院30多名农业科学家的座谈会
- 当选全国科协第二届副主席
- 刚从呼和、集宁、丰镇和雁北地区考察小麦归来，又去山东莱阳考察大面积小麦高产经验

1981 年

- 去陕西武功杨陵镇参加"全国小麦攻关经验交流会议"
- 应聘《中国农业百科全书》总编辑委员会副主任
- 支持和亲自参加太谷核不育小麦全国协作大会，受到方毅副总理赞扬
- 去北戴河参加"鉴26"小麦良种推广工作座谈会。

1982 年

- 去广西南宁出席"南方3省（区）小麦科研协作会"，会后，去广西省农科院参观访问，
- 受王震副主席委托，和吴景锋一起去黑龙江三江平原考察
- "中国小麦的种类及其分布"课题，获全国自然科学三等奖
- 去太仓县参加《中国小麦品种志》定稿会议
- 退居二线，辞去中国农科院院长，国务院总理赵紫阳任命为中国农业科学院名誉院长

1983 年

- 在福建考察农业，提出发展福建农业，应根据福建的特点，从经济效益上着眼
- 任《中国小麦品种及其系谱》主编，和尹福玉一起去呼和草原所考察
- 出席第六届全国人民代表大会（浙江省代表）
- 出席九三学社第四次社员代表大会，当选为九三学社第七届中央委员

- 会副主席
- 庆祝中国农学会成立66周年，受到中国农学会表彰"从事农业科研、教学工作逾半个世纪，劳绩显着……"

1984年

- 任《中国农业百科全书》副主编
- 中字麦丰收，走遍了河南南阳、新野等地，访问农家，充分征求中字麦的意见
- 在北京香山出席"小麦生态试验会议"
- 相濡60年的老伴姚璧辉因病医治无效辞世，终年84岁

1985—1986年

- 中国农业出版社出版《著名农学家、教育家金善宝》一书
- 7月2日，喜迎九十寿辰暨从事农业科学研究、教育65周年
- 出席中国科学院在人民大会堂召开的庆祝会，隆重庆祝131名中科院京区学部委员、科学家，从事科技、教育50周年
- 美国农业服务基金会授予金善宝的永久荣誉会员金牌，委托农业部何康副部长主持颁发
- 去杭州中国农业科学院茶叶所检查工作，并去浙江省农科院、浙江农业大学参观访问，顺道去诸暨石峡口，归途又去南京农大、南京林大、江苏省农科院参观访问

1987—1988年

- 参加中国农科院作物所面包鉴定会，去河南南阳参加"优质小麦评定会"
- 经北京、上海、南阳三处有关专家鉴定，中7606和中791春性小麦，达到了用进口小麦磨制的强力粉面包质量水平
- 参加冀西北夏播小麦栽培规范化研究鉴定会，完成《中国农业百科全书》作物卷审稿工作

- 代表"九三"中央参加九三学社内蒙自治区区委第二次社员代表大会；
- 去南京参加九三学社江苏省第二次社员代表大会
- 组织完成美国农业技术推广基金会主席恩斯明格主编《食物与营养百科全书》的翻译审稿

1989—1993 年

- 当选为八届九三学社中央名誉主席
- 任《中国小麦学》主编，去杭州参加中国水稻所落成典礼，会后去诸暨石峡口
- 《夏播小麦理论与实践》统稿会，被改聘为俄罗斯农业科学院外藉院士
- 第五次来到内蒙古昭和草原，应邀参加内蒙首届"那达幕"大会
- 97 岁高龄的金老，在儿子金孟浩的陪同下，来到位于石河子的新疆农科院
- 上书中央，恳请保留农科院东门外的试验地。时任国务院副总理朱熔基批转北京市同意

1994—1996 年

- 7 月 2 日，喜迎百岁华诞
- 参加南京农业大学 80 周年校庆，盖钧镒校长宣布成立金善宝农业奖学金
- 美国明尼苏达大学中国问题研究中心刘君若教授，专程来京，拜访最年长的老校友
- 原中央大学农艺系 46 届毕业生黄嘉从台北来京看望金师

1997 年

- 3 月，为香港回归题词"百年沧桑"
- 5 月 26 日，因消化道出血送友谊医院住院治疗，6 月 26 日辞世，享年 102 岁。

附录4 金善宝文选目录

1. 著作、报告

- 金善宝　中国小麦分类之初步

  国立第四中山大学农学院研究报告（1928）

- 金善宝　有芒小麦与无芒小麦之研究

  中华农学会报68期（1929）

- 金善宝　小麦开花时期之研究

  国立浙江大学农报（1929）

- 金善宝　雏用高粱之染色体数目

  中华农学会报104期（1932.9）

- 金善宝　种子埋藏土中三十年生活力仍极健强

  中华农学会报107期（1932.12）

- 金善宝　麦穗密度之特别遗传

  中华农学会报107期（1932.12）

- 金善宝　大豆之遗传

  美国康奈尔大学研究院研究报告

- 金善宝　小麦性质之遗传

  中华农学会报109期（1933.2）

- 金善宝　小麦之遗传

  中华农学会报109期（1933.2）

- 金善宝　小麦与黑麦交配及其返配后之细胞学的研究

  中华农学会报111期（1933.4）

- 金善宝　由两种间交配而成之小麦品系用细胞学与遗传学之方法研究其变异

中华农学会报 111 期（1933.4）

- 金善宝　用返配法研究小麦之遗传性

中华农学会报 122 期（1934）

- 金善宝　近代玉米育种法

中华农学会报 125 期（1934）

- 金善宝　《实用小麦论》

商务印书馆（1934）

- 金善宝　用统计方法研究籼粳糯米之胀性

中央大学农学丛刊 2 期第 1.2 合刊（1935）

- 金善宝、丁振麟　中大农学院大胜关农场最近玉米、大豆试验成绩简报

中央大学农学丛刊 3 卷 1 期（1935）

- 金善宝　大豆几种性状与油分蛋白质之关系

中华农学会报 142.143 期（1935）

- 金善宝　小麦开花之观察

南京农业周报社农业周报 5 卷 1 期（1936）

- 金善宝　中国近年来作物育种和作物栽培的进步概况

农报 3 卷 5 期（1936）

- 金善宝　中国几种重要禾谷类

播音教育月刊 1 卷 4 期（1937）

- 金善宝　作物学演讲大纲

在教育部农业职业学校教员暑期讲习班上的演讲(1938.7)

- 金善宝　精米胀性试验方法之研究

中华农学会报 164 期（1939）

- 金善宝　大豆天然杂交

中华农学会报 168 期（1940）

- 金善宝　谷类种子之分级

教育部暑期农业讲习会讲演录（1940）

- 金善宝　四川烟草大麻考察报告

"农林"西南经济考察团考察报告（1941）

- 金善宝、吴董成　中国小麦区域

  中华农学会报 170 期（1943）

- 金善宝　新时代小麦改良应采的技术

  中农月刊 5 卷 4 期（1943）

- 金善宝、蔡旭　《中国近三十年来小麦改进史》

  （1943 年 9 月）

- 金善宝　移植冬小麦的初步试验结果

  华东农科所工作通讯 1 期（1950）

- 金善宝、梅籍芳　关于水淹地冬作问题的几点意见

  华东农林 1 卷 4 期（1950）

- 金善宝　多种马铃薯渡春荒

  新华日报（1950.1.14）

- 金善宝　移植冬麦战胜灾荒

  新华日报（1950.2.21）

- 金善宝　《马铃薯栽培法》

  商务印书馆（1950）

- 金善宝　对农业技术的提高与普及问题的几点意见——1950.12.26 在华东农林工作会议上的发言

  华东农林 1950 年 2 卷 1 期

- 金善宝　在华东麦作与麦病虫座谈会上的讲话

  农业科学与技术 1951 年 3 期 1～2 页

- 金善宝　我国茶叶生产的新生

  人民日报（1954.10.11）新华月刊 11 期

- 金善宝　要很好地总结、发扬和运用我们伟大祖国的农业遗产

  光明日报（1954.11.22）

- 金善宝　对江苏省稻麦两熟增产的几点意见

  中国农报增刊 2 期（1956）

- 金善宝　南京农学院支持农业合作化的体会——江苏省高等学校和科学研究机关党员干部会议文件之五

（1956.5.3）

- 金善宝　小麦是重要的高产作物

　　　　　　　　　　　　　　　新华日报（1956.11.2）

- 金善宝、蔡旭等　我国当前种植面积最大的小麦良种中大2419小麦

　　　　　　　南京农学院科学研究专刊1号（1957.10）

- 金善宝　种植高产饲料作物适应增养猪子的需要

　　　　　　　　　　　　　　　新华日报（1957.11.17）

- 金善宝　中国小麦之种类及其分布（初稿）

　　　　　　　　　　　　　南京农学院印行（1957.11）

- 金善宝、吴兆苏等　中国小麦的种类及其分布

　　　　　　　南京农学院科学研究专刊第2号（1959.10）

- 金善宝　全国小麦病虫工作会议开幕词

　　　　　　　　　　　　　植病知识2卷4期（1958）

- 金善宝　全国小麦病虫工作会议总结

　　　　　　　　　　　　　　植病知识4期（1958）

- 金善宝　阜阳专区农业生产经验及今后注意的问题

　　　　　　　　　　　　　农业科学通讯7期（1958）

- 金善宝　从总结农民的经验基础上，来提高我国的农业科学

　　　　　　　全国小麦研究工作会议印发文件（1958.8.1）

- 金善宝　中国的农业科学工作者是怎样理论联系实际的

　　　　　　　　　　　中央人民广播电台录音（1960.9.24）

- 金善宝　农业"八字宪法"在小麦丰产栽培上的运用—在全国人民代表大会上的发言

　　　　　　　　　　　　　　　　　　　（1960）

- 金善宝　组织农业技术考察推动农业生产的基本经验

　　　　　　　　　　　　　　　光明日报（1960.12.22）

- 金善宝　青海柴达木盆地春小麦高产的调查分析

　　　　　　　　　　　　　中国农业科学3期（1961）

- 金善宝主编　《中国小麦栽培学》

农业出版社（1961）

- 金善宝　淮北平原的新石器时代小麦

作物学报第一卷第一期（1962）

- 金善宝　我国作物品种工作的新成就

人民日报（1962.10.3）

- 金善宝　对我国农业生产的展望

中央人民广播电台录音（1963.3.6）

- 金善宝、林山、唐志发　哲里木盟草原合理利用在农业上的调查

中国农科院刊行（1963）

- 金善宝、刘定安主编　《中国小麦品种志》（第一册1961年以前）

农业出版社（1964）

- 金善宝　样板田促进了农业生产和农业科学的发展——国务院召开的全国农业科学实验工作会议上的讲话

（1965.2）

- 金善宝　在全国同位素、辐射农业应用研究工作座谈会上的讲话

（1965.12.13）

- 金善宝　喜见小麦育种工作蓬勃发展

光明日报（1973.7.3）

- 金善宝　为把我国变成世界第一个农业高产国家而奋斗

在全国科学大会上的发言（1978）

- 金善宝　向世界第一个高产国家迈进

农村科学实验1978年1期

- 金善宝　农业科研要向现代化进军

光明日报（1978.6.23）

- 金善宝　加强农业科学研究，促进农业现代化

北京科技报54期（1979.7.6）

- 金善宝　民以食为天

光明日报（1981.10.23）

- 金善宝　加强农业生物学研究，促进农业现代化

生物学通报 2 期（1981）

- 金善宝　三江平原观感

（1982.9）

- 金善宝主编　中国小麦品种及其系谱

农业出版社（1983）

- 金善宝主编、吴景锋副主编　中国现代农学家传（第一卷）

湖南科学技术出版社（1985）

- 金善宝　为灿烂的中华农业增辉

著名科学谈智力开发（1986）

- 金善宝　科学技术和农业现代化

谈技术科学（1986）

- 金善宝主编　中国小麦品种志（第二册 1962—1982）

农业出版社（1986）

- 金善宝主编、吴景锋副主编　中国现代农学家传（第二卷）

湖南科学技术出版社（1989）

- 金善宝主编　现代农艺师手册

北京出版社（1989）

- 金善宝主编　小麦生态研究

浙江科学技术出版社（1990）

- 金善宝主编　中国农业百科全书.农作物卷（上、下册）

中国农业出版社（1991）

- 金善宝主编　中国小麦生态

科学出版社（1991）

- 金善宝、沈其益、陈华癸主编　农业哲学基础

科学出版社（1991）

- 金善宝主编　小麦生态理论与应用

浙江科学技术出版社（1992）

- 金善宝主编　夏播小麦理论与实践

气象出版社（1994）

- 金善宝主编　中国小麦学

　　　　　　　　　　　　　　　　　　　中国农业出版社（1996）
- 金善宝主编　中国小麦品种志（第三册 1983—1993）

　　　　　　　　　　　　　　　　　　　中国农业出版社（1997）
- 金善宝、吴兆苏等　中国小麦的种类及其分布

　　　　　　　　　　　　中国科学技术文库（1997. 著作证书 S0512）

2. 报(书)刊文章

- 金善宝　美国人研究科学之精神——在浙江大学农学院农艺学会常会上的演讲

　　　　　　　　　　　　　　　　　　浙江大学校刊 132 期（1933.5）
- 金善宝　关于全国农业生产会议

　　　　　　　　　　　　　　　　　　　　新华日报（1950.1.20）
- 金善宝　漫谈东北

　　　　　　　　　　　　　　　　　　　　新华日报（1949.10.23）
- 金善宝　1950 年春节大喜讯

　　　　　　　　　　　　　　　　　　　　新华日报（1950.2.17）
- 金善宝　伟大的祖国

　　　　　　　　　　　　　　　　　　南京市政生活 11 期（1951.10.1）
- 金善宝　为祖国的农业建设而奋斗

　　　　　　　　　　　　　　　　　　　南京农林生活（1952.11.20）
- 金善宝　对台湾农业科学工作者的广播稿

　　　　　　　　　　　　　　　　中央人民广播电台录音（1955.7.18）
- 金善宝　在江苏省第一届人民代表大会第二次会议上的发言

　　　　　　　　　　　　　　　　　　　　新华日报（1955.12.2）
- 金善宝　对台湾农业科学工作者的广播稿

　　　　　　　　　　　　　　　　　　南京广播电台录音（1958.8.13
- 金善宝　参加匈牙利玉米育种会议的回忆

- 金善宝　向丰产能手学习

　　　　　　　　　　　　　　　新华日报（1956.1.24）

- 金善宝　农业科学工作者的任务

　　　　　　　　　　　　　　　新华日报（1956.1.25）

- 金善宝　农业科学工作者积极投入提高农业生产的斗争

　　　　　　　　　　　　　　　新华日报（1956.3.7）

- 金善宝　要在农业科学研究上做出更大成绩

　　　　　　　　　　　　　　　解放日报（1956.3.14）

- 金善宝　学习先进经验，争取农业生产大丰收

　　　　　　　　　　　　　　　南京日报（1956.9.14）

- 金善宝　对台湾农业科学工作者的广播稿

　　　　　　　　　　　　　　　人民日报（1957.2.10）

- 金善宝　1959年农业科学工作者的任务

　　　　　　　　　　　　中央人民广播电台录音（1957.3.6）

- 金善宝　下乡见闻

　　　　　　　　　　　　　　　文汇报（1959.3.4）

- 金善宝　青海——农业宝库

　　　　　　　　　　　　　　　文汇报（1959.7.20）

- 金善宝　养猪积肥与粮食增产

　　　　　　　　　　　　　　　文汇报（1959.10.12）

- 金善宝　柴达木盆地的春小麦丰产奇迹

　　　　　　　　　　　　　　　文汇报（1959.11.23）

- 金善宝　河西小麦新貌

　　　　　　　　　　　　　　　光明日报（1959.12）

- 金善宝　我们一天天在上升

　　　　　　　　　　　　　　　文汇报（1960.11.11）

- 金善宝　农业科学研究要走在生产的前面

　　　　　　　　　　　　　　　光明日报（1962.1.24）

　　　　　　　　　　　　　　　农业科技通讯1978年1期

- 金善宝　要有第一流的农业科学家—在杭州召开的中国原子能农学会成立大会上的讲话

  浙江日报（1979.3.30）

- 金善宝　向台湾科教界朋友贺新年

  大公报（1979.12.25）

- 金善宝　社会主义赋予农业科学新的生命

  光明日报（1981.6.24）

- 金善宝　向世界第一个高产国家迈进

  论农业现代化（1982.3）

- 金善宝　农业科学要策马扬鞭

  光明日报（1984.9.30）

- 金善宝　"他山之石，可以攻玉"—寄语留学青年

  神州学人1987年3期

- 金善宝　抗战期间在重庆

  文史资料选辑15辑（1988）

- 金善宝　建立农业科技发展基金

  光明日报（1996.3.6）

- 金善宝　风雨同舟忆当年—纪念建社五十周年感怀

  九三中央社讯1995年9期

- 金善宝　战时科研生涯回忆（二十三—二十五）

  科技日报（1995.7.31，8.7，8.14）

- 金善宝　在百岁华诞茶话会上的谢词

  现代化1994年8期

- 金善宝　在南京农业大学八十周年校庆大会上讲话

  南京农大校庆快报（1994.11）

附录5　主要参考文献

蔡元培．1988．蔡元培全集[M]．第6卷（7-8页）．北京：中华书局．

费旭，周邦任编撰．南京农业大学史志（1914—1988）．南京农大校史编委会．

华恕．1993．邹秉文纪念集[M]．北京：农业出版社，9．

金善宝．1928．中国小麦分类之初步（国立第四中山大学农学院作物研究报告第三期），5．

金善宝．1985．中国现代农学家传[M]．第二卷．长沙：湖南科技出版社．

金善宝手稿．

金善宝文选编委会．1994．金善宝文选[M]．北京：中国农业出版社．

九三学社江苏社讯（1988）．

沈丽娟，朱立宏，杜振华．1998．金善宝教授的农业教育思想和学术观点在小麦研究上的贡献[J]．作物学报，4．

史锁达，任志高．1985．著名农学家、教育家金善宝[M]．北京：农业出版社．

桃李成林60年集成（荣氏家族创办江大花甲纪念编委会），2007．

浙江农业大学校史（1910—1984）．浙江农业大学校史编写组．

中大校友通讯18期（台湾版）．1997．"国立中央"大学校友会编印，5．

中国农业科学院档案材料．

中央大学迁渝纪念亭专刊．1995．重庆中央大学校友会编．

诸暨石峡口族谱、文化资料．

附录 6　更正声明

关于著名农业科学家、教育家、小麦专家金善宝 30 年代留学美国的归国日期，以往很多报刊文章误传为 1932 年 2 月，这个时间和家中、亲友保存的照片、资料，国家图书馆的文献记载有一年之差，现将查证结果汇总如下：

一、国家图书馆的资料

1. 民国二十一年八月（1932 年 8 月）出版的《中华农学会报》103 期注明：中华作物改良学会发起人，在美国的联系人：马保之、金善宝。

2. 民国二十一年九月（1932 年 9 月）出版的《中华农学会报》104 期目录中有 7 篇"摘录"，摘译者单位均为"留美中"，其中"雏用高粱染色体数目"一文，摘译者即为金善宝。

3. 经查，《中华农学会报》从民国二十年一月（1931 年 1 月）的 84 期，至民国二十一年（1932 年 12 月）的 107 期为止整整两年时间内，各期刊物上所载中华农学会的"本会职员一览"—"地方干事"的名单中，除国内各省干事外，在美国的干事均注明为：卢守耕、金善宝

4. 民国二十二年四月（1933 年 4 月）出版的《中华农学会报》111 期，金善宝发表了两篇文章，作者单位仍注明"留美中"（以上汇总见附表）。

二、家中和亲友保存的资料

1. 金善宝在康奈尔大学照片（金在康奈尔大学的同学棉花专家冯泽芳家保存），1932 年 2 月在美国康奈尔大学。（见本书 041 页，日期为照片底片所附）这张照片说明，1932 年 2 月，金善宝还在康奈尔大学，如果照完这张照片立即回国，就不会有明尼苏达大学学习的这段履历。

2. 金善宝在明尼苏达大学照片 2 张。其中，一张 1932 年 6 月在美国美尼阿巴里斯，另一张 1932 年 9 月摄于美 turtle lake，二张照片背面均有金善宝当年的亲笔手迹。（见本书 042 页及背面手迹，044 页及背面

手迹）。

> 1928年2月起至1930年七月，在浙江大学劳农学院，每月工资120—160元。
>
> 1933年2月至七月，在浙江大学农学院，每月工资260元。
>
> 1933年八月至1949年3月，在俓中大农学院，每月工资280— 元。

金善宝手迹

3. 金善宝在"文化大革命"中"交待"历年工资收入，见手迹。"交待"说明，1930年8月至1933年1月，金善宝在美国留学。

三、浙江大学的资料，见浙大132期校刊

民国二十二年五月（1933年5月），浙江大学校刊132期报导，"农艺学会举行常会，并请副教授金善宝演讲，题为：《美国人研究科学之精神》。根据演讲内容分析，演讲时间距回国时日不会很久，因为不可能回国一年多以后再来做这样的介绍。

四、中国农业科学院档案室提供

金善宝：1933年1月回国。

以上4方面资料相互佐证。金善宝在"文化大革命"中所写"1933年2月至7月在浙江大学农学院"，不仅和家中、亲友保存的照片、"国图"的资料相吻合，也和中国农业科学院档案室提供的回国时间、浙大校

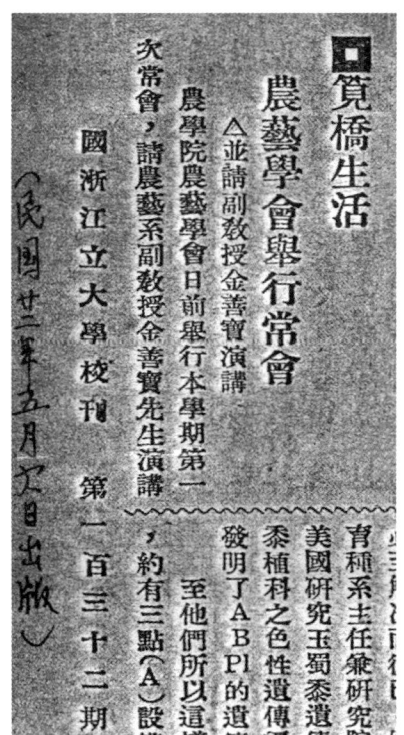

刊上作报告的时间前后呼应。至于1933年4月,《中华农学会报》111期仍有注明"金善宝留美中"的2篇文章,说明金善宝投稿时,尚在"留美中",文章发表时已经回国了,同时也说明,金善宝投稿时间距文章发表之日不可能滞后一年之久。

综上所述,在时过80多年以后的今天,正确确定金善宝教授的归国日期,请尊重以上历史文献反映的史实材料,不再以讹传讹,特此敬告。谢谢!

金作怡

2015年4月

中华农学会报

本会职员——地方干事（美国）

附表　　查证时间：1930年5月至1933年4月　　查证人：金作怡

期　数	民　国 （年月）	公　元 （年月）	姓　名	附　注
76～83	十九年五月至十二月	1930.5～12	管家骥、李德毅	—
84～94	二十年一月至十二月	1931.1～12	卢守耕、金善宝	—
95	二十一年一月	1932.1	卢守耕、金善宝	—
96～97	二十一年二月	1932.2	卢守耕、金善宝	—
98～99	二十一年四月	1932.4	卢守耕、金善宝	—
100	二十一年五月	1932.5	卢守耕、金善宝	—
101～102	二十一年七月	1932.7	卢守耕、金善宝	—
103	二十一年八月	1932.8	卢守耕、金善宝	本期118页，有文宣告：中华作物改良学会成立，美国联系人：马保之、金善宝
104	二十一年九月	1932.9	卢守耕、金善宝	金有文章"留美中"
105～106	二十一年十一月	1932.11	卢守耕、金善宝	—
107	二十一年十二月	1932.12	卢守耕、金善宝	—
108	二十二年一月	1933.1	郝钦铭；乔治明	—
109	二十二年二月	1933.2	郝钦铭；乔治明	—
110	二十二年三月	1933.3	郝钦铭；乔治明	—
111	二十二年四月	1933.4	郝钦铭；乔治明	金发表二篇文章，注："留美中"

资料来源：国家图书馆，以上各期有关内容，均有"国图"提供的照片为证

后记

2008年1月，金城出版社曾出版《金善宝》一书，时隔7年之后，应编委会要求，在此基础上，作了修改、补充，第二次编辑出版。两次出版，众多的专家学者、亲朋好友、家人和乡亲们鼎力相助，中国农业科学院作物所研究员吴景锋、杜振华、尹福玉为书中的有关章节作了核实、补充，"九三"内蒙古分社、江苏分社、海外亲友高惠民、石峡口乡亲金永辉和金作美、金孟浩等提供了宝贵的参考资料；本次再版，南京农业大学领导给予很大支持，中国社科院历史所研究员杜文堂赋诗一首，在此表示衷心的感谢。

书中的缺点、不当之处，敬请批评指正。

谨以此书，纪念敬爱的父亲——中国著名农业科学家、教育家、金善宝教授诞辰120周年！

金作怡

2014年6月